U0020645

剑橋大學統計學權威
大衛 · 史匹格哈特 —— 著

David
Spiegelhalter

譯 —— 羅耀宗

統計|的|藝術

The Art of
Statistics
Learning from Data

如何從數據中了解事實，掌握世界。

The Art of Statistics: Learning from Data by David Spiegelhalter
Original English language edition first published by Penguin Books Ltd, London.
Text copyright © David Spiegelhalter, 2019
The author has asserted his moral rights.
Chinese (complex characters only) translation copyright © 2021 by EcoTrend Publications,
a division of Cité Publishing Ltd.
Published by arrangement with Penguin Books Ltd. through Andrew Nurnberg Associates
International Limited.
All rights reserved.

經營管理 170

統計的藝術：如何從數據中了解事實，掌握世界

作　　　者　大衛·史匹格哈特（David Spiegelhalter）
譯　　　者　羅耀宗
責 任 編 輯　林博華
行 銷 業 務　劉順眾、顏宏紋、李君宜

總　編　輯　林博華
發　行　人　凃玉雲
出　　　版　經濟新潮社
　　　　　　104台北市民生東路二段141號5樓
　　　　　　電話：(02) 2500-7696　傳真：(02) 2500-1955
　　　　　　經濟新潮社部落格：http://ecocite.pixnet.net
發　　　行　英屬蓋曼群島商家庭傳媒股份有限公司城邦分公司
　　　　　　台北市中山區民生東路二段141號11樓
　　　　　　客服服務專線：02-25007718；25007719
　　　　　　24小時傳真專線：02-25001990；25001991
　　　　　　服務時間：週一至週五上午09:30-12:00；下午13:30-17:00
　　　　　　劃撥帳號：19863813；戶名：書虫股份有限公司
　　　　　　讀者服務信箱：service@readingclub.com.tw
香港發行所　城邦（香港）出版集團有限公司
　　　　　　香港灣仔駱克道193號東超商業中心1樓
　　　　　　電話：852-25086231　傳真：852-25789337
　　　　　　E-mail: hkcite@biznetvigator.com
馬新發行所　城邦（馬新）出版集團 Cite (M) Sdn Bhd
　　　　　　41, Jalan Radin Anum, Bandar Baru Sri Petaling,
　　　　　　57000 Kuala Lumpur, Malaysia
　　　　　　電話：603-90578822　傳真：603-90576622
　　　　　　E-mail: cite@cite.com.my
印　　　刷　漾格科技股份有限公司
初 版 一 刷　2021年8月5日

城邦讀書花園
www.cite.com.tw

ISBN：978-986-06579-6-8、978-986-06579-7-5（EPUB）

定價：580元

Printed in Taiwan

〈出版緣起〉
我們在商業性、全球化的世界中生活

經濟新潮社編輯部

　　跨入二十一世紀，放眼這個世界，不能不感到這是「全球化」及「商業力量無遠弗屆」的時代。隨著資訊科技的進步、網路的普及，我們可以輕鬆地和認識或不認識的朋友交流；同時，企業巨人在我們日常生活中所扮演的角色，也是日益重要，甚至不可或缺。

　　在這樣的背景下，我們可以說，無論是企業或個人，都面臨了巨大的挑戰與無限的機會。

　　本著「以人為本位，在商業性、全球化的世界中生活」為宗旨，我們成立了「經濟新潮社」，以探索未來的經營管理、經濟趨勢、投資理財為目標，使讀者能更快掌握時代的脈動，抓住最新的趨勢，並在全球化的世界裏，過更人性的生活。

　　之所以選擇「經營管理─經濟趨勢─投資理財」為主要目標，其實包含了我們的關注：「經營管理」是企業體（或非營利組織）的成長與永續之道；「投資理財」是個人的安身之道；而「經濟趨勢」則是會影響這兩者的變數。綜合來看，可以涵蓋我們所關注的

「個人生活」和「組織生活」這兩個面向。

這也可以說明我們命名為「**經濟新潮**」的緣由—因為經濟狀況變化萬千，最終還是群眾心理的反映，離不開「人」的因素；這也是我們「以人為本位」的初衷。

手機廣告裏有一句名言：「科技始終來自人性。」我們倒期待「商業始終來自人性」，並努力在往後的編輯與出版的過程中實踐。

向世界各地具備謹小慎微、寬宏大量、
誠信正直，以及渴望以最好的方式使用資料
等受人喜愛特質的統計學家致敬

目錄

致謝

漫長的統計學生涯中，如有任何拙見，都得歸功於同行的啟發和提供的高見。單單是統計學家，要感謝的人已不勝枚舉，但借重最多的，可能要數 Nicky Best、Sheila Bird、David Cox、Philip Dawid、Stephen Evans、Andrew Gelman、Tim Harford、Kevin McConway、Wayne Oldford、Sylvia Richardson、Hetan Shah、Adrian Smith、Chris Wild。感謝他們和其他許多人，在這門深具挑戰性的學科鼓勵我。

本書花了很長的時間才完成，完全是因為我一再拖拖拉拉造成的。所以要特別謝謝企鵝（Penguin）出版社的 Laura Stickney 不只委託我寫這本書，而且在幾個月、幾年過後，還是保持冷靜，甚至在本書完成後，我們還是未能就書名取得共識。幫我談好條件一事，要歸功於 Jonathan Pegg；Jane Birdsell 在編輯時展現無比的耐心，以及企鵝出版社所有編印人員孜孜不倦盡忠職守。

很高興獲准借用重製一些圖表，尤其是 Chris Wild（圖 0.3）、James Grime（圖 2.1）、Natsal 的 Cath Mercer（圖 2.4 和 2.10）、英國國家統計局（Office for National Statistics）（圖 2.9、8.5 和 9.4）、

Public Health England（圖 6.7）、Paul Barden（圖 9.2），以及 BBC（圖 9.3）。英國公共部門的資訊是依 Open Government Licence v3.0 取得許可。

我不算是個好的 R 程式設計師，Matthew Pearce 和 Maria Skoularidou 在分析和圖表方面幫了很大的忙。我在寫作上也很吃力，所以要感謝很多人協助閱讀各個章節和發表意見，包括 George Farmer、Alex Freeman、Cameron Brick、Michael Posner、Sander van der Linden 和 Simone Warr；尤其是 Julian Gilbey 有一對發現錯誤和語意不明的銳利眼睛。

最重要的是，我必須感謝 Kate Bull 不只對內文提供寶貴的見解，也一路支持我度過好時光（在印度果阿〔Goa〕的海灘木屋）和沒有那麼好的時光（潮濕的二月天接下太多的工作）。

我也要深深感謝 David and Claudia Harding 兩人的財務支援和持續不斷的鼓勵，讓我能在過去十年做這麼有趣的事。

最後，如果要怪罪某人的話，恐怕得承認我得為本書不可避免的其餘謬誤負起完全的責任。

程式碼來源

重作大部分分析和圖的 R 程式碼與資料，可於下列網址取得：https://github.com/dspiegel29/ArtofStatistics。很感謝在準備這些材料時獲得的協助。

導論

數字不會自己說話。是我們為它們說話，給它們意義。

——奈特・席佛（Nate Silver），《精準預測：如何從巨量雜訊中，看出重要的訊息？》（*The Signal and the Noise*）[1]

我們為什麼需要統計學

哈羅德・希普曼（Harold Shipman）是英國被判有罪，殺人最多的兇手，但不符合連環殺手的原型特徵。家庭醫生希普曼在曼徹斯特（Manchester）郊區執業，待人隨和親切，但在 1975 到 1998 年之間，至少為 215 名大多是老年的患者注射過量的鴉片類藥物。紙包不住火，他因為偽造一名受害人的遺囑，留給自己一些錢，終於露出馬腳；他的女兒是律師，感到懷疑，對他的電腦進行法醫分析（forensic analysis）的結果，發現他回頭竄改患者的病歷，使他的受害人的病情看起來比實際上嚴重得多。很多人知道他很早就熱衷於採用新技術，可惜在技術上還不夠精明，不曉得每竄改一次，都會

蓋上時間戳記（順便一提，這是資料能夠揭露隱藏意義的好例子）。

　　後來，有 15 具未經火化就埋葬的病患屍體被挖出，在他們體內發現了足以致命的二乙醯嗎啡（也就是海洛因）。希普曼在 1999 年因 15 起謀殺案而受審，但他選擇不作任何辯護，不曾在審判時吐露一個字。他被判有罪，終身監禁，當局也開啟公開調查，除了被審判的罪行，他可能還犯了哪些罪，以及是否可能早點逮捕他。許多統計學家受傳喚在公開調查中提供證據，我也是其中之一。結論是他肯定謀殺了 215 名病患，甚至可能要再多加上 45 名。[2]

　　本書的重點是：運用**統計科學**（statistical science）* 來解釋當我們想更了解這個世界時會碰到的問題。其中一些問題將以方框顯示。為了深入了解希普曼的行為，自然而然要問的第一個問題是：

　　希普曼是殺害哪一種人，以及他們何時死亡？

公開調查提供了每個受害人的年齡、性別和死亡日期的詳細資料。圖 0.1 把這些資料畫成相當複雜的圖，呈現受害人的年齡相對於死亡日期的散點圖（scatter-plot），點的明暗代表受害人是男性或女性。長條圖（bar-chart）疊加在顯示年齡（每 5 歲為一個區段）和年份型態的雙軸上。

　　只要花點時間看這張圖，就能得出一些結論。黑點多於灰點，

---

* **粗體字**收錄在書末的「詞彙解釋」，會有基本的或技術上的定義。

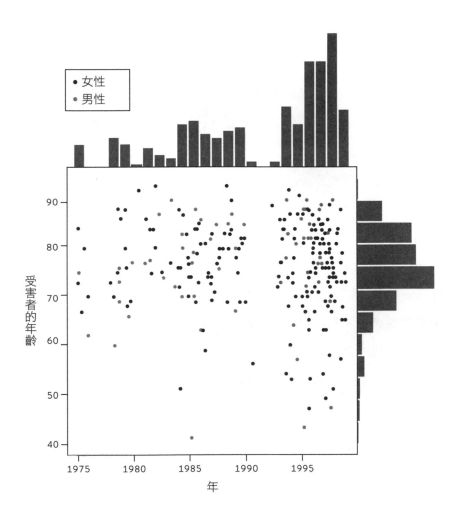

圖 0.1

散點圖顯示了希普曼謀殺的 215 名患者的死亡年齡和年份。雙軸已經加上長條圖，顯示他行兇時受害者的年齡型態和年份型態。

所以受害人以女性居多。右方的長條圖顯示，大多數受害人是70幾歲和80幾歲，但從點的散布來看，發現受害人雖然起初都是老年人，但隨著時間的流逝，一些年紀較輕的案例逐漸出現。上方的長條圖清楚顯示1992年左右的缺口沒有人受害。後來發現，在那之前，希普曼一直和其他的醫生共同執業，但隨後可能因為覺得被人懷疑，於是離去自行開業。在這之後，如上方的長條圖所示，他下手的速度加快了。

針對公開調查確認的受害人進行分析，讓人對於他的殺人方式產生進一步的疑問。死亡證明書記錄了推定是受害人的死亡日期、時間資料，給了一些統計證據。圖0.2的線形圖比較了希普曼患者的死亡時間和其他當地家庭醫生患者樣本的死亡時間。這個型態（pattern）不需要細膩的分析：結論有時可謂「醍醐灌頂」，因為它讓你恍然大悟。希普曼的病人絕大多數在中午之後不久死亡。

資料無法告訴我們，為什麼他們經常在那個時間死去，但是進一步的調查顯示，希普曼總是在午餐後到患者的家中訪問，通常和年長病人獨處，並且提議給他們打針，說打了之後，身體會比較舒服，事實上卻是注射致命劑量的二乙醯嗎啡：等到患者在他面前安詳死去，他便更改他們的病歷，看起來像是預期中的自然死亡。主持公開調查的珍妮特‧史密斯夫人（Dame Janet Smith）後來說：「我仍然覺得有一股說不出的可怕，他竟然能夠日復一日裝作是濟世仁醫，往診袋卻裝著奪人性命的武器，實在讓人有說不出口、難以置信、不可思議的毛骨悚然……他只要理所當然地把武器拿出來。」

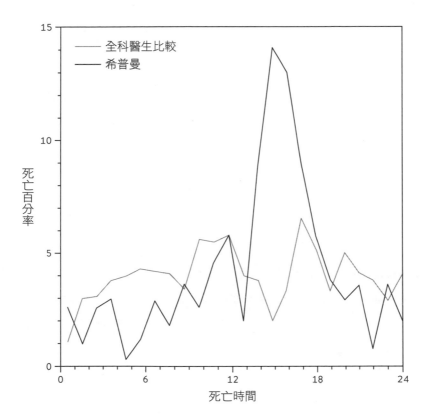

圖 0.2

和當地其他全科醫生患者的死亡時間相比，希普曼患者的死亡時間。
這個型態不需要複雜的統計分析。

　　他也冒了若干風險，因為只要驗一次屍，就會事跡敗露，但由於病人們年事已高，看起來都是自然死亡，所以沒有一位驗過屍。他不曾解釋犯下這些謀殺案的理由：沒在審判中提出任何證詞、從未向包括家人在內的任何人談論自己的不法行為。他最後在獄中自盡，剛好讓妻子及時領取他的養老金。

　　我們可以將這種來回反覆的探索性工作，視為「法醫」統計學，而在本案中，確實是如此。不必用到數學，不必高談闊論深奧的理論，只要尋找可能帶出更多有趣問題的型態就行。希普曼不法行為的細節，是使用每一個別案件的特定證據確定的，但是這個資料分析，有助於整體性地理解他是如何行兇的。

　　本書稍後會在第 10 章，探討正式的統計分析能否幫助我們早點逮捕希普曼。*在此同時，希普曼的故事充分展現了使用資料幫助我們了解世界，並且做出更好判斷的巨大潛力。這就是統計科學。

將世界化為資料

要以統計方法探討希普曼的犯罪行為，我們有必要從和他有關的一長串個別悲劇後退一步來看。人的生和死，所有的個人獨特細節，都必須化簡為一組事實和數字，能在圖上計數和繪製。乍看之下，這似乎冷酷而沒人性，但是如果我們要用統計科學來照亮世界，我

---

* 結局預告：十之八九肯定能夠早點抓到他。

們的日常經驗就必須化為資料，而這表示要將各種事件分類和標記、記錄測量值、分析結果並傳達我們的結論。

　　但是單單分類和標記，就是嚴峻的挑戰。下面這個基本問題，關心我們的環境的人應該都會感興趣：

地球上有多少棵樹？

在我們能開始思考如何回答這個問題之前，首先必須處理一個相當基本的問題。什麼是「樹」？你可能覺得，一看到樹，你就知道那是樹，但是你的判斷可能和別人大不相同，因為他們或許認為那是灌木或矮樹叢。因此，要將經驗轉化為資料，我們必須從嚴格的定義做起。

　　我們發現，「樹」的正式定義是胸高直徑（diameter at breast height；DBH）夠大，有木本莖的植物。美國國家森林局（US Forest Service）規定植物的 DBH 大於 5 吋（12.7 公分），才能正式稱之為樹，但是大多數國家使用的 DBH 是 10 公分（4 吋）。

　　但我們沒辦法親自走遍整個地球，測量每一棵木本植物，計算符合以上所說標準的植物有多少。因此，探究這個問題的研究工作者，採用更務實的方法：他們先找一連串有同類地景的區域（稱為生物群落〔biome〕），計算每平方公里發現的樹木平均數量。他們接著利用衛星成像技術，估計每一類生物群落覆蓋的地球總面積，以及展開一些複雜的統計建模，最後估計地球上共有 3.04 兆（即 3,040,000,000,000）棵樹。聽起來好像很多，但他們估計以前的樹

木數量是這個數字的兩倍。＊³

　　如果各國的主管當局連對樹的看法也有出入，那麼要確定更為含糊的概念想必更困難。舉一個極端的例子來說。從 1979 年到 1996 年，英國官方的「失業」定義至少更動了 31 次。⁴ 國內生產毛額（Gross Domestic Product；GDP）的定義也不斷修訂，例如 2014 年將非法販毒和賣淫納入英國的 GDP 中；估計值使用了平常不會用到的一些資料來源（例如針對性交易服務給予評等的評論網站 Punternet），以取得各種不同活動的價格資料。⁵

　　連我們最個人私密的感覺，也可以編碼，進行統計分析。2017 年 9 月結束的一年，有一項調查詢問 15 萬英國人：「整體而言，你昨天覺得多幸福？」⁶ 從 0 到 10 的尺度，他們的平均回答是 7.5，比 2012 年的 7.3 要好，這可能和 2008 年金融崩潰之後，經濟有些復甦有關。50 到 54 歲之間的受訪者幸福感分數最低，70 到 74 歲之間的受訪者幸福感分數最高。這是英國的典型型態。†

　　測量幸福感很難，而確定某人是活是死應該比較簡單：本書的例子會說明，生存和死亡是統計科學經常關切的事。但是在美國，每個州可以有自己法律上的死亡定義，而雖然 1981 年頒布了統一死亡判定法案（Uniform Declaration of Death Act），試著建立通用

＊ 這個數字的誤差範圍是 0.1 兆，表示研究工作者相信真實數字在 2.94 兆到 3.14 兆之間（我承認，鑑於建模中的許多假設，這個數字可能讓人感覺過於準確）。他們也估計每年人們砍伐 150 億（15,000,000,000）棵樹，以及自有人類文明以來，地球已經少掉 46% 的樹。

† 如果我和一般人一樣，那麼我對未來可以有所期待。

的模式，但仍然存在一些小差異。在阿拉巴馬州至少原則上被宣布
死亡的人，跨越州界到佛羅里達州，法律上卻還沒死，因為佛羅里
達州必須由兩位合格醫生給予證明。[7]

　　這些例子告訴我們，統計學在某種程度內，總是要根據人的判
斷來建構；如果認為個人經驗即使十分複雜，也能一清二楚地編
碼，放進電子試算表或其他的軟體中處理，那顯然是癡心妄想。雖
然定義、計數和測量我們本身和周遭世界的特徵有其挑戰性，但那
仍然只是資訊，而且只是真正了解世界的起點。

　　資料作為這種知識的來源，受到兩大限制。首先，它幾乎總是
不能完美地測量我們十分感興趣的事物：以 0 到 10 的尺度問人們
上個星期有多幸福，幾乎無法具體而微呈現全國的情感福祉。其
次，我們選擇測量的任何事物，都會因地、因人、因時而異，而我
們的問題就是要從顯然是隨機**變異性**（variability）中提取有意義的
見解。

　　幾個世紀以來，統計科學一直面對上述的雙重挑戰，並在理解
世界的科學嘗試中扮演領導角色。它提供基礎，讓我們解讀始終不
完美的資料，好從讓所有的人顯得獨特的背景變異性（background
variability）中，將重要的關係區別出來。但世界總是在變動，人們
會問新的問題，也會有新的資料來源可用，所以統計科學也必須改
變。

人們一直在計數和測量，但是正如我們將在第 8 章提到的，現代統
計學作為一門學科，實際上是從 1650 年代開始，因為布萊茲・帕

斯卡（Blaise Pascal）和皮埃爾‧德‧費馬（Pierre de Fermat）首次
正確理解了機率的概念。有了這個處理變異性的堅實數學基礎，進
展就非常快了。結合人們死亡年齡的資料之後，機率論為計算退休
金和年金提供了堅實的基礎。科學家掌握了機率論可以如何處理測
量的變異性之後，天文學產生了革命性的進展。維多利亞時代的愛
好者迷上了收集人體（以及其他一切事物）的資料，使得統計分析
與遺傳學、生物學、醫學建立起緊密的關係。然後到了 20 世紀，
統計學變得更偏重數學，而且不幸的是，對許多學生和實務工作者
來說，統計學相當於一大堆統計工具的機械應用。許多統計工具都
是以古怪、好爭辯的統計學家的姓名命名，本書稍後將會提到。

　　將統計學視為一包基本「工具組」的一般觀點，正面臨重大
的挑戰。首先，我們置身於**資料科學**（data science）的時代，從
交通監視器、社群媒體貼文和網際網路購物等例行性來源（routine
source）收集大量和複雜的資料組，並且用於優化交通路線、定
向廣告（targeted advertising）或購物推薦系統等技術創新的基
礎。我們會在第 6 章討論根據「**巨量資料**」（big data）的**演算法**
（algorithm）。統計學的訓練，加上資料管理、程式設計和開發演
算法的技能，以及適當地了解統計學這門學科，已成為資料科學家
的必備條件。

　　傳統統計觀點遭遇的另一挑戰，是科學研究的數量大增，尤其
是在生物醫學和社會科學的領域，以及必須在高排名期刊發表論文
的壓力。這導致人們懷疑某些科學文獻的可靠性、許多「科學發
現」無法被其他研究人員再現，例如一個人擺出「高權勢姿勢」

（power pose）的自信模樣，能否引起荷爾蒙和其他方面的變化，就引起很大爭議。[8]標準統計方法的不當使用，已引起許多人質疑將造成科學的可再現性或複製性危機。

　　隨著大量的資料組和容易使用的分析軟體越來越多，有些人可能認為現在比較不需要接受統計方法方面的訓練了。這種看法極其天真無知。由於可使用的巨量資料愈來愈多，以及科學研究的數量和複雜度增加，讓我們更難得出適當的結論，因此，統計學的技能其實越來越重要。資料更多，表示我們更需要留意什麼證據才真正有價值。

　　例如，針對從例行性資料擷取的資料組進行深入分析，由於資料來源內含的系統性偏差，以及明明做了許多分析，卻只報告看起來最有趣的結果（這種做法有時稱為「資料捕撈」〔data-dredging〕），可能會提高錯誤研究結果的可能性。為了能夠批判已發表的科學研究，甚至每天所接觸的媒體報導，我們應該能敏銳地察覺選擇性報導的危險、科研成果應該要能由獨立研究人員重複檢驗，並察覺斷章取義、過度解讀單一研究結果的危險。

　　所有這些見解，可以歸納為**資料素養**（data literacy）一詞，代表我們不只能對現實世界的問題展開統計分析，也能理解和批判其他人運用統計學所得出的任何結論。但是要提升資料素養，需要改變統計學的教學方式。

統計教學法

一代又一代的學生千辛萬苦，上了不少枯燥無趣的統計課，學習種種技巧，好應用在不同的情境上。這些技巧偏重數學理論，而不是去了解為什麼要使用某個公式，以及要用資料去回答問題時，會遇到什麼樣的挑戰。

幸好這種情況正在改變。基於資料科學和資料素養的需求，我們必須以問題為導向，把特定的統計工具的應用，視為只是整個調查循環的一個組成部分而已。新的方法建議以 PPDAC 結構來表示問題解決循環，也是本書將採用的。[9] 圖 0.3 是全球統計學教育的翹楚紐西蘭的例子。

這個循環的第一階段是明確規範「問題」；統計調查總是從一個問題開始，例如我們想知道希普曼謀害人命的型態是什麼樣子，或者世界上的樹木數量有多少。我們稍後還會談到乳癌手術後立即採取不同療法的期望效益，到老年人為什麼有大耳朵，各式各樣的問題。

很多人會忍不住想跳過需要審慎擬定「計畫」這個階段。希普曼的問題，只要儘可能多收集受害人的資料就行，但是計算樹木數量的時候，必須小心翼翼，精確定義什麼叫樹木，以及如何測量才行，因為只有經過適當設計的研究，才能得出讓人有信心的結論。遺憾的是，研究人員急於獲取資料和展開分析，常常忽視了設計的重要性。

要收集到好的「資料」，所需的整理和編寫程式的技能，在資

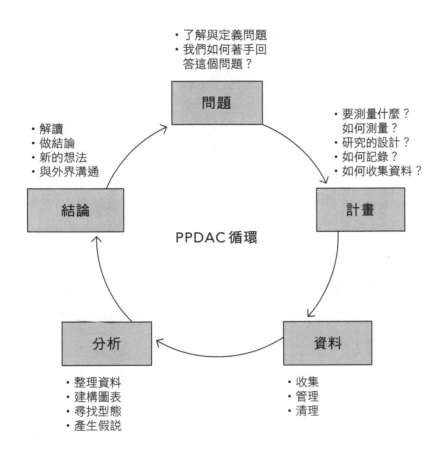

・了解與定義問題
・我們如何著手回
　答這個問題？

問題

・要測量什麼？
　如何測量？
・研究的設計？
・如何記錄？
・如何收集資料？

・解讀
・做結論
・新的想法
・與外界溝通

結論

PPDAC 循環

計畫

分析

資料

・整理資料
・建構圖表
・尋找型態
・產生假説

・收集
・管理
・清理

圖 0.3

PPDAC 問題解決循環，從「問題」、「計畫」、「資料」、「分析」，到
「結論」及溝通，然後重啟另一個循環。

料科學中被認為愈來愈重要，尤其是例行性來源的資料，可能需要大量的清理（cleaning），才能開始進行分析。資料收集系統可能隨著時間過去而已經改變、可能有明顯的錯誤等等——「已發現資料」（found data）一詞巧妙傳達了資料可能相當混亂，就像在街上撿到的東西一樣。

傳統上，「分析」階段一直是統計學課程的主要重點，本書中將介紹其中一些分析技術；但有時需要的只是實用的視覺化技巧，如圖 0.1 所示。最後，良好的統計科學，關鍵在於得出適當的「結論」，充分承認證據受到的限制，並且清楚地溝通這件事，就像希普曼的資料，以圖形化來說明那樣。任何結論通常都會引出更多的問題，因此循環重新啟動，就像我們開始觀察希普曼患者的死亡時間那樣。

雖然在實務上，我們可能無法確實遵循圖 0.3 的 PPDAC 循環，但它強調了一點：統計分析的正式技術，在統計學家或資料科學家的研究中只扮演一部分角色。統計科學絕不只是數學的一個分支——包含一些深奧的公式，讓一代又一代的學生（心不甘情不願地）絞盡腦汁——它不只是這樣。

關於本書

1970 年代我在英國念書時，只有三個電視頻道，電腦則像雙人衣櫃那麼大，而最接近維基百科（Wikipedia）的東西，是在道格拉斯・亞當斯（Douglas Adams）所寫的極有先見之明的科幻小說

《銀河便車指南》（*Hitchhiker's Guide to the Galaxy*）中，想像的手持裝置。為了讓知識更上一層樓，我們因此轉向鵜鶘鳥叢書（Pelican books）；其代表性的藍色書背，是每個學生書架上都會看到的。

因為當時我攻讀統計學，所以我的鵜鶘鳥藏書包含了莫洛尼（M. J. Moroney）寫的《從數字看事實》（*Facts from Figures*，1951 年）和達雷爾・哈夫（Darrell Huff）寫的《別讓統計數字騙了你》（*How to Lie with Statistics*，1954 年）。這些老書賣出數十萬本之多，反映了讀者對統計學深感興趣，以及當時的選擇少得可憐。65 年來，這些經典著作飽受好評，但是眼前這個時代要求根據以上所述的原則，用不同的方法來教授統計學。

因此，本書以解決現實世界中的問題為開端，介紹各種統計觀念。其中有些觀念看起來很明顯易懂，但有些比較隱晦，可能需要費些心力，但不必用到數學技巧。本書和傳統的教科書相比，偏重於概念性問題，不著重技術細節，而且只提到幾個並不困難的公式（在書末的「詞彙解釋」有進一步說明）。軟體是資料科學和統計學工作的重要部分，但不是本書的重點——R 和 Python 都很容易找到免費的線上教材。

在方框中特別凸顯的問題，某種程度上都能透過統計分析來解答，雖然問題的範疇相去甚遠。有些是重要的科學假說，例如希格斯坡色子（Higgs boson）是否存在，或者是否真有令人信服的證據，證明超感官知覺（extra-sensory perception；ESP）存在。還有一些是關於健康照護的問題，例如病人較多的醫院是否有比較高的存活率，以及篩檢卵巢癌是否有好處等。有時我們只想估計數量，

例如培根三明治的致癌風險、英國人一生中的性伴侶數目，以及每天服用他汀類（statin）藥物的效益。

還有一些有趣的問題，例如確認「鐵達尼號」（Titanic）上最幸運的生還者；能否早一點逮捕希普曼；以及評估在萊斯特（Leicester）停車場發現的骨骸，確實是英格蘭國王理查三世（Richard III）的可能性。

本書是為兩種人而寫：一種是想要尋找非技術性的、介紹統計學基本概念的入門書的統計學學生；還有，希望更了解在工作及日常生活中碰到的統計問題的一般讀者。我的重點在於聰明、審慎地運用統計學：數字看起來可能像是冷硬的事實，但是要測量樹木、幸福和死亡，需要以精巧而審慎的手法去處理它們。

統計學能使我們清楚了解所面對的問題和得到某些見解，但人們總是知道如何濫用它們，方法通常是極力吹捧、或是設法引人注意某個意見。針對一項統計聲明能夠去評估其可信度，這種能力似乎已成為現代世界的關鍵技能，但願本書能夠幫助人們質疑日常生活中遇到的各種數字。

小結

- 將經驗轉化為資料並非易事，而且以資料描述世界的能力，不可避免會受到限制。

- 統計科學有悠久且成功的歷史，但隨著可用的資料日益增多，它也在變化當中。

- 運用統計方法的技能，是成為資料科學家的重要一環。

- 統計教學法正從側重數學方法，轉變為根據一個整體性的問題解決循環的方法。

- PPDAC 循環提供了便利的框架：問題—計畫—資料—分析—結論和溝通。

- 資料素養是現代世界的關鍵技能。

第 1 章

用百分比了解情況：
類別資料和百分率

從 1984 到 1995 年間，在布里斯托醫院接受心臟手術的兒童存活率如何？

16 個月大的約書亞（Joshua L）罹患了大動脈轉位症。這是嚴重的先天性心臟病，原因是從心臟出來的主要血管連接到錯誤的心室。他需要動手術以「置換」動脈，1995 年 1 月 12 日上午 7 時過後不久，他的父母向他告別，看著他被送進布里斯托皇家醫院（Bristol Royal Infirmary）接受手術治療。但是約書亞的父母不曉得自 1990 年代初以來，就流傳著布里斯托醫院外科手術存活率很低的報導。而護士離開醫院時，並沒有告訴父母，他們的孩子已經死亡，也沒人告訴他們前一晚曾召開深夜會議，討論是否取消約書亞的手術。[1]

結果約書亞死於手術臺上。隔年，醫學總會（General Medical Council；醫療監管機構）在約書亞的父母及其他痛失子女的家長

投訴之後，展開調查。1998 年，兩名外科醫生和前執行長被判醫療行為嚴重疏失。民眾的關切沒有消退，於是催生了正式調查：一群統計學家奉命進行一項嚴肅任務：比較 1984 年到 1995 年布里斯托醫院和英國其他醫院的手術存活率。這個團隊由我領導。

我們首先必須確定有多少孩童動了心臟手術，以及有多少人死亡。這聽起來應該很簡單，但是如上一章所說的，單單計算事件發生的次數，就可能是深具挑戰性的工作。什麼是「孩子」？什麼算是「心臟手術」？什麼時候可以將死亡歸因於手術？而且即使確定了這些定義，我們能夠判定它們發生了多少次嗎？

我們把 16 歲以下當作「孩子」，也將重點放在「心內直視」（open）手術，也就是停止心臟跳動，以體外循環冠狀動脈繞道手術替代它的機能。每次住院可能有多項手術，我們將其視為一次事件。如果死亡發生在手術後 30 天內，無論是否住院或因為手術的關係，都計算在內。我們知道死亡並非一個好的衡量手術品質的判斷指標，因為這忽略了因手術而導致大腦受損或其他殘疾的兒童，但我們沒有更長期結果的資料。

資料的主要來源是全國性的醫院事件統計（Hospital Episode Statistics；HES）。HES 是由低薪的編碼員輸入的行政管理資料。醫生對 HES 並沒有好評，但是這個來源占有很大的優勢，可以連結到全國的死亡紀錄。還有一個並行的資料系統，直接提交給外科醫生專業學會建立的心臟外科登錄資料庫（Cardiac Surgical Registry；CSR）。

這兩個資料來源的做法照說應該幾乎相同，卻出現相當程度的

分歧：1991–1995 年間，HES 說，505 例心內直視手術中，有 62 例死亡（占 12.3%），而 CSR 說，563 例手術中，有 71 例死亡（占 12.7%）。另外，從麻醉紀錄到外科醫生自己的個人日誌，至少還有五個本地的資料來源可用。布里斯托醫院多的是資料，但是沒有一個資料來源可以被認為是「事實」，而且沒人負責分析手術結果並採取行動。

我們計算出，如果布里斯托醫院的患者與英國其他醫院患者有一樣的風險，那麼布里斯托醫院在這段期間預期應有 32 例死亡，而不是 HES 記錄的 62 例，因此我們的報告說該醫院 1991 年到 1995 年之間有「30 例超額死亡」。* 確切的數字因不同的資料來源而異，我們甚至無法得知手術次數及其結果的基本事實。這看起來也許很奇怪，不過目前的紀錄系統應該已經改善不少。

新聞媒體廣泛報導這些發現，以及對布里斯托醫院展開的調查，導致人們對監控臨床表現的態度起了重大的變化：人們不再信任醫學界會自律。公開報告醫院存活資料的機制因此建立起來，不過我們現在已經知道，資料呈現的方式本身就會左右公眾的看法。

---

* 我現在對於使用「超額死亡」（excess deaths）一詞感到遺憾，因為報紙後來將它解讀為「能夠避免的死亡」。但是大約有一半的醫院，單單因為偶然的原因，就會有比預期要多的死亡人數，而且這些死亡中，只有少數可視為「能夠避免」。

次數和百分比的溝通

記錄個別事件有發生或沒發生的資料，稱為**二元資料**（binary data），因為只能有兩個值，通常標記為是（yes）或否（no）。二元資料組可以藉事件發生的案例次數和百分率加以滙總。

　　本章的主題是：統計的基本呈現方式很重要。從某種意義上說，我們正跳到 PPDAC 循環的最後一步，也就是溝通我們所得到的結論，儘管這種溝通傳統上不被視為統計學的重要主題，但人們對資料視覺化的興趣不斷提高，反映出這種態度上的變化。因此，本章和下一章都將探討呈現資料的方式，好讓我們不必詳細分析，就能迅速理解正在發生的事。我們會先看看呈現資料的不同方式，主要是因為布里斯托醫院的調查報告現已公開供人使用。

　　表 1.1 顯示的是 2012 年到 2015 年間，在英國和愛爾蘭進行心臟手術的近 13,000 名兒童的術後結果。[2] 共有 263 名嬰兒在術後 30 天內死亡。每名死嬰，都讓家屬悲痛欲絕。雖然對布里斯托醫院展開調查以來，存活率已經大幅提升，現在平均達 98%，但對死嬰家屬來說，難以安撫傷痛之心，不過對於孩子需要動心臟手術的家庭來說，是可以懷抱希望的。

　　表可以視為一種圖，而且顏色、字體和語言的設計選擇必須審慎，以確保引人注目和簡單易讀。受眾對表的感覺反應，也可能受到選擇呈現哪些欄位的影響。表 1.1 同時以存活和死亡兩者的數目呈現結果，但通常美國報告的是兒童心臟手術的死亡率，英國則是提供存活率。這稱為負面框列或正面**框列**（negative or positive

醫院	接受手術的嬰兒數	術後至少30天的存活數	術後30天內死亡數	存活百分率	死亡百分率
倫敦哈里街（Harley Street）	418	413	5	98.8	1.2
萊斯特	607	593	14	97.7	2.3
新堡（Newcastle）	668	653	15	97.8	2.2
格拉斯哥（Glasgow）	760	733	27	96.3	3.7
南安普敦（Southampton）	829	815	14	98.3	1.7
布里斯托	835	821	14	98.3	1.7
都柏林	983	960	23	97.7	2.3
里茲（Leeds）	1,038	1,016	22	97.9	2.1
倫敦布朗普頓（Brompton）	1,094	1,075	19	98.3	1.7
利物浦（Liverpool）	1,132	1,112	20	98.2	1.8
倫敦伊芙琳娜（Evelina）	1,220	1,185	35	97.1	2.9
伯明罕（Birmingham）	1,457	1,421	36	97.5	2.5
倫敦大奧門德街（Great Ormond Street）	1,892	1,873	19	99.0	1.0
合計	12,933	12,670	263	98.0	2.0

表 1.1

2012 年到 2015 年，英國和愛爾蘭各醫院兒童接受心臟手術後 30 天是否存活的結果。

framing），會直接影響到我們的感受，而且這樣的影響，有詳盡的紀錄可查：「5% 的死亡率」聽起來比「95% 的存活率」差。報告實際死亡人數和百分率，也會加重風險的印象，因為這個總數可能被想像成一群真實的人。

不同的框列方式會如何改變數字給人的感覺，一個經典的例子是 2011 年倫敦地鐵刊登的廣告，宣稱「99% 的倫敦年輕人沒有犯下嚴重的青年暴力行為」。這則廣告大概是為了讓乘客對他們所住的城市感到放心，不過，兩個簡單的改變，就可以扭轉它給人的感覺。首先，這項聲明表示 1% 的倫敦年輕人確實犯下嚴重的暴力行為。其次，由於倫敦的人口約 900 萬，有約 100 萬人年齡介於 15 歲到 25 歲之間，如果我們認為他們是「年輕人」，那就表示這 100 萬人中有 1%，即 10,000 人是倫敦市有嚴重暴力行為的年輕人。這聽起來令人很不放心。請注意用於操縱這種統計數字給人的感受的兩個技巧：從正面框列轉換為負面框列，然後將百分率轉換為實際的人數。

理想的情況下，如果我們想要提供公正的資訊，就應該同時顯示正面框列和負面框列，不過直欄的順序還是可能影響人們對表格的解讀。表的橫列也需要審慎考慮。表 1.1 按各醫院的手術次數排列，但如果以死亡率由高至低的順序呈現，給人的印象可能變成是比較各醫院手術表現的有效和重要方式。這種排列方式受到媒體，甚至某些政治人物的青睞，但可能造成嚴重的誤導：不只因為彼此之間的差異可能出於偶然的變異，也因為有些醫院可能接下了非常不同類型的病例。例如，表 1.1 中，我們就懷疑最大和最著名的兒

童醫院之一伯明罕，接的可能是最嚴重的病例，因此，持平一點來說，去凸顯它並不算太好的存活率，是不太公平的。*

　　存活率也可以如圖 1.1 所示，用水平的長條圖表示。從哪裡開始畫橫軸，是個關鍵選擇：如果是從 0% 的值開始，所有的長條幾乎是完整的全長，可以清楚顯示極高的存活率，但是各線條的長短就不是那麼一目瞭然。不過，以圖形去誤導人的最古老手法，是將軸的起始位置設在某個值，例如 95%，這就會使得各醫院看起來極為不同，即使變異可能只是出於偶然的原因。

　　因此，選擇軸的起點是個兩難。艾爾貝托‧開羅（Alberto Cairo）曾寫過關於資料視覺化的重要書籍，[3] 他建議應該要從「合乎邏輯和有意義的基準」開始。但是本例還是很難決定起點——我很武斷地選擇 86%，大致代表了二十年前布里斯托醫院令人不滿的低存活率。

　　本章一開始我引了席佛說的話。他是資料基礎平台「538」（FiveThirtyEight）的創辦人，起初是因為準確預測到 2008 年美國總統大選的結果而出名。他高談闊論，說數字不會為自己說話——我們有責任給它們意義。這表示溝通是問題解決循環的關鍵部分，而且本節已經說明我們選擇呈現的方式，可以如何影響一組簡單的百分率傳達的訊息。

　　我們現在需要介紹一個重要且方便的概念，幫助我們超越簡單

---

* 後來發現，考量病例的嚴重性之後，沒有很好的證據顯示這些醫院之間存在任何系統性的差異。[2]

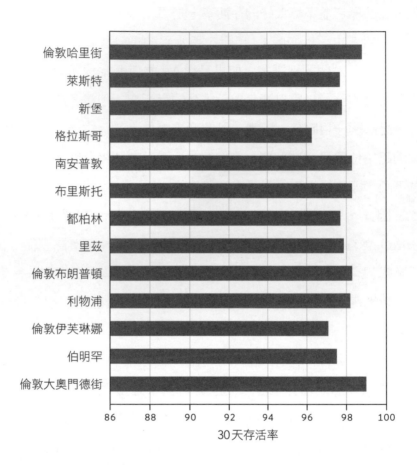

圖 1.1

13 家醫院的 30 天存活率的水平長條圖。橫軸起點的選擇（本圖是
86%），會大大影響圖給人的印象。如果橫軸的值從 0% 開始，所有醫
院的差異看起來會難以區分，而如果從 95% 開始，彼此的差異又會被
過度放大。當橫軸不是從 0 開始，那麼與其使用長條圖，不如改用點
圖呈現資料點可能比較好。

的「是或否」問題。

類別變數

變數（variable）的定義是：在不同的情況中可以有不同值的任何
測量值；對於構成資料，所有類型的觀察而言，這是一個非常實用
的簡稱。二元變數就是「是或否」的問題，例如某人是死是活、他
們是否為女性：這兩個問題都因人而異，甚至人在性別方面，可以
在不同的時間發生變化。**類別變數**（categorical variable）是可以分
為兩個或兩個以上類別的測量值，這些類別可能是：

- 無序類別（unordered categories）：例如某個人的出生國家、汽
  車的顏色，或執行手術的醫院。
- 排序類別（ordered categories）：例如軍職人員的軍階。
- 已經分組的數字：例如肥胖程度，通常是根據身體質量指數
  （body mass index；BMI）的門檻來定義。*

　　呈現類別資料時，餅圖（pie chart）可以讓人看到每一類別相
對於整塊餅的大小，但是在視覺上很容易感到混淆，尤其是如果在

---

* 身體質量指數（BMI）是比利時統計學家阿道夫・凱特勒（Adolphe
  Quetelet）在 1850 年之前就發展出來了，定義是 BMI = 體重 (kg)／身高
  $(m)^2$。這個指數有許多種分類方式，目前英國對肥胖的定義是：體重過
  輕（BMI < 18.5 kg/m²）；正常（BMI 在 18.5 到 25 之間）；超重（25 到 30
  之間）；肥胖（30 到 35 之間）；以及病態性肥胖（高於 35）。

同一張圖中顯示太多的類別，或是使用會使圖形扭曲的三度空間表示。圖 1.2 是像 Microsoft Excel 提供的那種很難看的例子，顯示表 1.1 的 12,933 名兒童心臟病患者在各醫院接受手術的百分比。

　　同時呈現多個餅圖通常不是個好主意，因為難以評估不同形狀區域的相對大小，會妨礙比較。最好是只根據長條圖的高度或長度來互相比較。圖 1.3 是各家醫院所執行手術的百分率的水平長條圖，是更簡單、更清楚的例子。

比較一對百分比

我們已經看到使用長條圖，可以如何優雅地比較一組百分比，因此可能會覺得比較兩個百分比是小事一椿。但是當這些百分比代表遭受某種危害的風險估計值，我們如何比較這些風險，就成為重大且容易有爭議的問題。下面是個典型的問題：

培根三明治的致癌風險有多高？

我們都知道媒體喜歡以聳動誇張的標題，警告我們日常的瑣事會提高發生可怕事情的風險：我喜歡稱這些是「貓會致癌」的報導。例如，2015 年 11 月，世界衛生組織（World Health Organization）的國際癌症研究機構（International Agency for Research in Cancer；IARC）宣布，加工肉品是「第一類致癌物」，和香菸、石棉屬同一類。新聞媒體果然下了恐慌性的標題，例如《每日紀事報》（*Daily Record*）

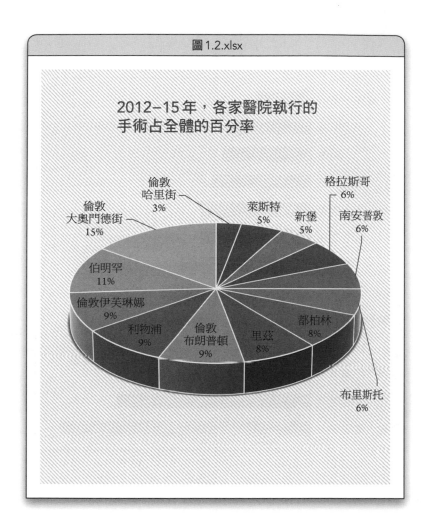

圖 1.2

每家醫院執行的兒童心臟手術占全體的百分比，以 Excel 的三度空間餅圖呈現。這張圖很糟糕，因為靠前面的類別看起來比較大，令人無法對各家醫院的情況作視覺上的比較。

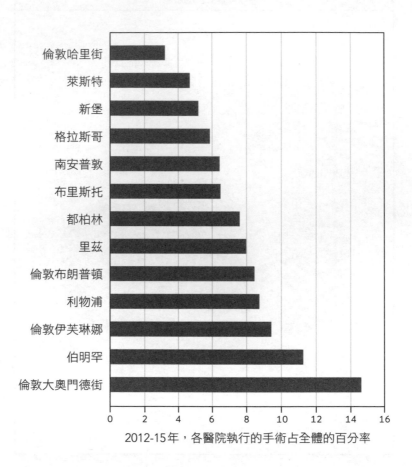

2012-15年，各醫院執行的手術占全體的百分率

圖 1.3

各醫院執行的兒童心臟手術占全體的百分率：使用水平長條圖能夠更清楚地表達。

聲稱「專家警告培根、火腿、香腸和香菸的致癌風險相同」。[4]

　　IARC 為了平息人們的疑慮，強調「第一類」這個分類，是指相信會提高致癌風險，但他們沒有對風險的實際程度多作說明。IARC 在新聞稿稍後說，每天食用 50 公克的加工肉品，和罹患腸癌風險增加 18% 有關聯。這聽起來令人擔心，但我們應該擔心嗎？

　　18% 這個數字稱為**相對風險**（relative risk），因為它表示每天吃 50 公克加工肉品的人，例如一天可能吃三明治中兩片培根的一群人，和沒有這麼吃的一群人比起來，罹患腸癌的風險會提高。但那些統計數字的評論者把這個相對風險，重新框列為**絕對風險**（absolute risk）的變化。絕對風險的變化，是指每一群人預期將遭受不利事件影響的實際百分比變化。

　　IARC 的結論是：正常情況下，每 100 個平日不吃培根的人，預期大約有 6 個人一生中會罹患腸癌；而如果這 100 人一生當中每天吃一個培根三明治，那麼根據 IARC 的報告，我們預期罹患腸癌的人會多 18%，這表示 100 個人中，罹患腸癌的人從 6 個增為 7 個。*也就是，100 個天天吃培根的人當中，多了一例腸癌。聽起來並不像相對風險（增加 18%）那麼驚人，而且可能有助於從正確的角度去看待這種危害。我們需要分辨真正危險的事和聽起來可怕的事。[5]

　　這個培根三明治的例子，說明了使用**期望頻率**（expected

---

* 嚴格來說，6% 相對增加 18%，是 6% × 1.18 = 7.08%，但是四捨五入為 7%，便足以傳達這件事了。

frequency，也可翻成「期望次數」）來溝通風險的好處：我們不討論百分率或機率，只問：「這對 100（或 1,000）人來說，表示什麼？」心理學方面的研究顯示，這種技巧可以增進理解：實際上，只告訴人們多吃肉會「提高致癌風險 18%」，就可以被認為意在操弄，因為我們知道，這種措辭誇大了危害的嚴重性。[6] 圖 1.4 使用**圖標陣列**（icon array），直接表示 100 個人的期望腸癌發生率。

　　圖 1.4 中，「癌症」圖標隨機散布在 100 個圖標中，雖然這種散布是為了加強其不可預測性的印象，但只應該用於要強調的增加圖標只有一個的情況。為了快速進行視覺比較，應該不需要去數圖標的數量。

　　表 1.2 以吃或不吃培根者的罹癌風險，呈現比較兩種百分比的更多方法。

　　「X 人中有 1 人」是表達風險的常見方式，例如說「16 人中有 1 人」，代表 6% 的風險。但是不建議連續使用多個「……人中有 1 人」說法，因為許多人覺得難以比較。例如，被問到「100 人中有 1 人，和 1,000 人中有 1 人，何者風險比較大」時，大約四分之一的人會答錯：關鍵是，數字愈大，風險愈小，因此需要保持一定的心思敏捷，才能看清事情。

　　技術上來說，一件事的**勝率**（odds）是指它發生的可能性相對於沒有發生的可能性之比率（ratio）。例如，由於在 100 個不吃培根的人中，6 個人會罹患腸癌，94 個人不會，所以這組人罹患腸癌的勝率是 6/94，有時稱為「6 比 94」。英國的賭博或博弈常使用勝率（或稱賠率），但它也廣泛用於百分比的統計建模中，因此醫學

不吃培根的100人

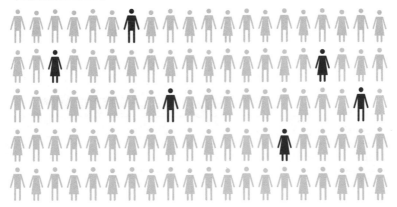

每天吃培根的100人

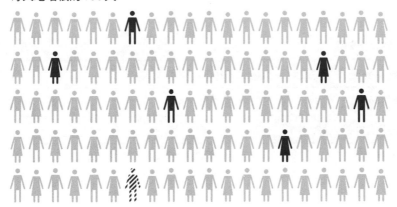

圖 1.4

使用一對圖標陣列的培根三明治例子。隨機散布的圖標，顯示每天吃培根的風險增加。正常情況下，不吃培根的 100 人，有 6 人（實心圖標）罹患腸癌。平常每天吃培根的 100 人，腸癌多一例（條紋圖標）。*

* 嚴格來說，這兩張圖中，6 個實心圖標的位置應該不同，因為兩張圖代表兩群不同的 100 人。但這會使兩群人更難比較。

方法	不吃培根的人	每天吃培根的人
事件發生率	6%	7%
期望頻率	100 人中有 6 人	100 人中有 7 人
	16 人中有 1 人	14 人中有 1 人
勝率	6/94	7/93

比較性測量值

絕對風險差異	1%，或 100 人中有 1 人
相對風險	1.18，或增加 18%
「需要治療的人數」	100
勝率比	(7/93) / (6/94) = 1.18

表 1.2

表達「每天吃和不吃培根三明治，終生罹患大腸癌的風險」的各種方法。「需要治療的人數」是指需要多少人一生中每天吃培根三明治，才會再增加一例腸癌（因此或許應該定義為「需要吃培根三明治的人數」）。

研究通常以**勝率比**（odds ratio，又稱為勝算比）來表示與治療或行為有關的影響。

　　雖然勝率比在研究文獻中極為常見，但是在滙總風險差異時，卻是相當不直觀的方式。如果事件相當罕見，那麼勝率比將如培根三明治的例子，數值接近相對風險；但常見的事件，勝率比與相對風險可能非常不同，如下例可能會讓新聞記者（和其他人）感到非常混淆。

> 從 85% 增為 87%，可以稱為增加 20% 嗎？

他汀類藥物（statin）廣泛用於降低膽固醇以及心臟病發作和中風的風險，但一些醫生擔憂它產生的副作用。2013 年發表的一項研究發現，服用他汀類藥物的人，有 87% 報告肌肉疼痛，高於沒有服用他汀類藥物者的 85%。請看表 1.2 顯示的比較風險的選項。我們可能會說，絕對風險增加 2%，或者相對風險是 $0.87/0.85 = 1.02$，也就是相對風險增加 2%。兩群人的勝率分別是 $0.87/0.13 = 6.7$ 和 $0.85/0.15 = 5.7$，因此勝率比是 $6.7/5.7 = 1.18$。這數字剛好和培根三明治的例子相同，不過是根據非常不同的絕對風險。

　　《每日郵報》（*Daily Mail*）將 1.18 的勝率比，錯誤解讀為相對風險，並下標題稱他汀類藥物「會增加風險達 20%」，嚴重扭曲了該研究實際發現的結果。但這件事不能全都怪罪於新聞工作者：那篇論文的摘要只提到勝率比，並沒有提到這代表 85% 和 87% 的絕對風險之差。[7]

　　這凸顯了在科學情境以外的情況下使用勝率比的危險，以及將
絕對風險報告為受眾比較有感的數量，有其好處；不論是談培根、
他汀類藥物，還是其他的任何東西，都是這樣。

本章所舉的例子，說明了看似簡單的計算和溝通百分比的事，也可
以弄得如此複雜。因此溝通時需要小心謹慎和提高警覺，而且可以
和長於評估不同格式之認知的心理學家合作，探索數字或圖形資料
滙總的影響。溝通是問題解決循環的重要部分，不應該只是個人偏
好的問題。

小結

- 二元變數屬「是或否」的問題，一組數字可以滙總為百分比。

- 正面或負面框列百分比，會改變人們對事件的感覺。

- 相對風險通常會誇大嚴重性，應該提供絕對風險，以釐清事實。

- 期望頻率有助於理解事實，並且讓人對某件事的重要性產生適當的感覺。

- 勝率比來自科學研究，但不應該用於一般情況的溝通。

- 要小心謹慎地選擇圖形，並對它們可能造成的影響提高警覺。

第 2 章

滙總和溝通數字

我們能夠信賴群眾智慧嗎？

1907 年，利用指紋、天氣預報和優生學 * 進行鑑定的博學鼻祖，同時也是達爾文（Charles Darwin）的表親的法蘭西斯・高爾頓（Francis Galton），寫信給權威的科學期刊《自然》（*Nature*），講述他參觀港都普利茅斯（Plymouth）的肉禽畜展（Fat Stock and Poultry Exhibition）的感想。他看到有一頭大公牛，競賽者可以花六便士，去猜測那隻可憐的家畜遭宰殺後的「屠體」重。他拿

---

* 優生學的觀念是：我們可以透過選擇性生育來改善人種，或者透過財務獎勵等辦法，鼓勵「適者」多生育，或鼓勵「絕育」以防止「不適者」生育。統計技術的許多早期開發者，都是狂熱的優生主義者。納粹德國的經驗，終結了這個運動，但是學術期刊《優生學年鑑》（*Annals of Eugenics*）直到 1955 年，才更名為現在的《遺傳學年鑑》（*Annals of Genetics*）。

到 787 張已經填好的票，選擇中間值 1,207 磅（547 公斤）當作眾人的民主選擇，「其他每一個估計值都被大多數投票者視為過高或過低」。後來量出來的屠體重是 1,198 磅（543 公斤），非常接近他根據 787 張投票所作的選擇。[1] 高爾頓寫的信，標題是「人民的聲音」（Vox Populi），但是現在人們將這個決策過程稱為**群眾智慧**（wisdom of crowds）。

當時高爾頓做了我們現在可能稱為資料滙總（data summary）的工作：他拿到寫在票上的大量數字，化減為單一估計重量 1,207 磅。本章將探討接下來一個世紀所發展出的各種技術，如何滙總和溝通現有的大量資料。我們將看到位置、廣度、趨勢和相關性的數字滙總，和在紙上或螢幕上可以如何繪製資料，有著密切的相關性。我們將探討從簡單地描述資料，到設法透過資訊圖表（infographic）講述故事，之間的緩慢過渡。

我們會先談談我自己嘗試進行的「群眾智慧」實驗。這項實驗證明了將真實而混亂的世界（它有各種奇特的、犯錯的能力）作為資料來源時，會出現許多問題。

統計不只是關於癌症或手術等重大事件。我和數學溝通專家詹姆斯・格萊姆（James Grime）做了一個小小的實驗：我們在 Youtube 張貼一支影片，請觀看影片的人猜測一個罐子裡的彩色豆水果軟糖有多少顆。看到圖 2.1 的那張照片，你可能想要自己試一下（真實數字稍後揭曉）。共有 915 人參與，所猜的數字從 219 顆到 31,337 顆不等。我們會在本章探討這種變數可以如何描繪成圖形，以及用

圖 2.1

這個罐子裡有多少顆彩色豆水果軟糖？我們在 YouTube 的一支影片中問這個問題，有 915 人回答。答案將在稍後揭曉。

數字滙總。

首先，圖 2.2 呈現的是 915 位回應者所猜測數值之型態的三種方式：這些型態可稱為資料分布、**樣本分布**（sample distribution）或經驗分布（empirical distribution）。*

(a) 線圖或點圖只是將每個資料點顯示為一個點，但每個點給一個隨機抖動，以防止多人猜測相同的數字彼此重疊，導致整體型態模糊不清。這張圖清楚地顯示大量的猜測值落在約 3,000 顆以下的範圍內，然後是一條長「尾」，直到超過 30,000 顆；在 10,000 顆處剛好有個集群（cluster）。

(b) 盒鬚圖滙總了資料分布的一些基本特徵。†

(c) 這個直方圖只計數每一區間有多少個資料點——它給出了非常粗略的分布形狀之概念。

這些圖立刻傳達了一些鮮明的特色。資料分布高度**偏斜**（skewed），表示它沒有以某個中心值為準、左右大致對稱，以及因為出現一些非常高的值，而有很長的「右尾」。線圖中的一串垂直點，也顯示有些人偏愛整數。

但是所有這些圖都有個問題。這些點的型態，表示所有的注意

---

* 統計學廣泛使用「分布」一詞，但意義可能含糊不清，因此我將盡力清楚說明每一種情況中的意義。本書是用免費的 R 軟體執行繪圖功能。

† 在這個特定版本的盒鬚圖中，盒中的實線代表中位數（中間點），盒中包含了中心一半的點，而「鬚」顯示的是最低值和最高值，離群值則個別繪製。

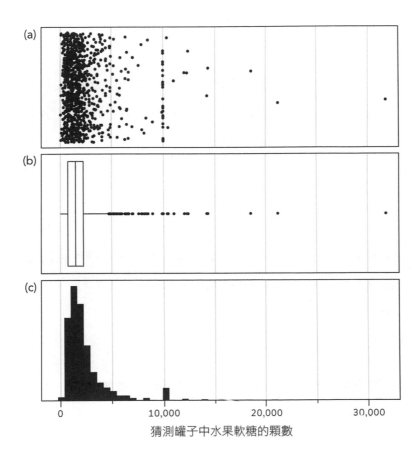

圖 2.2

以不同的方式，呈現 915 人猜測罐子中水果軟糖的顆數之型態。(a) 線
圖（strip-chart）或點圖（dot-diagram），用抖動（jitter）的方式，防
止個別點彼此重疊；(b) 盒鬚圖（box-and-whisker）；(c) 直方圖
（histogram）。

力都集中在極高的猜測值上，大部分數字被擠壓到左邊。我們能不能畫出一個資訊更充分的圖呢？我們可以將極高的值視為離譜而捨棄（起初分析這些資料時，我相當武斷地排除 9,000 以上的所有值）。或者，我們可以用某種方式轉換資料，減低這些極端值造成的影響，例如，將資料畫在**對數尺度**（logarithmic scale）上。這一來，100 到 1,000 之間的空間，和 1,000 到 10,000 之間的空間相同。*

圖 2.3 呈現比較清晰的型態，也就是分布相當對稱，沒有極端的離群值。我們因此不必排除一些資料點——除非它們是明顯的錯誤，否則這種做法通常不是好主意。

要呈現一組數字，並沒有一種「正確」的方法。這幾張圖都有一些優點：線圖顯示個別的點，盒鬚圖很方便快速進行視覺滙總，直方圖讓人容易抓住資料分布的基本形狀。

記錄為數字的變數，有不同的種類：

- **計數變數**（count variable）：測量值限為整數 0、1、2……。例如，每年的凶殺案件數，或者猜測罐子裡的水果軟糖顆數。

---

* 要得出數字 x 的對數，就是要找出 x 等於 10 的幾次方。因此，1,000 的對數是 3，因為 $10^3 = 1,000$。舉例來說，當我們可以合理假設人們犯了「相對」錯誤而不是「絕對」錯誤，比方說，當我們預期人們不管猜測低值或猜測高值，都是因為相對因素（假設任一方向都是 20%），而非和真正的數量相差例如 200 顆水果軟糖，而回答出錯誤的答案，那麼對數轉換就特別適用。

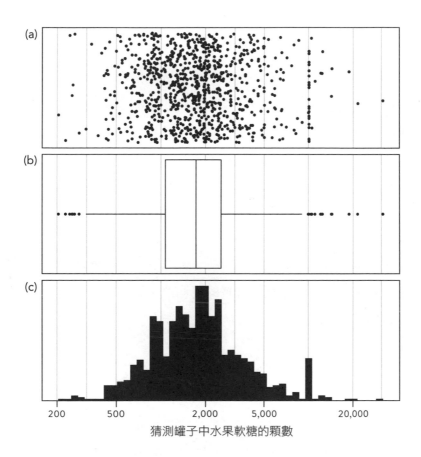

圖 2.3

在對數尺度上畫出水果軟糖猜測值的圖形。(a) 線圖；(b) 盒鬚圖；(c) 直方圖。都顯示相當對稱的型態。

- **連續變數**（continuous variable）：至少原則上可以做到任意精度的測量。例如身高和體重因人和因時而可能有異。這些當然可以四捨五入為公分或公斤的整數。

當一組計數或連續觀測值化減為單一的匯總統計量，我們通常稱之為**平均值**（average）。例如，我們都很熟悉平均工資、平均考試成績或平均溫度的觀念，但是通常不清楚如何解讀這些數字（特別是如果引用這些平均值的人不了解的話，就麻煩了）。

「平均值」一詞有三種基本解讀，有時被人開玩笑地用一個詞「平均數－中位數－眾數」（mean-median-mode）來表示：

- **平均數**（mean）：數字的總和除以案例數。
- **中位數**（median）：依序排列一組數字，最中間那個數。高爾頓就是用這種方法滙總群眾的猜測值。*
- **眾數**（mode）：數目最多的值。

這些都是資料分布的位置之測量值。

將「平均值」一詞解讀為算術平均數（mean-average），讓我們想起一則古老的笑話，那就是幾乎每個人都有超過平均值（大約是 1.99999）的腿，而且每個人平均有一顆睪丸。但是，算術平均數不只不適用於腿和睪丸；一國的受訪者回答的性伴侶平均數和平均收入，可能和大多數人的經歷大相逕庭。這是因為平均數會受到

---

* 但 1907 年《自然》雜誌的一位記者曾質疑高爾頓為什麼要選擇中位數，並且表示平均數會給出更接近真實數字的估計值。

一些極高值的過度影響，而拉高總數。* 不妨想想華倫‧比提
（Warren Beatty）或比爾‧蓋茨（Bill Gates）。（我應該補充一下：
前者影響到的是性伴侶的平均數；後者則是收入的平均數。）

　　當原始資料不以某個中心值為準形成左右對稱型態，而是像猜
測水果軟糖那樣，通常有一大群標準狀況，卻有少數極高值（例如
收入）或極低值（例如腿）的尾巴，而向一邊偏斜時，算術平均數
很容易產生誤導。我幾乎敢打包票：和你同年齡與性別的人相比，
你明年死亡的風險遠低於平均值（平均數）。例如，英國的生命表
顯示，63 歲男子有 1% 每年在 64 歲生日之前死亡（63 歲的男性有
1% 活不到 64 歲），但這 1% 當中有許多人是已經病重，因此，絕大
多數健康狀況良好的人，死亡的可能性低於這個平均風險。

　　遺憾的是，媒體報導「平均值」時，通常不清楚應該將它解釋
為平均數還是中位數。例如，英國國家統計局（Office for National
Statistics）計算的平均每週收入是用平均數，同時也公布地方當局
統計的每週收入中位數。這種情況下，可能有助於區分「平均收
入」（平均數）和「一般人的收入」（中位數）。又例如房價的分
布，偏斜很大，高檔不動產有很長的右尾，這是官方的房價指數以
中位數報告的原因。但是這些通常被稱為「平均房價」（average
house price），而這是非常含糊的詞。這是一般房屋的價格（average-

---

* 設想一個房間裡有三個人，每週收入分別是 400 英鎊、500 英鎊和 600
　英鎊，那麼平均收入是 1,500 英鎊／3 人 = 500 英鎊，和中位數相同。
　然後有兩個每週收入為 5,000 英鎊的人進來：平均收入躍升為 11,500 英
　鎊／5 人 = 2,300 英鎊，而中位數幾乎沒動，只增為 600 英鎊。

house price；也就是中位數）嗎？還是房價的平均值（average house-price；也就是平均數）？英文的連字號放在哪個位置，意思會有很大的差別。

現在該來揭曉我們的水果軟糖群眾智慧實驗的結果了：雖然不像公牛的屠體重量那麼刺激，但我們的投票數略高於高爾頓的例子。

　　由於資料分布有一條長右尾，因此平均數 2,408 顆不是個理想的滙總，而眾數 10,000 顆似乎反映了某種極端的整數選擇偏好。因此，看起來最好是跟著高爾頓，使用中位數作為群組的猜測值。這麼一來，就是 1,775 顆水果軟糖。真正的數值是……1,616 顆。[2] 只有一個人準確猜到這個數字，45% 的人猜的數字低於 1,616 顆，55% 的人猜的數字高於它，所以幾乎沒有系統性傾向，顯示猜測值偏高或偏低——我們的意思是說，真正的數值在經驗資料分布的第 45 個**百分位數**（percentile）。中位數是第 50 個百分位數，和真正的數值比起來，高估了 1,775 − 1,616 = 159 顆，因此相對於正確的答案，中位數高估了約 10%，而且十個人中，只有約一個人那麼接近。因此群眾智慧表現得相當好，比 90% 的個人更接近真實。

描述資料分布的廣度

對於一個分布，只給單一的滙總是不夠的——我們需要對廣度（spread）有個概念，有時稱為變異性。例如，知道了成年男性的鞋子平均尺寸，對製鞋公司決定各種鞋子尺寸的生產數量沒有幫

助。一個尺寸無法適合所有人。就飛機乘客的座椅來說，這個事實
再清楚不過了。

　　表 2.1 顯示水果軟糖猜測值的各種滙總統計量，包括滙總廣度
的三種方法。**全距**（range）是很自然的選擇，但顯然對極值非常
敏感，例如猜 31,337 顆軟糖顯然太離譜。* 相反的，**內四分位數距**
（inter-quartile range；IQR）不受極值的影響。這是指資料的第 25
個百分位數和第 75 個百分位數之間的距離，因此包含了「中間一
半」的數字，本例是介於 1,109 顆和 2,599 顆之間：前面盒鬚圖當中
的「盒」，就相當於內四分位數距。最後，**標準差**（standard
deviation）是廣泛使用的廣度測量值。它是技術上最複雜的測量
值，但實際上只適用於對稱良好的資料，† 因為它也會受到離群值的
過度影響。例如，將 31,337 這個單一（幾乎肯定是錯誤的）數字從
資料中刪除，會使得標準差從 2,422 減為 1,398。‡

　　雖然有一些怪異的答案，但我們的小實驗中，群眾仍然展現相
當高的智慧。這說明了資料通常會有一些錯誤、離群值和其他奇怪
的數值，但不一定需要去一一確認和排除。而且，使用不會受到

---

* 這幾乎可以肯定是 1,337，誤打成 31,337。1337 是駭客語（leet）一字的
　數字表示（也就是 leet 的拼寫法之一是 1337）。網際網路上的這個俚
　語，是指技巧熟練。有九個猜測值正好是 1,337 顆。
† 基尼指數（Gini index）是收入等高度偏斜資料的廣度測量值，廣泛用
　於衡量收入分配不均的程度，但其形式複雜且不直觀。
‡ 標準差的平方稱為**變異數**（variance）。這很難直接解讀，但在數學上很
　有用。

猜測罐中水果軟糖數量的滙總統計量	全部資料
平均數	2,408
中位數	1,775
眾數	10,000
全距	從 219 到 31,337
內四分位數距	從 1,109 到 2,599
標準差	2,422

表 2.1

共 915 人猜測水果軟糖數量的滙總統計量。真正的數量是 1,616 顆。

31,337 等古怪觀測值過度影響的滙總測量值有它的好處——我們稱
之為穩健測量值（robust measures），包括中位數和內四分位數
距。最後，它也告訴我們，單單是觀察資料，就有很大的價值，下
面的例子會強化這一點。

描述數字群之間的差異

英國人的一生中有多少性伴侶？

問這個問題的目的，不是想探人隱私。當 1980 年代愛滋病（AIDS）
首次引起人們的嚴重關切時，公共衛生官員意識到英國沒有可靠的
性行為證據，尤其是人們更換伴侶的頻率、有多少人同時有多名伴
侶，以及發生哪些性行為。這些知識，對於預測性傳染病在社會上
的散播，以及規劃醫療服務，都至關重要，但人們仍在引用 1940
年代美國艾爾佛烈德·金賽（Alfred Kinsey）編纂的不可靠資料。
金賽並沒有試著取得代表性樣本。

　　因此，1980 年代末起，儘管有一些強烈的反對聲浪，英國和美
國還是對性行為展開大規模、詳盡和所費不貲的調查。在英國，佘
契爾夫人（Margaret Thatcher）在最後一刻撤回支持一項大型性生
活方式調查，但幸好研究工作者找到了公益慈善資金支持，因此自
1990 年以來，英國每十年會進行一次全國性態度與生活方式調查
（National Sexual Attitudes and Lifestyle Survey；Natsal）。

第三次調查稱為 Natsal-3，2010 年左右花了 700 萬英鎊進行。[3]
表 2.2 列出 Natsal-3 中，35 歲到 44 歲人表示（異性）性伴侶人數的
滙總統計量。單單利用這些滙總統計量，試著重新建構資料型態的
可能樣貌，便是很好的練習。我們注意到，最常見的單一值（眾
數）是 1，表示那些人一生只有一個伴侶，可是全距也很大。平均
數和中位數兩者相去甚遠，也反映了這一點，這是資料分布有長右
尾的明顯現象。標準差很大，但不適合用來量測這種資料分布的廣
度，因為會受到一些極高值的過度影響。

比較男性和女性回答的數字，發現男性回答的性伴侶人數之算
術平均數比女性多 6 個，或一般男性（中位數）的性伴侶人數比一
般女性多 3 個。或者說，相對而言，不管是平均數還是中位數，男
性回答的伴侶人數都比女性多出 60% 左右。

這種差異可能令我們懷疑資料是否正確。在年齡類似、男女人
數相同的封閉母體（population）中，男人和女人的異性伴侶平均
人數基本上應該相同，是數學上的事實！* 所以為什麼 35 歲到 44 歲
這個年齡群中，男人說的伴侶人數遠多於女人？這可能有一部分是
因為男人的伴侶比較年輕，也因為男人和女人在計算和呈報性愛史
方面，似乎存在系統性差異。我們可以懷疑男人比較有可能誇大伴
侶人數，或者女人傾向於少報，或兩者兼而有之。

---

* 這是因為所有男人的集合和所有女人的集合具有相同的夥伴關係總數，
　因為每個夥伴關係都包含一個男人和一個女人。因此，如果群組的大小
　相同，那麼平均數必然相同。我在學校討論這一點時，會用舞伴或握手
　的觀念去解釋。

回答一生的性伴侶人數	35–44 歲的男性	35–44 歲的女性
平均數	14.3	8.5
中位數	8	5
眾數	1	1
全距	0 到 500	0 到 550
內四分位數距	4 到 18	3 到 10
標準差	24.2	19.7

表 2.2

根據 2010 年到 2012 年 Natsal-3 的訪談調查，35 歲到 44 歲的 806 位男性和 1,215 位女性回答他們一生中（異性）性伴侶人數的滙總統計量。為求完整，將標準差納入，但它們不適合用來量測這種資料分布的廣度。

　　圖 2.4 畫出實際的資料分布,呼應極端右尾的滙總統計量給人的印象。我們一看到這些原始資料,就發現了更多的重要細節,例如,當有十或更多個伴侶時,不論男女,都強烈傾向於取整數(除了說一不二的男人,也許是個統計學家,才會一字不差地說「47個」)。當然,你可能懷疑這些「自我呈報」是不是可靠,下一章就要討論這些資料中的潛在偏差。

　　大量收集的數值資料,通常會使用一些位置和廣度統計量來匯總與溝通,而性伴侶人數的例子告訴我們,這些統計量對於我們理解整體的型態助益很大。然而最重要的是以適當的方式觀察資料,下個例子指出,當我們想要理解大量且複雜的數字集型態時,良好的視覺化尤其有它的價值。

描述變數之間的關係

病人多的醫院,存活率較高?

人們對所謂的手術「數量效應」(volume effect)很感興趣——意思是說,病人比較多的醫院,存活率比較高,原因可能是它們取得較高的效率,也有更豐富的經驗。圖 2.5 畫出英國各醫院執行兒童心臟手術的 30 天存活率相對於接受治療的兒童人數。圖 2.5(a) 畫出上一章一開始特別提到的 1991–1995 年間,1 歲以下兒童的資料,因為這個年齡群的風險較高,而且是調查布里斯托醫院的重點。圖

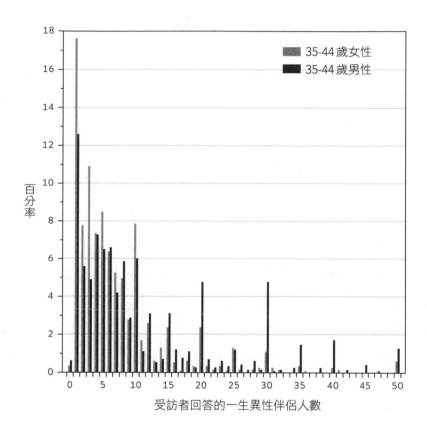

圖 2.1

Natsal-3 根據 2010 年到 2012 年的訪談提供的資料。由於受限於空間，一連串的人數在 50 人處截斷——不論男女，多的都高達 500 人。請注意，10 位或更多伴侶的情況，受訪者顯然愛用整數，而且男人傾向於比女人回答更多的伴侶人數。

2.5(b) 畫出之前在表 1.1 呈現的 2012–2015 年間,所有 16 歲以下兒童的資料——那段期間,沒有 1 歲以下兒童的特定資料可用。手術量畫在水平的 x 軸上,存活率畫在垂直的 y 軸上。*

圖 2.5(a) 中,1991–1995 年的資料有個明顯的離群值。這是一家規模比較小的醫院,存活率只有 71%。這家醫院就是布里斯托,第一章談過它的存活率低和隨後遭到公開調查。但即使除去布里斯托醫院(試著將你的拇指壓在離群點上),1991–1995 年的資料型態也顯示執行較多手術的醫院,存活率較高。

若能用一個單一數值來代表散點圖上的數字對(pair of numbers)之間穩定增加或減少的關係,將會很方便。我們通常選擇**皮爾遜相關係數**(Pearson correlation coefficient)來表示,這是法蘭西斯・高爾頓最早提出的觀念,但 1895 年由現代統計學的創始人之一卡爾・皮爾遜(Karl Pearson)正式發表。†

皮爾遜相關係數介於 –1 和 1 之間,表示點或資料點落在多接近一條直線的地方。如果所有的點都落在一條向上的直線上,那麼相關係數為 1;而如果所有的點都落在一條向下的直線上,那麼相

---

* 雖然兩張圖因為兒童年齡範圍不同,無法直接比較,但實際上,這 20 年來,所有年齡的兒童,存活率已經從 92% 提高到 98%。

† 英國數學家卡爾・皮爾遜狂愛德國的所有東西:甚至將自己的名字拼寫從 Carl 改成 Karl,不過並不妨礙他在第一次世界大戰中,將自己的統計學用於彈道學。1911 年,他在倫敦大學學院(University College London)成立世界上第一個統計系,並在高爾頓的遺願資助下,擔任高爾頓優生學講座教授。

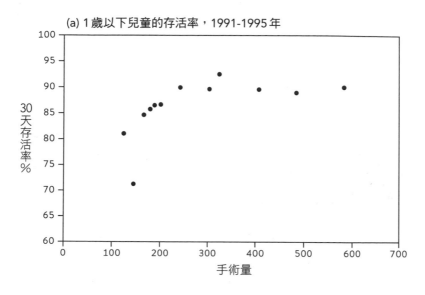

(a) 1 歲以下兒童的存活率，1991-1995 年

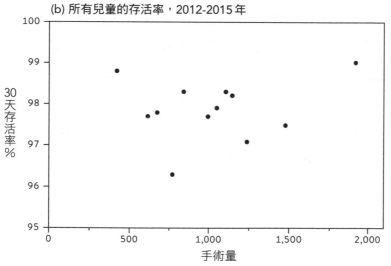

(b) 所有兒童的存活率，2012-2015 年

圖 2.5

兒童心臟手術量相對於存活率的散點圖。(a) 1991–1995 年的皮爾遜
（Pearson）相關係數是 0.59，等級相關（rank correlation）係數是 0.85；
(b) 2012–2015 年的皮爾遜相關係數是 0.17，等級相關係數是 -0.03。

關係數為 −1。相關係數接近 0，原因可能是點的隨機散布，或者缺乏系統性上升或下降趨勢的其他任何型態；圖 2.6 舉了一些例子。

　　圖 2.5(a)1991–1995 年資料的皮爾遜相關係數是 0.59，顯示手術量增加和存活率升高有關。如果剔除布里斯托醫院，那麼皮爾遜相關係數會是 0.67，因為其餘的點更接近一條直線。另一個測量值稱為**斯皮爾曼等級相關**（Spearman's rank correlation）係數，是依英國心理學家查爾斯·斯皮爾曼（Charles Spearman，他曾發展出基本的一般智力〔general intelligence〕觀念）之姓命名，只看資料的等級，不看它的特定值。這代表如果資料點很接近穩定上升或下降的線，即使這條線不是直線，相關係數也可能接近 1 或 −1；圖 2.5(a) 中資料的斯皮爾曼等級相關係數是 0.85，遠高於皮爾遜相關係數，因為這些點更接近一條漸升的曲線，甚於接近一條直線。

　　圖 2.5(b) 中 2012–2015 年資料的皮爾遜相關係數是 0.17，斯皮爾曼等級相關係數是 −0.03，表示病例數和存活率之間不再有任何明確的關係。但由於醫院很少，相關係數對各個資料點可能非常敏感——如果我們剔除那個存活率高的最小醫院，那麼皮爾遜相關係數會躍升為 0.42。

　　相關係數只是關聯性的一種滙總，不能用來推斷手術量和存活率之間確實存在根本的關係，更不用說為什麼可能存在這種關係了。* 在許多應用中，x 軸代表**自變數**（independent variable）。但人

---

* 存活率要看不同的病例數，因此受制於因為偶然而產生的不同程度變異性。所以儘管仍能計算相關係數以描述一組資料，但任何正式的推論都需要考慮到資料是百分比。我會在第 6 章說明怎麼做這件事。

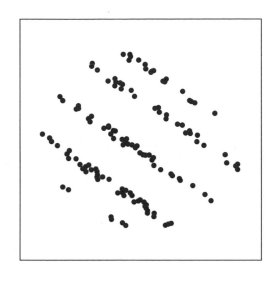

圖 2.6

兩組（虛擬的）資料點的皮爾遜相關係數都是 0。這顯然不表示所畫的兩個變數之間沒有關係。摘自艾爾貝托‧開羅（Alberto Cairo）精彩的十二隻資料恐龍（Datasaurus Dozen）。[4]

們感興趣的是，它對於 *y* 軸的**因變數**（dependent variable）的影響。不過，正如我們將在第 4 章進一步探討因果關係時會知道的，這假定了影響的可能方向。即使在圖 2.5(a)，我們也不能做出這樣的結論：較高的存活率肯定是由病例數增加造成的──實際上，方向可能相反：更好的醫院會吸引更多的患者。

描述趨勢

半個世紀以來，全球人口成長的型態是什麼樣子？

世界人口正在增加，了解人口變化的驅動因素，對不同的國家準備面對現在和未來的挑戰至關重要。聯合國人口司（United Nations Population Division）估計了 1951 年到現在，全世界所有國家的人口數，以及直到 2100 年的預測值。[5] 我們來看看從 1951 年以來的全球趨勢。

　　圖 2.7(a) 畫出 1951 年以來世界人口的簡單折線圖，顯示這段期間增長約三倍，成為近 75 億人。增長的主要原因來自亞洲國家，但圖 2.7(a) 很難區分其他各洲的型態。不過圖 2.7(b) 的對數尺度區分出各洲，顯示非洲的梯度（gradient）較陡，其他各洲的趨勢較平，尤其是歐洲的人口最近下滑。

　　圖 2.7(b) 的灰線代表個別國家的變化，但從整體上升趨勢中，實在很難看出有哪些例外。圖 2.8 使用每個國家簡單的趨勢匯

總——1951 年到 2015 年的相對成長——其中相對增加 4，代表
2015 年的人口是 1951 年時的四倍（例如賴比瑞亞、馬達加斯加和
喀麥隆）。符號的大小與一國人口的多寡成比例，吸引人們注意較
大的國家；而且把各國分到各洲，讓我們立即察覺整體的群聚和離
群情況。根據可以解釋某種整體變異性的因素（這裡是各洲）來分
割資料，總是很有價值的做法。

　　非洲的大幅成長引人注目，但各國差異很大，象牙海岸是個極
端的例子。亞洲也呈現巨大的差異，反映各國的多樣性很廣，日本
和喬治亞是個極端，沙烏地阿拉伯是另一個極端，人口增幅居世界
之冠。歐洲的成長相對偏低。

　　這和任何好圖表一樣，會引出更多的問題，並鼓勵進一步探
索，無論是在確認個別國家方面，或是檢查未來趨勢的預估方面。

顯然有很多方法可以檢視聯合國人口數字這種複雜的資料組，卻沒
有一種可以視為「正確」的方法。但是艾爾貝托・開羅已經確認，
良好的資料視覺化具有四個共同的特色：

1. 包含可靠的資訊。
2. 在設計上，要讓相關的型態引人注目。
3 以吸引人的方式呈現，但外觀不應有礙誠信、清晰和深度。
4. 在適當的時候，其組成的方式有助於進行更多探索。

如果允許受眾與視覺化圖形互動，可以更促進第 4 個特色，而且盡
管這很難在書中說明，但下例顯示了將圖形個人化的威力。

(a)

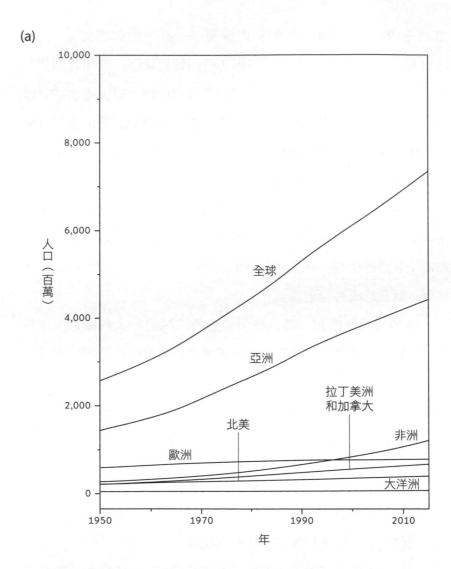

圖 2.7

1950 年到 2015 年，全球、各洲和國家的兩性總人口：(a) 在標準尺度
上呈現趨勢；(b) 在對數尺度上呈現趨勢，加上 1951 年人口至少達一
百萬的個別國家之趨勢線。

(b)

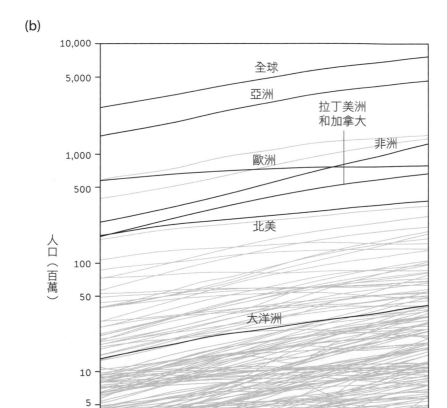

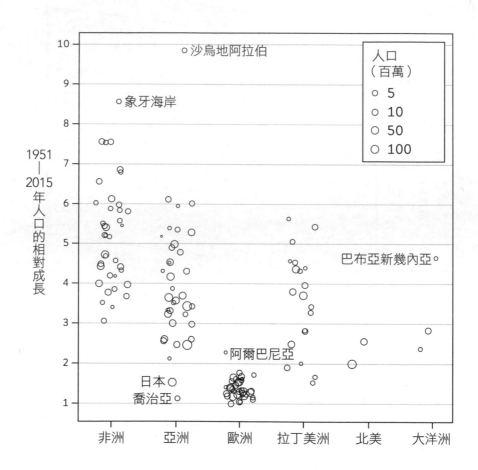

圖 2.8

1951 年時至少有一百萬人口的國家，從 1951 年到 2015 年的人口相對
成長。

随著時間的流逝，有多少人愛取和我相同的名字？

有些圖複雜到很難用肉眼發現有趣的型態。以圖 2.9 來說，每條線顯示了 1905 年到 2016 年之間，在英格蘭和威爾斯出生的男孩特定名字的流行排名。[6] 這代表一段特別的社會史，但它本身只傳達了為男孩命名的快速變化的流行狀況。後來的線比較稠密，顯示從 1990 年代中期以來，名字的廣度和多樣性增加。

　　只有允許互動，我們才能找出個人感興趣的特定線條。例如，我想知道取名大衛的趨勢。這個名字在 1920 年代和 1930 年代快速流行起來，可能是由於威爾斯親王（後來短暫稱王，即愛德華八世）名為大衛的緣故。但是受歡迎程度後來急遽下降——1953 年，我是數萬個大衛之一，但在 2016 年，取這個名字的人只有 1,461 個，有 40 多個名字排名更前面。

溝通

本章的重點放在以開放且非操縱的方式，滙總和溝通資料呈現的意義：我們不想影響受眾的感覺和態度，或說服他們持有特定的觀點。我們只想說明資料何以是那個樣子，或至少它何以看起來是那樣，而且，雖然我們絕對無法聲稱能夠說出絕對的真相，但至少可以試著儘可能真實。

　　嘗試做到科學客觀性，說起來當然比做容易。1834 年查爾

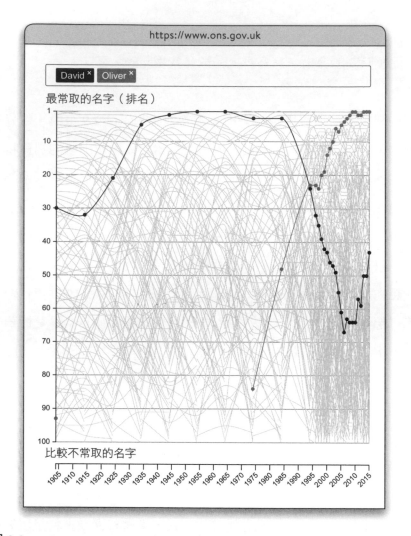

圖 2.9

由英國國家統計局（ONS）提供的互動式圖形截圖，顯示每個男孩名在受歡迎程度排行中的位置趨勢。1953 年，我家父母極富想像力，給我取了一個最受歡迎的男孩名（譯注：作者的名字是大衛〔David〕），但之後這個名字就過時了，與奧利弗（Oliver）大相逕庭。但是大衛最近有復甦的跡象，可能是受到大衛・貝克漢（David Beckham，譯注：英國足球隊名將，有「黃金右腳」之稱）的影響。

士‧巴貝奇（Charles Babbage）、托瑪斯‧馬爾薩斯（Thomas Malthus）等人成立倫敦統計學會（Statistical Society of London，後來改名為皇家統計學會〔Royal Statistical Society〕）時，高調宣布：「統計學會視為首要和最基本的行事規則，是從它的業務和出版品中，審慎地排除所有的意見──注意力嚴格限制在事實上──並且儘可能專注於能用數字表示和表格排列的事實。」[7] 但是從一開始，他們就對這個自律要求視若無睹，立即開始對犯罪、健康和經濟資料的意義，以及應該如何應對，提出自己的意見。也許我們現在能做的最好事情，是認清這種誘惑，並且盡力將自己的意見留在心裡。

　　溝通的第一規則是閉嘴和傾聽，如此才能了解你所要溝通的對象，無論他們是政治人物、專業人士，還是一般民眾。我們必須了解，溝通不可避免地受到局限和可能產生誤解，並且要力抗過於複雜和聰明，或者加入過多細節的誘惑。

　　溝通的第二規則，是知道你想要達成什麼。但願目標是鼓勵公開辯論，以及掌握充分的資訊做出決策。但是，再強調一次也有利無害：數字不會自己說話。背景情境、語言和圖形設計，都會對溝通被接受有所貢獻。我們必須承認我們正在講述一個故事，而且不管我們多麼想只是告知而非說服，人們都不可避免會做比較和判斷。我們能做的就是透過設計或警告，預先阻止不當的直覺反應。

使用統計量說故事

本章介紹了資料視覺化（data visualization）的概念，有時也稱為 dataviz。這些技術通常適用於研究工作者或相當老練圓熟的受眾，往往選用具有增進了解和探索資料價值的標準圖形庫，而非純粹出於視覺的吸引力。當我們確定了想要溝通的資料中的重要訊息，接著可以使用資訊圖表或資訊視覺化（infoviz），以吸引受眾的注意力，並講述一個好故事。

　　複雜的資訊圖表經常出現在媒體上，但圖 2.10 畫出一個相當基本的例子，說了一個強有力的社會趨勢故事。這個例子滙總 2010 年英國全國性態度與生活方式調查（Natsal-3）中，受訪者對三個問題的回答。男女在幾歲時有第一次性行為、開始同居，以及生下第一胎？[8] 這三個生活事件，其年齡中位數都畫在女性的出生年的群組上，而且三個點用一條粗實垂直線連接。1930 年代出生的婦女到 1970 年代出生的婦女之間，這條線穩定拉長，表示需要有效避孕的期間增長了。

　　更厲害的是動態圖形，可以用動態來揭示隨時間變化的型態。漢斯·羅斯林（Hans Rosling，編按：著有暢銷書《真確》）是擅長使用這種技術的大師，他在 TED 的演講和影片，樹立了用統計量敘事的新標準，例如透過代表每個國家從 1800 年至今進展情形的氣泡動畫，顯示財富的變化和健康之間的關係。羅斯林用他的圖形，試著矯正「已開發」國家和「未開發」國家之間分野的誤解，以動態圖揭露隨著時間的推移，幾乎所有的國家都沿著一條共同的

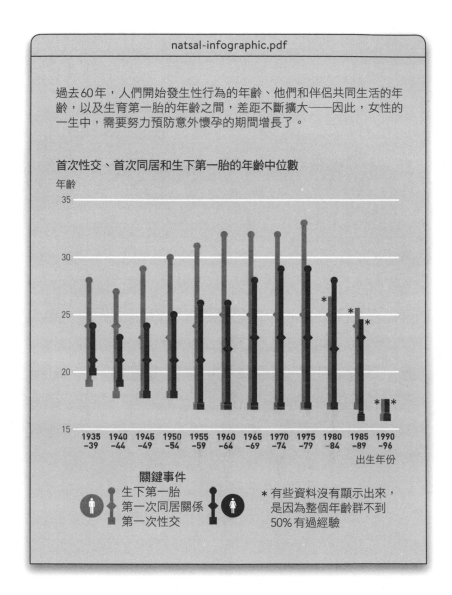

図 2.10

根據第三次英國全國性態度與生活方式調查（Natsal-3）資料畫出的資訊圖表——從資料得到的啟示，用視覺和文字表達出來。

路徑，穩定邁向更健康和更繁榮。*[9]

本章示範了一個過程，從簡單的原始資料描述和繪圖，一直到以統計量敘事的複雜例子。現代的運算技術突飛猛進，表示資料視覺化愈來愈容易和更具彈性；而且，由於滙總統計量既可隱藏也能凸顯統計結果，因此適當的圖形呈現必不可少。不過，滙總和溝通原始數字，只是從資料求答案的過程的第一階段。為了進一步走下去，我們首先要了解我們想要做到什麼事情。

---

* 遺憾的是，一本靜態的白紙黑字書不適合用來展現他所做的努力，因此我只能鼓勵你看看 gapminder.org。羅斯林曾經在電視上和一位丹麥新聞記者爭辯，這位記者對世界的誤解，正是漢斯畢生試著反擊的那種。漢斯輕輕一句帶過：「這些事實不必討論。我是對的，你錯了。」——就統計學來說，這話是少見的直白。

小結

- 我們可以使用各種統計量來滙總資料點的經驗分布，包括位置和廣度的測量值。

- 偏斜資料分布相當常見，有些滙總統計量對離群值非常敏感。

- 資料滙總總是隱藏一些細節，因此需要格外小心，以免丟失重要的資訊。

- 單一數字集可以用線圖、盒鬚圖或直方圖加以視覺化。

- 考慮做些轉換，讓型態更能顯現出來，並用雙眼察覺型態、離群值，相似性和集群。

- 以散點圖觀察數字對，以折線圖觀察時間序列。

- 探索資料時，主要目的是尋找能夠解釋整體變異的各種因素。

- 圖也可以做成互動或動態。

- 資訊圖表凸顯了有趣的特色，而且能夠引導受眾了解整個故事，但在使用時，應該把它們的目的和影響放在心上。

第 3 章

為什麼我們還是要查看資料？
母體與測量值

英國人實際上有多少性伴侶？

上一章指出英國最近的一項調查中，受訪者回答他們一生中擁有性伴侶人數的結果相當驚人。將受訪者的回答畫成圖，呈現出一些特色，包括（非常長的）長尾、人們傾向於回答 10 和 20 等整數，以及男性回答的伴侶數多於女性回答的伴侶數。但是斥資數百萬英鎊收集這些資料的研究人員，對這些特定的受訪者的回答並不是真的感興趣——畢竟，研究人員向他們保證完全匿名。這些回答只是達到目的的手段——目的就是：英國人的性伴侶的整體型態（包括數百數千萬沒有受訪的人。）。

從調查收集實際的回答，到對整個英國做出結論，可不是一件小事。但實際上，那容易得很：只要宣稱這些受訪者所說的，可以準確代表這個國家的實際情況，不就好了？媒體針對性行為所做的

調查——讓人們自願上網站填寫，回答他們關起房門來做了什麼事——就都是這麼做的。

從調查時得到的原始回答，到宣稱整個國家的行為，這個過程可分為幾個階段：

1. 我們的調查參與者回答的性伴侶人數原始資料（raw data）紀錄，告訴我們下一點的某些事情。
2. 參與者樣本的性伴侶真正人數，告訴我們下一點的某些事情。
3. 研究母體 (study population)——有些人可能已經包含在我們的調查內——中人們的性伴侶人數，告訴我們下一點的某些事情。
4. 所有英國人是我們的目標母體 (target population)，我們想知道他們的性伴侶人數。

這個推理鏈中，最薄弱的點在哪裡？從原始資料（第一階段）到關於我們樣本的真實情況（第二階段），意味著我們要在受訪者說他們有多少性伴侶時，對其所說數字的準確性做出某些很強的假設，而且我們有很多理由懷疑他們。我們已經看到男人高估性伴侶人數，女人低估性伴侶人數的明顯傾向，可能是因為女人不把她們寧可忘記的伴侶關係算進來、向上或向下取整數的不同傾向、記憶力不好，以及簡單的「社會接受度偏差」（social acceptability bias）。*

---

* 對美國學生進行的一項隨機實驗，證明有這種偏差存在。使用測謊機時，女性傾向於承認擁有的伴侶人數比保證匿名時要多，而實驗卻沒發現男性有這種效應。實驗者並沒有告訴參與者，測謊機其實是假的。

從我們的樣本（第二階段）到研究母體（第三階段），可能是最具挑戰性的一步。我們首先需要確定，被要求參與調查的人，是從合乎資格的人中隨機抽取的樣本：對於像 Natsal 這種設計嚴謹的研究，這一點應該沒問題。但我們也需要假設實際同意參與調查的人具有代表性，但這不是那麼清楚明白。調查的回覆率約為 66%，如果考慮問題的性質，這個數字非常高。但有證據指出，性活躍程度不是那麼高的人，參與率略低，所以代表性可能被難以訪談到社會中比較非傳統的成員所抵減。

最後，從研究母體（第三階段）到目標母體（第四階段），比較清楚明白，只要我們能夠假設可能被要求參與的人，代表英國的成年人母體。Natsal 的例子中，因為根據隨機的家庭樣本，做了審慎的實驗設計，所以這一點應該可以放心，不過可以確定不包括監獄、現役軍人或修女院等機構中的人。

等到我們處理掉可能出錯的所有問題，也許足以使任何人對根據受訪者告訴調查人員的話，而發表這個國家真實性行為的任何整體聲明不會感到懷疑。但是統計科學的整個要點，是使這些階段平順進行，以及最後以謙遜的態度，說明我們能從資料中得到什麼，不能得到什麼。

從資料中找答案　—「歸納推論」的過程

前面的章節是假設你有個問題，於是去找一些資料，觀察它們，然後簡要滙總。有時計數、測量和描述，本身就是目的。例如，如果

我們只是想知道去年有多少人送進急診室，資料可以告訴我們答案。

但問題往往超越簡單的資料描述：我們想知道的不只是眼前的觀測結果，可能是要預測（明年會有多少人進急診室？），或是說明更基本的事情（為什麼人數會增加？）。

一旦我們要開始從資料取得概括（generalizing）的結論——在我們立即觀測到的事情之外，還學到關於這個世界的一些事情——我們需要問自己這個問題：「我們想知道什麼事情的答案？」我們因此需要面對深具挑戰性的**歸納推論**（inductive inference）觀念。

由於福爾摩斯（Sherlock Holmes）總是利用*演繹推理*（deductive reasoning），冷靜地宣布嫌疑人一定犯下了罪行，所以許多人對於演繹稍有一些概念。現實生活中，演繹是指使用嚴密的邏輯規則，從一般性的前提得出特定結論的過程。如果國家的法律規定汽車應該靠右行駛，那麼我們可以演繹出：在任何特定的情況下，最好是靠右行駛。但歸納是反向運作，也就是觀察特定的情況，試著得出一般性的結論。例如，假設我們不知道在一個社群中，親吻女性朋友臉頰時應該怎麼做，就必須藉由觀察，先看看別人是親一次、兩次、三次，或者根本不親，來決定該怎麼做。兩者的關鍵區別是：演繹在邏輯上是確定的，歸納通常不確定。

圖 3.1 以一般圖表的形式呈現歸納推理，顯示從資料到調查的最終目標的每一步驟：如我們所見，從性調查所收集的資料，告訴我們樣本的行為，我們用它來了解可能受調查訪問的人，從中做出有關全國性行為的一些初步結論。

圖 3.1

歸納推論的程序：每個箭頭都可以解讀為「告訴我們關於下一點的某些事情」。[1]

　　理想上，我們當然希望可以從觀察原始資料，對目標母體直接做出一般性的聲明。標準的統計課程中，會假設觀測是從研究人員直接感興趣的母體中完全隨機且直接得出的。但現實生活很少是這樣，因此我們需要考慮從原始資料到最終目標的整個流程。而正如我們在性調查中看到的，每個階段都有可能出現問題。

　　從資料（第一階段）到樣本（第二階段）：這些是測量的問題：我們的資料所記錄的內容，是否準確反映我們感興趣的事情？我們希望我們的資料：

- 可靠，也就是每次之間的變異性低，因此是精確或可重複的數字。
- 有效，也就是測量的是你真正想測量的東西，而且沒有系統性偏差（systematic bias）。

　　例如，性調查的適當性，取決於人們每次被問到相同的問題時，給出相同或非常相近的答案，而這不應該仰賴訪談員的訪談方式或受訪者捉摸不定的心情或記憶。我們可以在訪談之初和之末時問特定的問題，在某種程度上檢驗這一點。調查的品質也需要受訪者誠實回答他們的性行為，不要系統性地誇大或淡化他們的經驗。所有這些都是相當強的要求。

　　如果問題偏向於得到特定的答覆，那麼調查就缺乏有效性。例如，2017 年廉價航空公司瑞安航空（Ryanair）宣稱 92% 的乘客對他們的飛行體驗感到滿意。後來發現，他們的滿意度調查的選項只

有「優良、非常好、良好、還好、可以」。*

　　我們已經知道，數字的正面框列或負面框列可以如何影響給人的印象，同樣的，問題的框列方式也會影響答案。例如，英國 2015 年的一項調查，在是否脫離歐盟的公民投票中，詢問人們支持或反對「給予 16 歲和 17 歲的年輕人投票權」，結果 52% 的人支持，41% 的人反對。因此，從認可權利和給年輕人權利的角度框列問題，多數人贊成這個提案。

　　但是問相同的受訪者（邏輯上相同的）這個問題：你支持或反對將公民投票的投票年齡從 18 歲降低到 16 歲時，支持這個提案的比例下降到 37%，56% 反對。因此，以風險比較高的降低投票年齡框列問題，這個提案遭到多數人反對。單單因為問題的措辭不同，意見就反轉。[2]

　　人們回答問題，也會受到事先被問的問題所影響，這個過程稱為促發（priming）。官方的幸福感調查估計，英國約有 10% 的年輕人認為自己很孤獨，但英國廣播公司（BBC）的線上問卷發現，回覆者有高達 42% 回答他們感覺孤獨。這個數字可能受到兩個因素誇大：自願接受「調查」的自我報告性質，以及在問到是否感到孤獨

---

* 皇家統計學會有人批評他們的調查方法後，瑞安航空老闆邁克爾・奧利里（Michael O'Leary）的發言人說：「95% 的瑞安航空顧客沒有聽說過皇家統計學會，97% 不在乎他們說了什麼，100% 的人說聽起來，他們的人需要預訂低價的瑞安航空假期。」一項同時期的調查中，瑞安航空公司被評為 20 家歐洲航空公司之末（但這有它本身的可靠性問題，因為這是在瑞安航空大量取消航班的時候做的調查）。

之前，受訪者先被問了一連串的問題，例如是否整體上覺得缺乏友情、孤立、遭到冷落等等。所有這些，都可能促使他們對覺得孤獨的關鍵問題做出正面的回應。[3]

從樣本（第二階段）到研究母體（第三階段）：這取決於研究的基本品質，也稱為**內在效度**（internal validity）：我們觀察的樣本，是否準確反映了我們實際研究的群體所發生的事？我們避免偏差的關鍵方法是：隨機抽樣（random sampling）。連孩子也明白隨機選擇某樣東西是什麼意思：閉上眼睛，伸手去摸一袋五顏六色的糖果，看看會抓到哪種顏色，或者從帽子裡抽一個數字，看看誰得到獎品或款待（或者落空）。幾千年來，稱作抽籤[*]的這種方式，被用來確保公平和正義，也被用作分配獎賞、[†]派彩和任命掌握權力的官員和陪審員等人事派任的方式。更為嚴峻的情況下也會用到它，例如抽選某些年輕人上戰場，或誰能在海上漂流的救生艇中先吃食物。

喬治・蓋洛普（George Gallup）早在 1930 年代就發明了民意調查的觀念。關於隨機抽樣的價值，他做了一個很好的比喻。他說：如果你煮了一大鍋湯，根本不需要喝光，才知道是不是需要添

---

[*] 不要和占卜混為一談，占卜是一種預言的形式，顯然是以偶然現象來決定神的意願或未來的命運──這也稱為擲筊占卜。許多文化都有這樣的例子，包括使用茶葉或雞內臟算命，聖經中以抽籤的方式確定上帝的旨意，《易經》則有預言的性質。

[†]「耶穌說，父啊，赦免他們；因為他們不知道自己在做什麼。士兵們抽籤分了他的衣服，」路加福音 23:34。

加更多的調味料。只要攪拌均勻，嚐一湯匙，就知道應該怎麼做。
1969 年的越戰抽選入伍（draft lottery），正是這個觀念的最好證
明。根據抽選辦法，徵兵單位必須準備一份依序排列的生日清單，
生日落在最上面的男子，最先獲選派往越南，以下依順位類推。為
了公開展現整個過程的公平性，徵兵單位共準備 366 個膠囊，每個
膠囊放進一個獨特的生日，然後從抽選箱隨機挑出一些膠囊。但是
這些膠囊是按生日的月份依序放進箱子裡，沒有適當混合。如果抽
選膠囊的人，手深入到箱子裡，這可能不會造成問題，但是正如一
支引人注目的影片顯示的，他們傾向於從上方拿取膠囊。[4] 結果年
尾出生的人很不幸：12 月的 31 個生日，有 26 個被抽到，而 1 月份
只抽中 14 個生日。

　　適當「攪動」的觀念極為重要：如果你希望能從樣本概括到母
體，那就需要確保樣本具有代表性。光是擁有大量的資料，不一定
有助於保證樣本良好，甚至讓人感到放心，因為那只是假象。例
如，2015 年的英國大選，儘管民意調查公司對數千名潛在選民進行
了抽樣調查，其結果卻糟糕至極。後來追究原因，發現原因出在抽
樣不具代表性上，尤其是電話民意調查：不只室內電話占了撥打訪
問電話數的大部分，而且接到電話，實際受訪的人數不到 10%。這
幾乎不可能成為具代表性的樣本。

　　從研究母體（第三階段）到目標母體（第四階段）：最後，即
使測量得十分完美，隨機抽樣也做得一絲不苟，但如果未能訪問到
我們特別感興趣的那些人，結果可能仍然無法反映我們一開始想調
查的事情。我們希望我們的研究具有**外在效度**（external validity）。

　　一個極端的例子是，我們的目標母體是人，卻只能研究動物，例如化學物質對老鼠的影響。比較沒那麼戲劇化的例子是，只在成年男子身上進行新藥的臨床試驗，之後卻以仿單標示外使用（off-labeluse）的方式，用在女性和兒童身上。我們想知道對每個人的影響，但是這不能只靠統計分析來解決──我們不可避免需要做一些假設，而且得非常小心謹慎。

當我們有了全部的資料

雖然從資料中找答案的這個想法，可以藉由觀察調查結果來說明，但事實上今天使用的許多資料，都不是根據隨機抽樣，或者根本不做任何抽樣。例如，線上購物或社群交易，或者管理一個教育或警務的系統，這些例行性收集的資料，可以重訂目的，幫助我們了解世界上正在發生的事情。這些情況中，我們有了全部的資料。如圖3.1 所示的歸納程序，第二階段和第三階段之間沒有缺口──「樣本」和研究母體基本上相同。這確實避開了樣本數少所引起的任何擔憂，但是其他的許多問題仍然存在。

　　我們以英國犯罪是多或少的問題，以及犯罪是在增加還是減少的政治敏感課題來看看。資料有兩大來源──一個是根據調查，另一個來自行政管理機構。首先，英格蘭和威爾斯的「犯罪調查」（Crime Survey）是個經典的抽樣調查，每年訪問大約 38,000 人的犯罪經驗。就像 Natsal 的性調查，找人實際回答（第一階段），以得出他們的真實經驗結論（第二階段）時，可能會出現問題，因為受

訪者可能沒說實話——例如說出自己參與的毒品犯罪。接著我們需要假設樣本可以代表合格母體，並且考慮樣本數有限（第二階段到第三階段），最後得承認研究設計並未觸及到整個目標母體的某些部分，例如沒有訪問到 16 歲以下或居住在公共住宅中的人（第三階段到第四階段）。儘管如此，我們要適當地提醒一下：英格蘭和威爾斯的「犯罪調查」是「指定的國家統計資料」，用於監控長期的趨勢。[5]

　　第二個資料來源包括警方記錄的犯罪報告。警方做這件事，是出於行政管理的目的，不是為了取樣：由於全國記錄的每一次犯罪可以計數，所以「研究母體」和樣本相同。我們當然仍必須假設所記錄的資料，代表舉報犯罪行為的受害者的真實遭遇（第一階段到第二階段），但是當我們想要宣稱研究母體——舉報犯罪的人——的資料，代表英格蘭和威爾斯全部犯行的目標母體時，會有一個大問題。遺憾的是，警方記錄的犯罪，系統性地遺漏了警方未記錄為犯罪，或者受害人未舉報的案件；例如，非法使用毒品，以及選擇不舉報盜竊和蓄意破壞行為的人，以防所住地區的不動產價值下跌。舉一個極端的例子來說，2014 年 11 月一份報告批評警方的筆錄做法之後，記錄在案的性侵犯數量竟從 2014 年的 64,000 件，增為 2017 年的 121,000 件：三年內幾乎增為兩倍。

　　這兩種不同的資料來源，對於趨勢得出相當不同的結論，也就不足為奇了：例如，「犯罪調查」估計，2016 年到 2017 年間犯罪減少 9%，而警方記錄的犯罪增加 13%。我們應該相信哪個？統計人員對調查比較有信心，對警察記錄的犯罪資料可靠性不放心，結果

2014 年警方的紀錄沒有被指定作為全國性的統計資料。

有了全部的資料，便很容易產生統計量，用以描述所測量的事情。但當我們想要使用資料，對周遭發生的事情做出更廣泛的結論時，資料的品質就至為重要，我們需要提防一些系統性偏差，損及我們所作的任何聲明的可靠性。

一大堆網站都有列出統計學可能發生的偏差，從分配偏差（allocation bias；在誰分配到兩種醫療方案中的哪一種時產生的系統性差異）到自願者偏差（volunteer bias；自願參與研究的人，和一般母體的系統性差異）。其中許多屬相當常識性質，但第 12 章將介紹一些更細微的方式，可能導致統計工作出錯。不過，我們首先應該考慮如何描述我們的最終目標——目標母體。

「鐘形曲線」

> 美國一位朋友剛生了重 6 磅 7 盎司（2.91 公斤）的足月嬰兒。她聽說這低於平均值，因此感到憂心。嬰兒的體重是否太輕了？

我們已經討論過資料分布的概念——資料構成的型態，有時稱為經驗分布或樣本分布。接下來，我們必須談談**母體分布**（population distribution）的概念——我們所感興趣的整個群體的型態。

以這個剛生孩子的美國婦女為例。我們可能認為她的嬰兒有點像是只有一個人的樣本，是從美國非西班牙裔白人婦女最近所生嬰

兒的整個母體中抽取的（她是什麼種族很重要，因為據報導，不同種族生出的嬰兒體重不一樣）。母體分布是由所有這些嬰兒的出生體重構成的型態，而且我們能從美國國家生命統計系統（US National Vital Statistics System）的報告，得知2013年美國非西班牙裔白人婦女足月生下的一百多萬嬰兒體重的分布型態——雖然這不是當代全部的出生體重資料組，但因為是龐大的樣本，可以視之為母體。[6] 這些出生體重以500公克為一組計算人數，如圖3.2(a)所示。

　　這位朋友所生嬰兒的體重是以2,910公克的虛線表示，它在分布中的位置，可用以評估嬰兒的體重是否「異常」。這種分布的形狀很重要。體重、收入、身高等方面的測量，至少原則上可以盡量地細密，因此可以視為「連續」的量，母體分布是平滑的。典型的例子是「鐘形曲線」或**常態分布**（normal distribution），這是卡爾・弗里德里希・高斯（Carl Friedrich Gauss）於1809年因為天文學和測量時的測量誤差，首次詳細探討的。*

理論指出，對於受到大量的小影響所左右的現象，例如不會只受少數基因影響的複雜生理特徵，可以預期會出現常態分布。觀察單一族群和懷孕期，其出生體重可以被視為具有這種特徵，如圖3.2(a)畫出一條常態曲線，其平均數和標準差是從記錄下來的體重得出

---

* 高斯的推導不是根據經驗觀測，而是測量誤差的一種理論形式，用於證明他的統計方法是正確的。

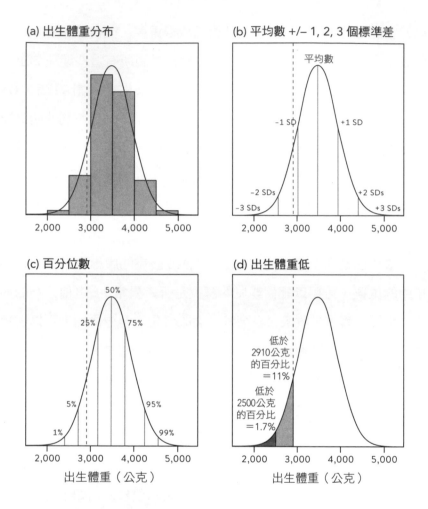

圖 3.2

(a) 2013 年美國非西班牙裔白人婦女懷孕 39–40 週，所生 1,096,277 名嬰兒的出生體重分布；常態曲線的平均數和標準差，和母體記錄下的體重相同。虛線代表體重為 2,910 公克的嬰兒。(b) 常態曲線的平均數 ±1、2、3 個標準差（SD）。(c) 常態曲線的百分位數。(d)「出生體重低」的嬰兒所占百分比（深灰色區），以及低於 2,910 公克嬰兒所占百分比（淺灰色區）。

的。平滑的常態曲線和直方圖非常接近，而身高和認知能力等其他複雜的特徵，也大致有常態的母體分布。其他不是那麼自然的現象，母體分布明顯呈現非常態，而且經常有長右尾的特徵，收入就是個典型的例子。

　　常態分布的特徵在於它的**平均數**（ｍｅａｎ）或**期望值**（expectation），還有它的標準差——我們曾介紹過，它是廣度的測量值——而圖 3.2(a) 的最佳配適曲線（best-fitting curve），平均數是 3,480 公克（7 磅 11 盎司），標準差為 462 公克（1 磅）。我們知道，第 2 章中用於匯總資料組的測量值，也可以用於描述母體——不同之處在於：描述一組資料時，平均數和標準差等名詞稱為**統計量**（statistic），而描述母體時則稱為**參數**（parameter）。只用這兩個數值，就能匯總超過 1,000,000 個測量值（也就是超過 100 萬個出生體重資料），這是非常了不起的成就。

　　假設分布呈現常態分布的一大好處是，許多重要的數值從表格或軟體就可以獲得。例如圖 3.2(b) 畫出了平均數和平均數兩邊各 1、2 和 3 個標準差的位置。根據常態分布的數學性質，我們知道大約 95% 的母體會包含在平均數 ±2 個標準差的區間內，99.8% 會包含在平均數 ±3 個標準差的區間內。你朋友所生的嬰兒體重比平均數低約 1.2 個標準差——這也稱為她的 **Z 分數**（Z-score），只要測量資料點距離平均數多少個標準差就行。

　　平均數和標準差可以用作（大多數）其他分布的滙總描述，但其他的測量值可能也有用。圖 3.2(c) 畫出從常態曲線計算而得的一些**百分位數**（percentile）：例如，第 50 個百分位數是中位數，這個

點將母體分成兩半，可以說是「一般」嬰兒的體重——這和常態曲線等對稱分布的平均數相同。第 25 個百分位數（3,167 公克）有 25% 的嬰兒在它之下；第 25 和第 75 個百分位數（3,791 公克）稱為**四分位數**（quartile），它們之間的距離（624 公克）稱為內四分位數距，是分布廣度的測量值。同樣的，這些滙總正與第 2 章所用的完全相同，但此處是用於母體，而不是用於樣本。

　　你的朋友所生嬰兒位於第 11 個百分位數，代表非西班牙裔白人婦女所生的足月嬰兒中，有 11% 的體重比它還輕——圖 3.2(d) 以淺灰色區顯示這 11%。出生體重百分位數具有實務上的重要性，因為你朋友所生嬰兒的體重，將對應於第 11 個百分位數嬰兒的期望生長情況受到監控，*而且嬰兒的百分位數下降，可能引起關切。

　　嬰兒體重低於 2,500 公克被視為「出生體重低」，是基於醫學，不是統計上的理由，而低於 1,500 公克的嬰兒，被視為「出生體重很低」。圖 3.2(d) 顯示，我們預期這一群嬰兒中，有 1.7% 出生體重低——實際的數字是 14,170（1.3%），與常態曲線的預測非常接近。我們注意到，非西班牙裔白人母親這個特別的足月嬰兒群，出生體重低的比率非常低——2013 年，占美國所有新生兒的比率為 8%，而黑人婦女的比率為 13 %，種族之間的差異顯著。

　　從這個例子得到的最重要一課，也許是圖 3.2(d) 中深灰色區扮演兩個角色：

---

* 但是用於這種監控的分布，會比常態分布稍微複雜一些。

1. 它代表出生體重低的嬰兒占母體的百分比。

2. 它也是 2013 年隨機選擇的嬰兒體重低於 2,500 公克的機率。

因此，可以將母體視為個體所組成的實體群組，但也提供隨機觀測值的**機率分布**（probability distribution）。當我們進入更正式的**統計推論**（statistical inference），這種雙重解讀是很基本的。

　　這個例子中，我們當然知道母體的形狀和參數，因此我們能對母體中的百分比，以及隨機觀測的不同事件發生的可能性，有一些了解。但是本章的重點是，我們通常不了解母體，因此想要依循歸納的過程，走另一條路來從資料到母體。我們已經見到我們為樣本發展出的平均數、中位數、眾數等標準測量值，可以延伸用於整個母體——但不同之處在於我們不知道它們是多少。這就是下一章面臨的挑戰。

母體是什麼？

上面概述的各個歸納階段，在計劃調查中很好用，但是許多統計分析並不容易適用這個架構。我們已經見到，特別是在使用警察的犯罪報告等行政機構的紀錄時，我們可能擁有所有可能的資料。但是儘管沒有做抽樣，母體的觀念仍然很有價值。

　　以第 1 章的兒童心臟外科手術資料來說。我們做了一個相當大膽的假設，認為不存在測量問題——換句話說，我們完整收集每一家醫院的手術和 30 天存活者的資料。因此，我們對樣本（第二階

段）的了解是完美的。

　　但研究母體是什麼？我們擁有全部兒童和全部醫院的資料，因此沒有更大的群體可以抽樣。雖然統計課程中通常相當隨意地引進母體的觀念，這個例子卻顯示它是個難以處理且複雜的觀念，值得詳細探討，因為許多重要的觀念都建立在這個概念之上。

　　不管資料是來自於人、交易、樹木，還是其他任何東西，我們可以從三種母體抽取樣本。

- 實際母體（literal population）。這是一個可識別的群體，例如在我們做民意調查時，隨機選擇一個人。或者可能有一群能夠測量的個人，但我們實際上並不是隨機選擇一個人，而是有來自自願者的資料。例如，我們可以將猜測水果軟糖數量的人，視為來自觀看 YouTube 影片所有數學迷母體的樣本。

- 虛擬母體（virtual population）。我們經常使用裝置去測量，例如測量某人的血壓或測量空氣污染。我們知道我們總是可以測量更多，而且得到稍微不同的答案：只要你一再量血壓，就知道這句話的意思。多個讀數有多接近，取決於裝置的準確度和環境的穩定性——我們可以認為，如果我們有足夠的時間進行所有的測量，那麼我們是從一個虛擬母體得到觀測值。

- 隱喻母體（metaphorical population）是在根本沒有更大的母體時採用。這是一個不尋常的概念。在這裡，我們狀似從某個母體隨機抽取資料點，但顯然不是這樣——就像那些接受心臟手術的孩子：我們並沒有做任何抽樣，我們擁有全部的資料，也

沒有更多的資料可收集。例如每年發生的殺人案數目、特殊班級的考試成績、或世界上所有國家的資料——這些都不能視為來自實際母體的樣本。

隱喻母體的觀念深具挑戰性，我們最好把它想成是，我們的觀測值是從某個想像的機率空間抽取出來的。例如，世界歷史是確實發生過的事，但我們可以想像歷史是按不同的方式發展，而最後恰好只塵埃落定於這些可能的世界狀態中的一種。所有可能歷史的集合，可以視為一個隱喻母體。更具體地說，當我們觀察 2012 到 2015 年間，英國孩童的心臟手術時，我們拿到那些年頭中所有的手術資料，知道有多少孩童死亡，以及多少存活。可是我們能夠想像反事實的歷史，也就是不同的人可能在我們通常稱為「可能性」的難以預見情況下存活下來。

統計學中極少有實際的隨機抽樣的應用，應該是顯而易見的事，而且我們愈來愈常擁有可取得的全部資料。但是，緊緊抓住想像中的母體，從中提取「樣本」的觀念極有價值，因為我們接著可以使用為了從實際母體抽樣而發展出來的所有數學技巧。

我個人寧可認為好像我們周遭發生的一切，都是從所有可能發生的事情中，隨機選擇的結果。我們是否選擇相信那是隨機決定的、是由神或眾神的意志決定的，或是其他任何因果關係造成的，完全由我們自己決定：從數學的角度來看，這些都沒有區別。這只是我們想要從資料得知某些事情時，心靈伸展的必要條件之一。

小結

- 歸納推論需要利用我們收集的資料，經由研究樣本和研究母體，直到目標母體。

- 這條路徑上的每個階段都可能出現問題和偏差。

- 從樣本到研究母體的最好方法，是已經抽取隨機樣本。

- 母體可以視為一群個人，但也提供從那個母體抽取隨機觀測值的機率分布。

- 母體可以使用一些參數來匯總，而這些參數可以反映樣本資料的匯總統計量。

- 資料通常不是來自實際母體的樣本。當我們擁有了全部的資料，那麼可以想像它們是從事件的隱喻母體中提取的；這些事件有可能發生，卻沒有發生。

第 4 章

什麼因造成什麼果？隨機試驗

流行病學（epidemiology）研究的是世界人口中疾病如何和為何發生，而斯堪的納維亞國家是流行病學家的夢想之地——因為那些國家的每個人都有個人身分號碼，用於註冊健康照護、教育、納稅等事務，研究工作者因此能以其他國家不可能做到（也許政治上有爭議）的方式，把人們生活中所有這些不同的層面連結起來。

　　一項典型的雄心勃勃研究，將超過 400 萬的瑞典男性和女性，18 年內的納稅和健康紀錄連結起來，研究人員因此發現：社會經濟地位較高的男性被診斷出罹患腦瘤的比率略高。這是那種有價值但相當平淡乏味的研究之一，通常不會吸引太大的注意，因此即使這項研究只涉及社會經濟地位，而和教育無關，一位大學的公關人員卻認為新聞稿如果這麼寫會更有趣：「高等教育和罹患腦瘤風險增加有關。」而當這則新聞要傳達給一般大眾時，某家報紙的助理編

輯下了一個經典的標題:「為什麼上大學會提高罹患腦瘤的風險?」[1]

　　對於投入時間攻讀更高學歷的人來說,這個報紙標題可能令人大驚失色。但是我們應該擔心嗎?這項大型研究是根據完全合格的母體(而非樣本)登錄資料庫,因此我們可以有信心地作成結論說:受過更高教育的人,確實發現略多的人罹患腦瘤。但那是因為在圖書館汗流浹背讀書,使得大腦過熱,結果發生某種奇怪的細胞突變嗎?儘管報紙標題那麼寫,但我對它感到懷疑。而論文的作者也表示懷疑,他們補充說:「癌症登記的完整性和檢測偏差,或許可以解釋這件事。」換句話說,受過較高等教育的富裕人士比較有可能被診斷和登記罹患腫瘤,這是流行病學中稱為**確定偏差**(ascertainment bias)的一個例子。

「相關不表示有因果關係」

上一章談到皮爾遜相關係數如何衡量散點圖上的點有多接近一條直線。拿 1990 年代英國各醫院執行兒童心臟外科的手術量相對於存活率繪圖,發現規模較大的醫院和較低的死亡率有相關性。但我們不能作成結論說:規模較大的醫院造成較低的死亡率。

　　這種審慎的態度由來已久。1900 年,《自然》期刊討論皮爾遜剛發展出來的相關係數時,一位評論者警告說:「相關不表示有因果關係。」隨後的一百年,有人只是觀察到兩件事傾向於一起變化,就宣稱有某個發現時,統計學家便一而再、再而三端出這句話。甚至有個網站會自動生成愚蠢的相關性,例如 2000 年到 2009

年，美國每年的平均每人莫札瑞拉起司（mozzarella cheese）消費量，和那些年頭中每年攻得土木工程博士學位的人數之間，具有可喜的 0.96 相關性。[2]

人類似乎非常需要以簡單的因果關係，來解釋發生的事情——我敢說我們都能編造一個好故事，說所有那些新出爐的工程師為什麼大吃披薩等等。甚至有個詞，叫做幻想性錯覺（apophenia），用來指人們傾向於尋找理由，說其實不相干的事件之間有關係存在，最極端的情況是把單純的不幸或壞運氣，歸咎於他人的惡意或甚至妖術。

不幸的是，或者幸運的是，這個世界比簡單的妖術稍微複雜一點。第一個複雜性在於試圖弄清我們所謂的「因」是什麼。

到底什麼是「因果關係」？

因果關係是爭論甚多的話題。這可能令人驚訝，因為在現實生活中，這事似乎相當簡單：我們做了某件事，而帶出另一件事。例如，我的大拇指被車門夾到，現在很痛。

但如果我的大拇指沒有被夾到，又會如何呢？也許我們可以想想所謂的反事實（counter-factual）。如果我的大拇指沒有被車門夾到，那就不會受傷。但這終歸是個假設，需要重寫歷史，因為我們永遠無法真正確定當我沒有被車門夾到時會感覺如何（但在這個例子中，我可以相當有信心地說，我的大拇指不會突然自己痛起來）。

當我們考慮到現實生活中每一件有趣的事，不可避免都有它的

變異性時，這會變得更加棘手。例如，醫學界現在同意吸菸會導致罹患肺癌，不過醫生可是花了數十年的光陰，才得出這樣的結論。為什麼得花這麼長的時間？因為吸菸的人大多沒有罹患肺癌，有些不吸菸的人卻罹患肺癌。我們只能說，吸菸比不吸菸更容易罹患肺癌，這是為什麼立法限制吸菸需要花那麼長時間的原因之一。

所以我們對於因果關係的「統計」觀念，並不是那麼嚴格地說一不二。當我們說 X 導致 Y，並不表示每當 X 發生，Y 也會發生；或者，只有在 X 發生時，Y 才會發生。我們只是說，如果我們干預（intervene），強迫 X 發生，那麼 Y 傾向於更常發生。因此我們永遠不能說，在某個特定情況下，X 會導致 Y，只能說 X 提高了 Y 發生的次數百分率。如果我們想知道是什麼導致什麼，那麼我們必須做的事，有兩個至關重要的後果。首先，為了滿懷信心推斷因果關係，理想上我們需要進行干預和執行實驗。第二，由於這是個統計或隨機的世界，我們需要多次干預，才能收集證據。

這自然將我們帶到一個微妙的主題：對一大群人進行醫學實驗。極少人樂於接受實驗，尤其是攸關生死的情況。因此，成千上萬人願意參加規模龐大的研究，而他們或醫生都不知道自己最後會進行哪種治療，則更是令人矚目。

他汀類藥物能減少心臟病發作和中風嗎？

我每天都會服用一顆白色小藥丸（他汀類藥物），因為聽說可以降低膽固醇，從而降低心臟病發作和中風的風險。但是它對我個人的

效果如何？我幾乎可以肯定我的低密度膽固醇（low-density cholesterol；LDL）因此下降，因為開始服藥後不久，我就被告知 LDL 降低了。LDL 的降低是基本上一定會有的直接作用，我可以認為是他汀類藥物造成的。

　　但我永遠不會知道這種日常習慣，長遠來看對我有任何好處：這要看我未來許多可能的人生中的哪一個真正發生而定。如果我不曾心臟病發或者中風，我也不知道就算沒有服用這些藥片，自己會不會得心臟病，以及多年來服用這些藥物是不是在浪費時間。如果我真的會罹患心臟病或中風，也不知道服用他汀類藥物是否能推遲這些事發生。我所能知道的是，平均而言，像我這樣的一大群人因它受益，而這個知識是根據大型臨床試驗而得到的。

　　臨床試驗的目的，是進行「合理的測試」，以適當地確定因果關係，並估計一種新藥物治療的平均效果，而且不會讓我們對它的效果抱持一些或好或壞的偏見。適當的醫學試驗，理想上應該遵循下列原則：

1. 對照：如果我們要研究他汀類藥物對母體的影響，不能只是把他汀類藥物給少數人服用，要是他們沒有罹患心臟病，就聲稱那是藥丸的功效（不要聽信有些網站用這種傳聞軼事的形式，說服市場相信它們的產品）。我們需要一個干預組，開立他汀類藥物讓他們服用，以及一個**對照組**（control group），只給糖丸或**安慰劑**（placebo）。

2. 分配治療：拿同類的事物來進行比較，是很重要的一件事，因

此接受治療和比較的群組，必須儘可能相似。要確保這一點，最好的方法是隨機分配參與者接受治療或不接受治療，然後看結果如何——這稱為**隨機對照試驗**（randomized controlled trial；RCT）。接受他汀類藥物試驗的人數夠多，因此這兩組人可能影響結果的所有因素應該相似，包括——這極為重要——我們不知道的那些因素。這些研究的規模可能相當龐大：1990年代末進行的英國「心臟保護研究」（Heart Protection Study），有 20,536 名罹患心臟病或中風風險較高的人，隨機分配每天服用 40 毫克的辛伐他汀（simvastatin）或假藥片。[3]

3. 計算清楚被分配到各群組中的人數：「心臟保護研究」中，分配到「他汀類藥物」組的人，即使沒有服用他汀類藥物，也包括在最終的分析中。這稱為**「治療意向」**（intention to treat）原則，聽起來相當古怪。這表示他汀類藥物效果的最後估計，實際上是衡量開出他汀類藥物處方的效果，而不是實際服用它們的效果。實務上當然會強烈鼓勵參與者在整個研究過程中服用這種藥物，但是在「心臟保護研究」執行之後五年，分配服用他汀類藥物的人，有 18% 停止服用，而起初分配服用安慰劑的人，多達 32% 在試驗期間真的開始服用他汀類藥物。由於轉換治療方法的人，往往會混淆兩組之間的差異，因此我們可以預期「治療意向」分析的明顯效果，低於實際服用藥物的效果。

4. 如果可以辦到，甚至不應該讓參與者知道他們屬於哪一組：在他汀類藥物試驗中，真正的他汀類藥物和安慰劑看起來一模一樣，因此**盲化**（blinding）參與者，他們不知道自己接受什麼

治療。

5. **各組應該平等對待**：如果分配服用他汀類藥物的一組，更常受邀回醫院就診，或者檢查得更仔細，那就不可能區分效果是因為服藥的好處，還是因為增強了整體的照護。在「心臟保護研究」中，執行追蹤診療工作的人員，不知道患者是服用真正的他汀類藥物還是安慰劑，所以他們也盲化，不清楚分配到的治療方法。

6. **如果可以的話，評估最後結果的人，應該不知道受測者所屬的組別**：如果醫生相信一種治療方法有效，他們可能會因為無意識的偏見，誇大了實驗組（treatment group）的效益。

7. **追蹤要一個不漏**：必須盡一切努力追蹤每個人，因為受測者可能因為藥物的副作用等原因，而退出研究。「心臟保護研究」在五年內做到驚人的 99.6% 完整追蹤，結果如表 4.1 所示。

分配到服用他汀類藥物這組的患者，健康結果平均而言顯然比較好，而且由於患者是隨機分組，除此之外其他條件都相同，因此這可以認為是開出處方，要患者服用他汀類藥物的因果關係。但我們已經見到許多人其實並沒有遵照分配到的治療方法，以致於稀釋了兩組之間的差異：「心臟保護研究」工作者估計，實際服用他汀類藥物的真實效果，比表 4.1 顯示的高出約 50%。

最後的兩個關鍵要點是：

8. **不要依賴單一研究**：單一他汀類藥物試驗可能告訴我們，這種藥物在特定地點的特定群組中起作用，但需要進行多項研究，

事件	分配服用安慰劑的 10,267 人罹病 的百分比	分配服用他汀類 藥物的 10,269 人 罹病的百分比	分配服用他汀類 藥物患者（相對） 風險降低 %
心臟病	11.8	8.7	27%
中風	5.7	4.3	25%
因任何原因 而死亡	14.7	12.9	13%

表 4.1

「心臟保護研究」根據分配給患者不同的治療方法，執行五年之後的結果。心臟病發作風險的絕對值降低 11.8 – 8.7 = 3.1%，因此每 1,000 名服用他汀類藥物的人當中，大約有 31 個人預防了心臟病發作——這表示大約需要 30 個人服用他汀類藥物五年，才可以預防一次心臟病發作。

才能得到紮實的結論。

9. 有系統地檢討證據：在觀察多項試驗時，務必包括所做的每一
項研究，以便進行所謂的系統性檢討（systematic review）。接
著可以將所有的結果正式合併到**統合分析**（meta-analysis）中。

例如，最近的一項系統性檢討，將 27 項他汀類藥物隨機試驗的證
據綜合在一起，其中包括 170,000 多名心血管疾病風險較低的人。[4]
但是它們關注的不是分配服用他汀類藥物和對照組患者之間的差
異，而是去估計降低 LDL（低密度膽固醇）的效果。基本上，他們
假設他汀類藥物的效果是來自於改變血脂，因此他們的計算是根據
每次試驗中 LDL 的平均減幅，從而可以減低不遵從分配治療方案
的患者造成的影響。有了這個他汀類藥物有益於人們健康機制的額
外假設，他們能夠估計實際服用他汀類藥物的效果，所得出的結論
是：LDL 每降低 1 mmol/L（每公升毫摩爾），罹患嚴重血管疾病的
可能性會減少 21%。這就足以促使我繼續服用這種藥片。*

　在此，我們忽略了一種可能性：任何觀測到的關係根本不是因
果關係，而只是偶然發生的結果。市場上大多數的藥物只有溫和的

---

* 對於基準風險（baseline risk）和我相同且不曾有過心臟疾病的人，他們
估計 LDL 每降低 1 mmol/L，罹患嚴重血管疾病的風險可降低 25%。在我
開始服用他汀類藥物後，我的 LDL 下降了 2 mmol/L，因此這應該表示
我每天乖乖服藥，改變了我每年罹患心臟病或中風的風險約 0.75 × 0.75 =
0.56，相當於降低了 44% 的風險。由於我十年內大概有 13% 的機會罹患
心臟病或中風，所以服用他汀類藥物會把這個可能性降到 7%。這表示
我服用他汀類藥物是值得的──如果我確實服用的話，那會更好。

效果，而且只對一部分的人有幫助。它們的整體效益，唯有透過可信賴的大規模、審慎設計的隨機試驗，才能加以檢視。但是，他汀類藥物的試驗非常龐大，尤其是在進行統合分析時，這表示這裡討論的結果，不能歸因於偶然性的變異。（我們將在第 10 章探討如何進行判斷。）

祈禱有效嗎？

這份隨機對照試驗的原則清單，並不是新的：它們幾乎全都是在 1948 年——一般視為那是第一次正式的臨床試驗——引進的。那次試驗是針對治療肺結核的處方藥鏈黴素。隨機分配患者接受或不提供這種可能救命的治療方法，是相當大膽的做法。但因為當時在英國，藥物的數量不夠供應每個人使用，做這樣的決定是合理的，所以用隨機分配的方式，決定誰得到治療，似乎相當公平且合乎道德。但是經過了這麼長的時間，以及成千上萬次的隨機對照試驗之後，醫界決定推薦給個人的治療方案，基本上可說是用擲硬幣的方式（可以把電腦的亂數產生器〔random number generator〕比喻成擲硬幣）來決定，連對乳癌是進行根治性的乳房切除術，還是腫塊切除術，這種攸關患者福祉的重大決定也不例外，這仍然令民眾感到驚訝不已。*

---

* 其實，有那麼多人單單為了日後患者的利益而參加試驗，真的令人驚訝和振奮。

　　實務上，試驗時分配治療的過程，通常比依個案採取簡單的隨機化要複雜，因為我們希望確保各式各樣的人，在接受不同治療的群組中，都有同等的代表性。例如，我們可能希望服用他汀類藥物和安慰劑的高風險老年人，人數大約相同。這個觀念來自農業實驗，因為許多隨機化試驗的觀念都起源於這裡，這主要歸功於羅納德·費雪（Ronald Fisher）的研究（後面會談到更多）。例如，將一片大田分成多個小塊，每個小塊隨機分配使用不同的肥料，就像把人隨機分配接受不同的治療方案。但是由於排水、日照等原因，一片田地的某些部分可能有系統性的差異，因此首先要將田地分為包含大致相似地塊的「區」，然後隨機安排，確保每一區當中施用每一種肥料的地塊數目相同，舉例來說，這表示潮濕鬆軟地區內的處理方式是平衡的。

　　例如，我曾經參與一項隨機試驗，比較治療疝氣的兩種不同方法：標準的「開放式」手術相對於腹腔鏡或「鑰匙孔」手術。醫界認為，團隊的技能可能在試驗期間有所提升，因此，隨著試驗的進行，兩種治療方法必須始終保持平衡，是極為重要的一件事。我因此將一系列患者分為 4 組和 6 組，並確保每一組內，患者隨機均等分配接受每一種治療方案。那個時候，治療方法印在小紙條上，我把它們折起來，放進編了號的不透明棕色信封中。我記得當時看著病人躺在手術前的推車上，不知道他們將接受哪種治療方法，等到麻醉師打開信封，才知道要怎麼治療他們，根本不知道他們會帶著一條大傷疤，還是一組刺孔回家。

　　隨機試驗已經成為測試新醫療方法的黃金標準，現在則日益用

於估計教育和警政新政策的效果。例如，英國的行為洞察團隊
（Behavioural Insights Team）隨機分配學生重考數學或英語的中等教
育普通證書（GCSE），指名某人定期收到鼓勵他們的簡訊，以支持
學生努力學習——結果發現，有「學習支持者」的學生，及格率高
出 27%。同一個團隊也觀察警務人員隨機試驗佩戴攝影機，發現有
各種正面效果，例如不必要的攔停和搜查減少了。[5]

　　甚至有人做研究，想知道祈禱是否有效。例如，「代禱的治療
效果研究」（Study of the Therapeutic Effects of Intercessory Prayer；
STEP）將 1,800 多名心臟繞道患者隨機分為三組：第一組和第二組
患者分別受到祈禱和沒有受到祈禱，但他們不知道自己屬於哪種狀
況，第三組則知道有人為他們禱告。唯一明顯的效果，是知道有人
為他們禱告的一組，併發症小幅增加：一位研究人員表示：「這可
能反而使他們感到不確定，想說：『我是不是病得很重，所以他們
必須找人代禱？』」[6]

　　近來隨機實驗的主要創新，是網頁設計的「A/B」測試（'A/B'
testing），指使用者（無意間）被引導到不同的網頁版面配置，然
後測量他們花在網頁上的時間、點擊廣告的次數等。一連串的 A/B
測試，可以迅速找到優化的設計，而龐大的樣本數，意味著即使只
有很小（但仍有潛在獲利）的效果，也能可靠地檢測出來。這表示
一個全新的社群必須學習試驗設計，包括第 10 章會提到的多重比
較的危險。

不能隨機化時，怎麼辦？

為什麼老人耳朵大？

如果研究人員要做的只是改變網站設計，隨機化很容易的：在這方面，募集參與者不費吹灰之力，因為他們甚至不知道自己是被實驗的對象，拿他們當天竺鼠也不需要道德上的認可。但是隨機化通常很困難，有時甚至不可能辦到：我們不能隨機地要人抽菸或吃不健康的食物，以測試習慣造成的影響（即使這種實驗是在動物身上進行）。當資料不是來自於實驗，就屬於觀測性資料了。所以我們經常只好使用適用於觀測性資料的良好設計和統計原則，結合健康的懷疑態度，盡最大的努力試著從因果關係中找出相關性。

　　老人的耳朵大小問題可能不如本書討論的某些主題重要，卻可用以說明我們有必要選擇適合回答問題的研究設計。採用 PPDAC 循環的問題解決方法，「問題」是（當然是根據我個人的觀測）老年人看起來經常有大耳朵。為什麼會這樣？一個明顯的「計畫」，是在當代人口中，觀測年齡和成年人的耳朵長度是否有相關性。結果發現，英國和日本的醫學研究人員小組已經在這種**橫斷面研究**（cross-sectional study）中收集了「資料」：他們的「分析」指出有明顯的正相關性，做出的「結論」是耳長和年齡有關。[7]

　　接下來的挑戰是，試著解釋這種關聯性。耳朵會隨著年齡而增長嗎？還是現在的老人耳朵總是比較大，而過去幾十年中發生了一

些事情，使得最近世代的人耳朵變小？或者，耳朵較小的男人由於某種原因而死得較早——中國人有個傳統觀念，認為大耳朵會更長壽。我們需要一些想像力，設想做什麼樣的研究，可以檢驗這些想法。**前瞻世代研究**（prospective cohort study）追蹤年輕人的一生，測量他們的耳朵，觀察它們是否長大，或者耳朵較小的人是否較早去世。這得花相當長的時間，所以替代性的**回溯世代研究**（retrospective cohort study）針對現在的長者，試著了解他們的耳朵是否長大，也許是利用過去的照片證據來確定這件事。**案例對照研究**（case-control study）則收集死亡男性的資料，然後找來仍然活著，年齡和已知可預測壽命的其他因素與死者相符的男性，測量在世者的耳朵是否比較大。*

因此，問題解決循環再次啟動。

當我們觀測到有關聯性，能夠怎麼做？

這裡需要一點統計想像力，而且，去猜猜你觀測到的相關性為什麼可能是假的，這是相當有趣的練習。其中一些判斷很容易：莫札瑞拉起司的消費量和土木工程師之間的緊密相關性，可能是因為兩者的測量值都是隨著時間而增加。同樣的，冰淇淋銷售量和溺水人數之間的任何相關性，都是因為兩者同受天氣的影響。當兩個結果之間的明顯相關，可以用能影響兩者的某個可觀測的共同因素來解釋

---

* 可惜任何一個提案，都不可能吸引到資金支持。

時，這個共同的因素就稱為**干擾因子**（confounder）：年份和天氣都是潛在的干擾因子，因為可以在分析中記錄和考慮它們。

　　處理干擾因子的最簡單技術，是觀察干擾因子的每個層級中的明顯關係。這稱為**調整**（adjustment）或分層（stratification）。所以舉例來說，我們可以探討氣溫大致相同的日子裡，溺水人數和冰淇淋銷售量之間的關係。

　　但是調整可能產生一些矛盾的結果，正如劍橋大學招生錄取的性別百分率分析所顯示的。1996 年，在劍橋攻讀五門學科的整體錄取率，男生（2,470 名申請者錄取 24%）略高於女生（1,184 名申請者錄取 23%）。這些科目全都是我們今天稱為 STEM（科學、技術、工程和數學）的學科，歷年來一向是男生主修的科目。這算性別歧視嗎？

　　請細看表 4.2。雖然男生整體的錄取率較高，但每一個別學科中，女生的錄取率反而比較高。怎麼會發生這種明顯的矛盾？原因在於：女性較傾向於申請比較熱門、競爭比較激烈，因此錄取率最低的學科，例如醫學和獸醫，而不傾向於申請錄取率較高的工科。因此在這種情況下，我們可以得出結論，說找不到歧視的證據。

　　這稱為**辛普森悖論**（Simpson's paradox），是指調整干擾因子之後，兩件事有相關的原本方向被逆轉了，需要完全改變從資料得出的表面結論。統計人員喜歡找到現實生活中的這種例子，每找到一個，就能進一步強化解讀觀測性資料時需要抱持小心謹慎的態度。不過這也告訴我們，根據可能有助於解釋觀測關聯性的各種因素去拆分資料，可以得到不同的見解。

	女生			男生		
	申請	錄取	%	申請	錄取	%
電腦科學	26	7	27%	228	58	25%
經濟學	240	63	26%	512	112	22%
工程學	164	52	32%	972	252	26%
醫學	416	99	24%	578	140	24%
獸醫學	338	53	16%	180	22	12%
合計	1,184	274	23%	2,470	584	24%

表 4.2

以 1996 年劍橋大學的錄取資料說明辛普森悖論。男生的整體錄取率較高。但是每一門學科中，女生的錄取率較高。

你家附近開了一家連鎖超市維特羅斯（Waitrose），你的房子能否增值 36,000 英鎊？

英國媒體 2017 年曾經輕率報導，附近有家維特羅斯連鎖超市，「房屋會增值 36,000 英鎊」。[8] 但這不是針對一家商店開業後，房價變化的研究，而維特羅斯當然也沒有做實驗，隨機地在不同的地點開設新店：這只是在談房價和鄰近超市的相關性，尤其是像維特羅斯這樣的高檔超市。

這種相關性幾乎必然反映了維特羅斯在較富裕地區開店的政策，因此這是實際的因果鏈正好與所宣稱相反的好例子。這稱為**反向因果關係**（reverse causation；譯注：即「倒果為因」），一點也不奇怪。有些研究探討喝酒和健康之間的關係，通常發現不喝酒的人死亡率明顯高於適度喝酒的人。由於我們知道酒精對肝臟等器官的影響，這怎麼可能有道理？這樣的關係，有一部分要歸因於反向因果關係——比較有可能死亡的人，因為已經生病了（可能是因為以前飲酒過度），而不能喝酒。更審慎的分析如今排除了以前喝酒的人，也忽視在研究的頭幾年健康不佳的事件，因為這些事件可能是先前存在的狀況引起的。排除了這些因素，適度飲酒對整體的健康似乎仍有若干益處，但這個說法存在很大的爭議。

另一個有趣的練習，是針對那些只根據相關性就做出的統計聲明，試擬出反向因果關係的說法。我最喜歡引用的例子，是有一項研究發現美國青少年的碳酸清涼飲料消費量和他們的暴力傾向之間

存在相關性：雖然某報紙稱之為「喝碳酸飲料使青少年變得暴力」，[9] 但是反過來說，暴力使人口渴，不也說得通？或者更合理地說，我們可以想到可能同時影響兩者的一些共同因素，例如特定同儕群體的成員個性相近。我們無法測量的潛在共同原因稱為**潛伏因子**（lurking factor），因為它們仍在幕後運作，並沒有納入任何調整中，而且正等著有人出錯，根據觀測資料而做出天真的結論。

以下是更多的例子，說明人可以多麼容易相信因果關係存在，其實是有其他因素影響了事件的發生：

- 許多兒童在接種疫苗後不久，被診斷出罹患自閉症。接種疫苗會導致自閉症嗎？不，這兩件事發生在大約相同的年齡，所以不可避免會有發生時間很接近的一些巧合。

- 每年死亡的總人數中，左撇子所占比例低於總人口中他們所占的百分比。這是否表示慣用左手的人壽命較長？不，會發生這種事，是因為現在垂死的人，是在左撇子孩童通常會被逼改用右手的時代出生的，年紀較長的左撇子就因此變少了。[10]

- 教皇的平均死亡年齡，高於一般人口。這是不是表示當上教皇，可以幫助你活得更久？不，教皇是從沒有英年早逝的一群人中選出來的（否則他們就不可能成為候選人）。[11]

人們可以出錯的方式不計其數，可能令人覺得，除了隨機實驗，我們永遠無法做成因果關係的結論。但諷刺的是，這個觀點被首次進行現代隨機化臨床試驗的人反駁了。

我們能否從觀測性資料得出因果關係的結論？

奧斯汀・布拉德福德・希爾（Austin Bradford Hill）是位出色的英國應用統計學家，首創改變世界的兩項科學進展：他設計了本章前面提到的鏈黴素臨床試驗，基本上為隨後所有的隨機對照試驗訂下了標準，而且他在 1950 年代和理查・多爾（Richard Doll）所領導的研究，最後證實抽菸和肺癌有關。1965 年，他設定了一套標準：在做成結論說**暴露**（exposure）和結果之間的觀測連結具有因果關係之前，應該要考慮這份清單。這裡所說的暴露，可能包括從環境中的化學物質，到抽菸或缺乏運動等習慣的任何事物。

　　這些標準隨後引起相當多的討論，下面列出的版本，是由傑里米・霍維克（Jeremy Howick）和他的同事發展出來的，分為他們所說的直接、機械和平行證據。[12]

直接證據：

1. 效果很大，沒辦法用合理的干擾來解釋。
2. 有適當的時間或空間鄰近性（proximity），先有因，再有果，而且在合理的間隔後發生果，或者因和果發生在相同的場所。
3. 劑量反應性和可逆性（dose responsiveness and reversibility）：隨著暴露量增加，效果也增強，如果減少劑量後效果減少，那麼證據更強。

機械證據：

4. 有個說得通的行動機制，可能是生物上的、化學上的或機械上的，在「因果鏈」上存有外部證據。

平行證據：

5. 效果符合已知的結果。
6. 重作研究後，可以發現相同的效果。
7. 在相似但不相同的研究中發現相同的效果。

即使在沒有隨機試驗的情況下，這些準則也可能有助於根據傳聞證據，確定因果關係。例如，我們已經觀測到阿司匹林摩擦口腔，據說是為減輕牙痛，之後卻發生口腔潰瘍。這種效果很具戲劇性（依循準則1），發生在摩擦的地方（2），是對酸性化合物的合理反應（4），和當前的科學沒有矛盾的地方，而且類似於阿司匹林引起胃潰瘍的已知效果（5），以及在多位患者身上反覆觀測到（6）。因此，七條準則中，有五條得到滿足，其餘的兩條還沒有經過測試，所以可以合理地做出結論，說這是對該藥物的真正不良反應。

布拉德福德・希爾的判斷標準適用於針對母體的一般科學結論。但我們也可能對個別案件感到興趣，例如民事訴訟案件，法院需要確定特定的暴露（例如工作上接觸到石棉）是否導致特定人產生負面結果（例如約翰・史密斯罹患肺癌）。我們永遠無法絕對確定石棉是癌症的起因，因為沒辦法證明如果沒有暴露，就不會罹患癌症。

但是一些法院已經根據「機率權衡」（balance of probabilities），接受如果與暴露相關的相對風險大於 2，則有直接的因果關係連結。但為什麼是 2 呢？

這個結論背後的推理，應該是如下所述：

1. 假設在正常的情況下，像史密斯這樣的 1,000 名男性中，有 10 名會罹患肺癌。如果石棉使得罹癌風險增加一倍以上，那麼假使這 1,000 名男性接觸石棉，也許會有 25 人罹患肺癌。
2. 因此，在接觸石棉而罹患肺癌的人中，不到一半的人如果不接觸，還是會罹患肺癌。
3. 所以罹患肺癌的這群人中，有超過一半是由石棉造成的。
4. 由於史密斯在這群人當中，那麼根據機率權衡，他的肺癌是石棉造成的。

這種論述帶出一個新的研究領域，稱為**法醫流行病學**（forensic epidemiology）。這個領域試著利用從母體獲得的證據，做出可能導致個別事件發生的結論。實際上，這門學科已經被尋求賠償的人強迫催生出來，但這對於因果關係的統計推理，還是非常具有挑戰性的領域。

在統計的領域，無論是和藥品有關，還是和大耳朵有關，如何適當處理因果關係，仍然存在爭議，而且如果不隨機化，極少能夠得出可信的結論。一種富有想像力的方法，利用許多基因基本上是隨機分布在整個人口中的事實，所以在概念上就好像我們被隨機分配到

特定版本的基因。這稱為孟德爾隨機化（Mendelian randomization），因為格雷戈爾·孟德爾（Gregor Mendel）發展出現代的遺傳學觀念。[13]

　　還有其他高階的統計方法發展出來，試著調整潛在的干擾因子，從而更接近暴露造成實際影響的估計值，而這些方法主要根據迴歸分析（regression analysis）的重要觀念。我們必須再次歸功於高爾頓豐富的想像力。

小結

- 從統計學來看，因果關係的意思是指當我們進行干預，不同結果發生的可能性會產生系統性的改變。

- 因果關係很難用統計方法確定，但是精心設計的隨機試驗是目前最好的框架。

- 盲化、治療意向等原則，讓大規模的臨床試驗能夠確定適度但重要的效果。

- 觀測性資料可能有一些背景因素，影響到一次暴露和一個結果之間的觀測表面關係。它們可能是觀測到的干擾因子或潛伏因子。

- 有一些統計方法，可以調整其他的因素，但是是否能夠聲稱具有因果關係，始終需要對它的可信度做出判斷。

第 5 章

利用迴歸將關係建模

前面幾章的觀念，讓我們得以將一組數字視覺化和滙總，也能觀察一對對變數之間的關聯。這些基本的技術，有助於我們做很多事，但是現代的資料通常複雜得多。通常我們會有一張可能彼此相關的變數之清單，其中有個變數是我們特別想解釋或預測的，不管那是一個人的罹癌風險，或是一個國家的未來人口。本章要談到重要的統計模型（statistical model）觀念，這是變數之間關係的正式表示，可用於我們想做的解釋或預測。這不可避免地需要引進一些數學觀念，但是不必用到代數，基本的概念應該也很清楚。

　　但是我們先回頭談高爾頓。他是維多利亞時代典型的紳士科學家，對收集資料懷有濃厚的興趣：借重群眾智慧，判斷一頭公牛的重量，只是一個例子。他用自己的觀測，預報天氣、評估祈禱的效果，甚至比較全國不同地區年輕女性的相對美貌。* 他也和表親達爾

---

* 根據高爾頓的說法，「我發現倫敦的最美：亞伯丁（Aberdeen）的排名最低。」

文一樣，沉迷於遺傳學，並著手調查世代之間個人特徵改變的方式。他對下面這個問題特別感興趣：

> 我們可以如何利用父母的身高，預測其成年子女的身高？

1886年，高爾頓報告了一大群父母及其成年子女的身高，大多數資料的滙總統計量列於表5.1。[1] 高爾頓的樣本身高和當代的成年人差不多（據報導，2010年英國成年女性和男性的平均身高分別為63吋和69吋），顯示他的受測者飲食營養，社會經濟地位較高。

　　圖5.1畫出465個兒子身高相對於父親身高的散點圖。父親和兒子的身高明顯相關，皮爾遜相關係數為0.39。如果我們想從父親的身高去預測兒子的身高，要怎麼做？我們可能會先選一條直線去做預測，因為這將使我們能夠根據任何父親的身高，計算兒子身高的預測值。我們的立即直覺反應，可能是使用「等值」對角線，這樣就可以預測成年兒子的身高和父親相同。但後來發現，我們可以改良它。

　　對我們選定的任何直線來說，每個資料點都會產生**殘差**（residual；圖上的垂直虛線），這是如果我們使用那條線，從父親的身高預測兒子的身高時，會有的誤差值。我們想要找到一條線，使這些殘差變小，而標準的技術，是選殘差平方和最小的一條**最小平方**（least-squares）配適線。* 這條線的公式很簡單（見書末「詞

---

* 我們也有可能配適一條線，將殘差的絕對值之和最小化，而不是平方值

	人數	平均數	中位數	標準差
母親	197	64.0	64.0	2.4
父親	197	69.3	69.5	2.6
女兒	433	64.1	64.0	2.4
兒子	465	69.2	69.2	2.6

表 5.1

高爾頓 1886 年記錄 197 組父母及其成年子女身高（吋）的滙總統計量。64 吋合 163 公分，69 吋合 175 公分。即使不把資料畫成圖，平均數和中位數十分接近，也表示資料分布對稱。

彙解釋」），是由法國數學家阿德里安—馬里・勒壤得（Adrien-Marie Legendre）和卡爾・弗里德里希・高斯（Carl Friedrich Gauss）在 18 世紀末發展出來的。這條線通常被視為從已知的父親身高，對兒子的身高所能做出的「最佳配適」（best-fit）預測。

圖 5.1 中的最小平方預測線，穿越如雲般的點的中心地帶，代表父親和兒子的身高平均值，但沒有走「等值」的對角線。對於身高高於平均水準的父親來說，它顯然低於等值線，但對身高低於平均水準的父親來說，它高於等值線。這表示高個子父親的兒子傾向於比他們矮一些，而矮個子父親的兒子則稍高一些。高爾頓稱這為「迴歸平凡」（regression to mediocrity），現在則稱為**迴歸平均數**（regression to the mean）。這種現象同樣適用於母親和女兒：高個子母親往往有比她們矮的女兒，而矮個子母親往往有比她們高的女兒。這解釋了本章標題所用名詞的起源：依資料去配適直線或曲線的任何過程，都稱為「迴歸」。

在基本的迴歸分析中，因變數是我們要預測或解釋的量，通常放在圖的垂直 y 軸——有時也稱之為反應變數（response variable）。自變數是我們用來做預測或解釋所依據的量，通常放在圖的水平 x 軸，有時也稱為解釋變數（explanatory variable）。梯度（gradient，即傾斜度）也稱為**迴歸係數**（regression coefficient）。

表 5.2 顯示父母身高和子女身高之間的相關性，以及迴歸線的

之和最小化，但若是沒有現代的電腦，這件事幾乎不可能辦到。

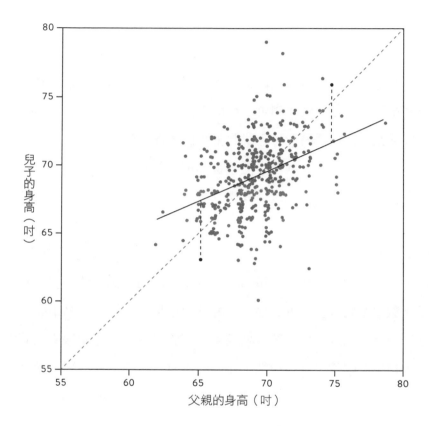

圖 5.1

高爾頓的資料中，465 組父子身高的散布（許多父親的點重複，因為他們有不只一個兒子）。我們添加抖動來分隔這些點；對角虛線表示兒子和父親的身高完全相等。實線是標準的「最佳配適」線。每個點都會產生「殘差」（垂直虛線），這是誤差的大小，也就是如果我們用這條線，從父親的身高預測兒子的身高，會有的誤差值。

梯度。*這些變數的梯度、皮爾遜相關係數與標準差之間存在著簡單的關係。†實際上，如果自變數和因變數的標準差相同，那麼梯度就是皮爾遜相關係數，表 5.2 中解釋了它們的相似性。

這些梯度的意義完全取決於我們對所研究的變數之間關係的假設。對於相關性的資料，梯度代表的是：如果我們觀測到自變數有一個單位的變化，則我們可以預期因變數會平均變化多少。例如，如果愛麗絲比貝蒂高一吋，我們會預測愛麗絲的成年女兒比貝蒂的成年女兒高 0.33 吋。我們當然不會預期這個預測值能精確地吻合他們身高的真實差異，但這是我們以目前手上的資料所能做出的最佳猜測。

但是如果我們假設有因果關係，那麼梯度的意義就非常不同——這是指如果我們干預和調高自變數的值一個單位，我們預期因變數會改變多少。身高絕對不屬於這種情況，因為身高不能透過實驗的手段加以改變，至少對成年人來說是如此。即使採用上面提過的布拉德福德·希爾標準，除非經過實驗，否則統計學家通常不願意歸因於因果關係，但電腦科學家朱迪亞·珀爾（Judea Pearl）等人在設定原則、從觀測資料建立因果迴歸模型方面，已取得很大的進展。[2]

---

* 例如，我們可以用以下的公式來預測女兒的身高：所有女兒的平均身高
　＋ 0.33 ×（母親的身高－所有母親的平均身高）。

† 請參考書末「詞彙解釋」中 least-squares 的說明。

	皮爾遜相關係數	以父母身高估計子女身高的迴歸線梯度
母親與女兒	0.31	0.33
父親與兒子	0.39	0.45

表 5.2

成年子女與同性別父母的身高相關性，以及父母身高對後代影響的迴歸線梯度。

迴歸線就是模型

我們在父親和兒子的身高之間配適的迴歸線，是統計模型的非常基本例子。美國聯邦準備理事會（Federal Reserve）將模型定義為「根據簡化的假設，表示世界的某些層面」：基本上，就是將某些現象以數學方式表示，通常置入電腦的軟體中，以產生簡化的「模擬」現實版本。[3]

統計模型有兩大成分。第一，一條數學公式，表達確定性、可預測的成分，例如一條配適的直線，讓我們能從父親的身高預測兒子的身高。但是模型的確定性成分，並不能完美地表示觀測到的世界。正如我們在圖 5.1 中看到的，迴歸線附近的身高散布在很大的範圍，而模型預測的結果和實際發生的結果之間的差異，是模型的第二個成分，稱為**殘差誤差**（residual error）──但重要的是記住：統計建模中，「誤差」不是指錯誤，而是模型必然無法確切地代表我們觀測到的事情。所以總而言之，我們假設

觀測值＝確定性模型（deterministic model）＋殘差誤差

這個公式可以解讀為：在統計的世界中，我們在周圍看到和測量的事物，可以視為系統性的數學理想化的形式，加上一些還無法解釋的隨機貢獻之和。這就是古典的**訊號和雜訊**（signal and the noise）概念。

測速照相機可以減少事故發生嗎？

本節包含一個簡單的教訓：只是因為我們採取行動，而某件事情改變，並不表示我們造成那個結果。人類似乎很難面對這個簡單的事實——我們一直渴望建構一個解釋性的說詞，甚至更渴望處於它的核心。有時這樣的解讀當然是對的——如果你輕按開關，燈光亮起，那麼這件事通常因你而起。但是有些時候，你的行動顯然和結果無關：如果你不帶雨傘而下雨了，那不是你的錯（但你可能那麼認為）。不過我們的許多行動，造成的後果並不是那麼明確的。假設你頭痛，服用阿司匹林，然後頭痛消失。你怎麼知道如果不服藥，頭痛不會消失？

我們有一種強烈的心理傾向，將改變歸因於干預，而這使得事前事後的比較變得危險。一個典型的例子是測速照相機。警方經常將它設置在最近發生事故的地方。當之後事故率下降，這種變化會被歸因於測速照相機的存在。但難道事故率就不會自己降下來嗎？

一連串的好運（或惡運）不會永遠持續下去，十年河東，十年河西，好壞終有了結的一天——這也可以視為迴歸平均數，就像高個子父親傾向於生出矮些的兒子一樣。但如果我們相信一連串的好運或惡運代表事情的常態，那麼我們會誤以為回復常態是因為我們做了什麼干預行動的結果。也許這一切看似理所當然，但這樣的想法會有一些令人驚訝的後果，例如：

- 足球隊的經理在輸掉一連串比賽之後遭到解雇，等到球隊表現

恢復正常，卻成了新任經理人的功勞。

- 積極型基金經理人在過了幾個好年頭（可能領得巨額獎金）之後表現失利，績效下滑。
- 「《運動畫刊》（*Sports Illustrated*）的詛咒」，指運動員在締造一連串出色的成就之後，登上該雜誌的封面，之後的表現就直線下墜。

球隊在聯賽中的排名，運氣扮演了滿重要的角色，而基於迴歸平均數的效應，我們會預期某年表現出色的球隊，接下來一年排名會往下掉，而表現不好的球隊，排名會上升，尤其是在各隊難分高下的情況下。但是，如果我們看到這種變化的型態，可能認為迴歸平均數正在起作用，而比較不會去注意改用新的培訓方法產生影響之類的說法。

　　不是只有球隊有比賽排名的問題。國際學生評量計畫全球教育表（PISA Global Education Tables）比較的是不同國家的學校數學教育系統。2003 年到 2012 年之間，排名表位置的變化，和最初的位置呈強烈的負相關，也就是排名最高的國家傾向下滑，排名最低的國家傾向上升。相關係數是 -0.60，而且有些理論指出，如果排名完全是靠機會，以及只有迴歸平均數在運作，那麼相關係數預期是 -0.71，和觀測值相差不大。[4] 這表示各國之間的差異，遠小於所宣稱的水準，而排名位置的變化，和教學理念的改變幾乎沒有關係。

　　迴歸平均數也在臨床試驗起作用。上一章，我們看到適當評估新藥物需要進行隨機試驗，因為即使是對照組，也能產生效益——

所謂的安慰劑效應。這通常被解讀為只服用糖丸（最好是紅色的糖丸）其實也會對人的健康產生有益的影響。但是並沒有接受任何積極治療的人，身體上的許多改善，可能是迴歸平均數帶來的，因為患者是在出現症狀時加入試驗，而其中許多症狀，無論如何都會消失。

　　因此，如果我們想知道在多事故處安裝測速照相機的真正效果，就應該遵循用於評估藥物的方法，採取隨機配置測速照相機的大膽行動。執行這樣的研究之後，據估計，測速照相機帶來的明顯效益，約有三分之二歸因於迴歸平均數。[5]

處理一個以上的解釋變數

自高爾頓早期的研究以來，迴歸的基本觀念擴展了不少，這在很大程度上得益於現代的運算技術。這方面的發展包括：

- 有許多解釋變數
- 解釋變數屬於類別而不是數字
- 有非直線的關係，以及彈性牽就資料的型態
- 不是連續變數的反應變數，例如百分比和計數

關於一個以上解釋變數的例子，我們可以觀察兒子或女兒的身高與他們的父親和母親的身高之間的關係。資料點現在散布在三個構面，要畫在一張紙上十分困難，但我們仍然可以使用最小平方的觀念，導出最能預測後代身高的公式。這就是所謂的**複線性迴歸**

（multiple linear regression）。* 當我們只有一個解釋變數，與反應變數的關係是由一個梯度來匯總。梯度也可以解讀為迴歸方程式的係數；這個觀念可以推廣到多個解釋變數的情況。

高爾頓計算出來的家庭身高結果如表 5.3 所示。我們如何解讀這裡列出的係數呢？首先，它們是公式的一部分，可用於預測特定母親和父親的成年子女身高。† 但是它們也說明了考慮第三個干擾因子，以調整表面關係的觀念。

舉例來說，我們在表 5.2 中看到，以母親身高估計女兒身高的迴歸分析時，梯度是 0.33——請記住，配適散點圖的直線梯度，其實就是迴歸係數。表 5.3 顯示，如果我們也考慮父親身高的影響，這個係數會降低到 0.30。預測兒子的身高時，父親的迴歸係數同樣從表 5.2 中的 0.45，降低到表 5.3 也考慮母親身高時的 0.41。因此，同時考慮父母雙方的影響時，父或母的身高與成年子女身高的關聯性略微下降。這可能是由於較高的女人傾向於嫁給較高的男人，所以父親和母親的身高不是完全獨立的因素。整體而言，資料顯示，父親的身高差一吋，對成年子女身高差異的影響，大於母親身高差一吋的情況。當研究人員對某個特別的解釋變數感興趣，為顧及不平衡因素造成影響，而需要「調整」其他的變數時，往往使用複迴

---

* 「線性」是指這條方程式是由解釋變數以它們的迴歸係數加權之和構成，而這稱為線性模型（linear model）。

† 解釋變數已經藉減去樣本的平均值而標準化。因此，要預測兒子的身高，我們會使用以下公式：69.2 + 0.33（母親的身高 – 所有母親的平均身高）+ 0.41（父親的身高 – 所有父親的平均身高）。

因變數	截距 （後代的平均身高）	母親身高的 複迴歸係數	父親身高的 複迴歸係數
女兒身高	64.1	0.30	0.40
兒子身高	69.2	0.33	0.41

表 5.3

成年後代的身高與父母身高關係的複線性迴歸結果。「截距」是後代
的平均身高（見表 5.1）。複迴歸係數是指父母平均身高每增減一吋，
成年後代身高的預測增減幅度。

歸。

回頭以第 4 章提過的瑞典的腦瘤研究，也就是媒體不當解讀因果關係的例子來說明。迴歸分析以腫瘤發生率為因變數或反應變數，研究者感興趣的教育程度為自變數或解釋變數。進入迴歸方程式的其他因素，包括診斷時的年齡、日曆年、瑞典的地區、婚姻狀態和收入；所有這些因素被視為潛在的干擾變數。調整干擾因子，是試著梳理出教育程度和腦瘤之間更單純的關係，但永遠不能做到完全適當的地步。我們總是會懷疑其他某種潛伏的過程可能還在起作用，例如受過高等教育的人，會希望得到更好的健康照護和增加診斷次數。

在隨機試驗中，由於採用隨機分配的方式，應該可以保證除了主要的治療方法之外，其他的所有因素會在各組之間取得平衡，因此不需要調整干擾因子造成的影響。但是研究人員通常仍會做一下迴歸分析，以防某些不平衡因素潛入。

不同種類的反應變數

不是所有的資料都像身高那樣屬連續測量值。不少統計分析中，因變數可能是事件發生或未發生的百分比（例如手術後的存活百分比）、事件發生的次數（例如某個地區每年有多少人罹癌），或經過多長的時間，一件事才會發生（例如手術後的存活年數）。每一種因變數都有其自身的複迴歸形式，對估計係數也有相應的不同解讀。[6]

以第 2 章討論的兒童心臟外科手術資料來說，圖 2.5(a) 畫出了 1991 到 1995 年間，每家醫院的存活百分比和進行手術的數量。圖 5.2 再次以散點圖，不使用布里斯托醫院的離群值資料點，配適出一條迴歸線。

雖然我們可以透過這些點，配適一條線性迴歸線，但不分青紅皂白地外插，如果一家醫院治療了大量的病患，它的存活率預測將超過 100%，而這種事是荒謬的。因此，對於百分比，已經發展出一種迴歸形式，稱為**羅吉斯迴歸**（logistic regression），以確保曲線不會高於 100% 或低於 0%。

即使不把布里斯托醫院納入考慮，收治更多患者的醫院，存活率也較高，而羅吉斯迴歸係數（0.001）表示一家醫院四年內對 1 歲以下兒童每增加 100 次手術，死亡率可望（相對）降低約 10%。* 當然了，用現在已是陳腔濫調的話來說，兩件事有相關，並不表示存在因果關係，我們不能得出結論說手術的量愈多，是表現愈好的原因：如同我們前面說過的，甚至可能是反向因果關係，例如聲譽好的醫院吸引更多患者。

2001 年這項研究結果公布時，引起相當大的爭議，對於在英國應該有多少家醫院執行這種手術的問題上，引發了長久爭論。

---

* 羅吉斯迴歸係數是指每年每多治療一名患者，死亡率的勝率之對數估計會降低 0.001，因此，每年每多治療 100 名患者，這個值就會降低 0.1。這相當於降低約 10% 的風險。

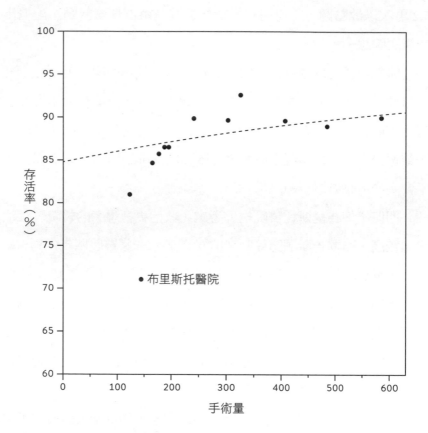

圖 5.2

1991 到 1995 年間，英國各醫院 1 歲以下兒童心臟手術資料的配適羅吉斯迴歸模型。醫院治療的患者愈多，存活率愈高。這條線是永遠不會達到 100% 的曲線的一部分，而且配適時略過了代表布里斯托醫院的離群資料點。

超越基本的迴歸建模

本章所談到的技術從一個多世紀前引進以來，一直運作得極好。但由於有大量的資料可用，以及運算能力突飛猛進，因此能發展出遠比以前複雜的模型。從非常廣義的層面上講，不同的研究人員社群會採用四大建模策略：

- 對於關聯性作相當簡單的數學表示，例如統計學家傾向於採用本章的線性迴歸分析。

- 根據對物理過程的科學理解，建立複雜的確定性模型，例如天氣預報使用的模型，目的是如實地表示其根本的機制，而這通常由應用數學家發展出來。

- 用於做決策或預測的複雜演算法，是從分析過去的大量例子得出的，例如演算法會推薦你某線上零售商可能有哪些書你會感興趣，而這主要來自電腦科學和**機器學習**（machine learning）的發展。這些演算法通常是「黑盒子」，因為它們可能做出不錯的預測，內部結構卻有些難以理解——請參考下一章。

- 經濟學家喜歡的，聲稱能夠得出因果關係結論的迴歸模型。

以上所述，做了很大的概括，幸好專業上的障礙正在打破，稍後我們會談到一種更加通俗的建模方法正在發展中。但是不管採用什麼策略，在建構和使用模型時都會遇到共同的問題。

　　一個很好的類比是，模型就像地圖，而不是地域本身。我們都知道，有些地圖比其他地圖要好：一張簡單的地圖，可能足以供開

車行駛於城市之間，但是漫步鄉間時，我們需要更詳細的資訊。英國統計學家喬治・博克斯（George Box）因為一句簡短卻無價的格言而出名：「所有的模型都是錯的，但有些模型有用。」言簡意賅的這句話，來自終身致力於將統計專業知識運用在工業流程的博克斯之口。他不只讚嘆模型的強大力量，也意識到太過於相信模型的危險。

　　但是這些提醒很容易就被人遺忘。一旦某個模型被人接受，尤其是當創建模型和了解其局限性的人無法控制它時，它就會開始像是一種神諭。舉例來說，2007–2008 年的金融危機，在很大程度上，必須歸咎於過度信任用於確定抵押貸款組合風險的複雜金融模型。這些模型假設各種抵押貸款無法履約之間只存在適度的相關性，而且在房地產市場蓬勃發展時運作良好。但是，當情況改變且各種抵押貸款開始不履約，它們就開始兵敗如山倒：由於相關性遠高於原先的假設，因此模型嚴重低估了風險。高階經理人根本沒意識到建立這些模型的基礎相當脆弱，忘記了模型只是現實世界的簡化版本這一事實──它們是地圖，不是地域本身。結果釀成了有史以來最嚴重的全球經濟危機之一。

小結

- 迴歸模型提供了一組解釋變數和一個反應變數之間的數學表示式。

- 迴歸模型中的係數，表示觀測到解釋變數有變化，我們可以預期反應變數會變化多少。

- 當更多的極端反應回復到更接近長期的平均值，這就是迴歸平均數的現象，因為先前的極端值純屬一時偶然。

- 迴歸模型可以包含不同種類的反應變數、解釋變數和非線性關係。

- 解釋模型時需要小心謹慎，別太輕信它：「所有的模型都是錯的，但有些模型有用。」

第6章

演算法、分析和預測

本書到目前為止，重點一直放在統計科學可以如何幫助我們理解世界、它是否有助於釐清食用培根三明治的潛在危害，或父母和子女身高之間的關係。這本質上是一種科學研究，為了弄清楚實際上發生了什麼事，以及什麼是殘差誤差（上一章介紹過），必須視之為不可避免的變異性，而無法建入模型中。

但是當我們試圖解決實務上的問題，而不是科學問題時，統計科學的基本觀念仍然適用。當我們在日常生活中面對特定決策，想要從雜訊中找出訊號時，統計學也可以幫得上忙。本章背後的主題是，這種實務問題可以透過使用過去的資料生成演算法來解決。這種演算法是一種機械公式，會自動針對每個新案例產生答案，不需要或者只需要很少的額外人力干預：當然本質上，這是「技術」，不是科學。

這種演算法有兩大任務：

- 分類（也稱為鑑別或**監督式學習**〔supervised learning〕）：判

斷我們正面臨什麼樣的情況。例如，線上顧客的好惡，或者機器人眼中的物件是孩子還是狗。

- 預測：告訴我們會發生什麼事。例如，下週的天氣如何、明天的股價走勢是漲或跌、顧客可能買什麼產品，或者那個孩子是否會跑到我們的自動駕駛汽車前面。

雖然這些任務的不同點在於它們關注的是現在，還是未來，卻都有相同的根本性質：對當前的情況做一連串的觀察，並將它們映射為相關的結論。這個過程以往稱為**預測性分析**（predictive analytics），但我們正要進入**人工智慧**（artificial intelligence；AI）的領域，這個領域中，置入機器中的演算法用於執行通常需要人力參與的任務，或者對人類提供專家級的建議。

「狹義」（narrow）人工智慧是指系統能夠執行嚴格指定的任務，而且這方面有一些根據機器學習的極成功例子，包括對大量的歷史實例進行統計分析，而發展出演算法。引人注目的成功實例包括置入電話、平板電腦和電腦的語音辨識系統；Google 翻譯（Google Translate）等程式，文法懂得極少，卻已經從龐大的已發布檔案中學會翻譯文章；以及電腦視覺軟體，使用過去的圖像去「學習」識別照片中的臉孔或無人駕駛汽車視野中的其他汽車。DeepMind 軟體能學習電腦遊戲規則，並搖身一變成為專業玩家，在西洋棋和圍棋比賽擊敗世界冠軍，而 IBM 的華生（Watson）在常識測驗中，贏過人類競爭對手。這些玩遊戲的系統取得了令人讚嘆的進步。它們一開始並不是嘗試將人類的專業技能和知識編碼，

而是從大量的例子做起，透過反覆摸索試驗來學習，和天真幼稚的孩子很像，甚至是自己玩遊戲。

　　但是我們應該再次強調，這些是使用過去的資料，回答眼前實務問題的技術系統，而不是試著了解世界如何運作的科學系統：我們只根據它們執行眼前有限的任務，執行得有多好來判斷它們的表現，而且，雖然它們所學演算法的形式可能提供一些見解，卻不能期望它們在日常生活中發揮想像力或擁有超人的技能。這將需要「一般性的」（general）人工智慧，不只超出了本書討論的範疇，至少目前也是機器做不到的。

自 1690 年代愛德蒙‧哈雷（Edmund Halley）發展出計算保險和年金的公式以來，統計科學一直關注著產生演算法，以協助人類做決策。資料科學的現代發展沿襲了這個傳統，但近年來的變化是：資料收集的規模和富想像力的產品激增，所以稱為「巨量資料」。

　　資料可以因為兩種不同的方式而成為「巨量」。首先，以資料庫中的例子數量來說，可能是個別的人，也可能是天空中的星星、學校、乘車次數或社群媒體的貼文。例子數量通常標示為 n，而在我早年的時候，n 只要大於 100，就屬「巨量」，但現在的資料量可能以數千百萬或數十億計。

　　資料可以是「巨量」的另一種方式，是能夠測量每個例子的許多特徵或特色。這個數量通常稱為 p，可能是參數之意。再次回顧我剛接觸統計的年代，那時 p 通常小於 10——也許我們只知道某個人病歷的一些項目。但是後來我們開始接觸到那個人的數百萬基

因，基因組學因此成為一個小 n、大 p 的問題，也就是數量相當少的病例有大量的資訊。

　　現在，我們踏進大 n、大 p 問題的時代，有數量龐大的案例，每個案例可能非常複雜──不妨想想各種演算法用於分析數十億臉書（Facebook）用戶中每一個人的貼文和好惡，以決定要投放哪種廣告和新聞給他們看。

　　這些令人雀躍的新挑戰，已將一波新人帶進資料科學的領域。但是請再回頭想想本書一開始提到的警語：這些排山倒海而來的資料不會自己說話。如果我們要避免天真地使用演算法而掉進許多潛在的陷阱，就需要小心謹慎和技巧熟練地處理它們。我們將在本章看到一些典型的災難，但首先我們要來看看如何化繁為簡，使資料有用的根本問題。

尋找型態

要處理數量過多的案例，一種策略是找出相似的群組，這個過程稱為集群（clustering）或**非監督式學習**（unsupervised learning），因為我們必須了解這些群組，但不會被事先告知有它們的存在。尋找同質性相當高的這些集群，本身可能就是目的，例如找出喜惡類似的人群，然後確認他們的特徵、給予標記，以及建立演算法，好將未來的案例分類。已經確認的集群，可以依建立演算法的人動機為何，向各個集群饋送適當的電影推薦、廣告或政治宣傳。

　　在繼續建構用於分類或預測的演算法之前，由於 p 過大，也就

是每個案例測量的特徵太多，我們可能必須將每個案例的原始資料減少到可以處理的構面（dimension）。這個過程稱為**特徵工程**（feature engineering）。不妨想想人臉可測量的特徵數量有多少，可能需要減少到有限的一些重要特徵，讓臉部識別軟體可用於比對照片與資料庫。測量時缺了數值可供預測或分類時，或許可以用資料視覺化或迴歸方法找出來，然後捨棄，或者可以用複合測量值（composite measure）來減少特徵的數量，封裝大部分的資訊。

　　最近發展的**深度學習**（deep learning）等極端複雜的模型，指出可能不需要做初步的資料縮減動作，全部原始資料可以使用單一的演算法來處理。

分類和預測

現在有一大堆各式各樣的替代方法，可用來建構分類和預測演算法。研究人員過去一直在推廣來自本身專業背景的方法：例如統計學家偏愛迴歸模型，電腦科學家偏愛以規則為基礎的邏輯或「神經網路」（neural networks）——這是嘗試模仿人類認知的一種方法。執行任何這些方法，都需要專門的技能和軟體，但現在有很方便的程式，可以用選單選擇需要哪種技術，因此造成各種技術百花齊放，因為表現、效能比建模哲學更為重要。

　　一旦開始測量和比較各演算法的實務表現，人們難免會想要一爭長短，現在有 Kaggle.com 等平台主辦的資料科學競賽。商業或學術組織提供資料組供參賽者下載：他們面對的挑戰，包括從錄下的

音檔中探測鯨魚發出的聲音、說明天文資料中的暗物質、預測住院人數等等。每一種情況，都會提供參賽者一個訓練資料組（training set of data），藉以建立他們的演算法，以及一個測試組（test set），以確定它們的表現。有個特別受歡迎的比賽，有成千上萬個團隊參與，他們需要針對以下這個問題提出演算法。

我們能否預測「鐵達尼號」（Titanic）沉沒，哪些乘客會存活下來？

「鐵達尼號」首航時，1912 年 4 月 14 日到 15 日晚間撞上了冰山並緩緩沉沒。船上 2,200 多名乘客和船員，只有約 700 人上了救生艇並得以存活下來，隨後的研究和虛構的記載，重點都放在你所持船票的等級，決定了你能否坐上救生艇並且獲救。

在標準的 PPDAC 循環內，這個預測存活的演算法，作為「問題」似乎很怪，因為相同的慘劇幾乎不可能再次出現，所以不具有任何未來的價值。但有個特別的人，給了我某些動力。1912 年，弗朗西斯・威廉・薩默頓（Francis William Somerton）離開了德文郡（Devon）北部的伊爾弗勒科姆（Ilfracombe，很靠近我出生和長大的地方），前往美國淘金。他留下妻子和幼女，花了 8 英鎊買了一張三等艙船票，坐上全新的「鐵達尼號」。他終究沒能安抵紐約——後人只能在伊爾弗勒科姆教堂的墓地悼念他（圖 6.1）。準確的預測演算法將能告訴我們，薩默頓是否只是運氣不好而喪命，或者他的機會其實根本近乎渺茫。

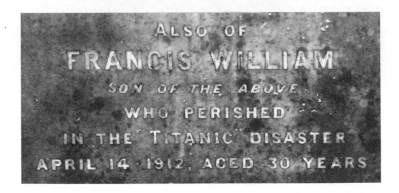

圖 6.1

伊爾弗勒科姆教堂墓園的弗朗西斯‧威廉‧薩默頓墓碑。上面寫著：
「其子弗朗西斯‧威廉在 1912 年 4 月 14 日的『鐵達尼號』船難去世，
得年 30。」

　　PPDAC 循環的「計畫」是收集可用的資料，並嘗試各種不同的技術，產生預測誰將存活的演算法——由於事件已經發生了，因此這更像是分類，而不是預測問題。「資料」包含鐵達尼號上1,309 名乘客的公開可用資訊：潛在的預測變數包括他們的全名、稱呼、性別、年齡、旅行等級（頭等艙、二等艙、三等艙）、他們花多少錢買船票、家人是否同行、在什麼地方上船（南安普敦〔Southampton〕、瑟堡〔Cherbourg〕、皇后鎮〔Queenstown〕），還有一些艙位號碼的有限資料。[1]反應變數是他們活（1）或死（0）。

　　至於「分析」，很重要的一件事情是，將資料拆分為用於建構演算法的訓練組，以及分離開來只用於評估表現的測試組——在我們準備好演算法之前去看測試組，是嚴重的作弊行為。就像 Kaggle 的競賽，我們將隨機抽取 897 例作為訓練組，其餘 412 人構成測試組。

　　這是個真實卻相當混亂的資料組，需要做一些預處理（pre-processing）。有 18 位乘客缺少票價資訊，只好假設他們付的是所搭乘艙等的中位數票價。兄弟姐妹和父母的數量已經加進去，創建匯總家庭人數的單一變數。稱呼需要簡化：法文的「Mlle」和英文的「Ms」重新編碼為「Miss」（女士），「Mme」重新編碼為「Mrs」（夫人），其他一堆稱呼都重新編碼為「少見稱呼」（rare title）。*

---

* 這些稱呼包括 Dona（太太）、Lady（小姐）、Countess（女伯爵）、Capt（上尉）、Col（上校）、Don（大學教師）、Dr（博士）、Major（少校）、Rev.（牧師）、Sir（爵士）、Jonkheer（〔貴族頭銜〕容克）。

很明顯地，除了需要編碼技能，可能還需要大量的判斷和背景知識，才能準備好資料進行分析，例如使用任何可用的船艙資訊，確定在船上的位置。毫無疑問，我做得還不夠好。

圖 6.2 畫出訓練組的 897 名乘客中，倖存的不同類別乘客各占的百分比。所有這些特色本身都有預測能力，而艙等較高、女性、兒童、花較多錢買船票、家庭人數適中，而且稱呼為夫人、女士或主人（Master）的乘客，存活率較高。所有這些都符合我們的猜測。

但這些特色並不是獨立的。入住更好船艙的乘客，應該會花更多錢買船票，而且和比較貧窮的移民相比，可以推測同行的子女數較少。許多男人獨自旅行。而有個特別的編碼可能很重要：年齡應該視為類別變數（如圖 6.2 那樣分成好幾個年齡群），還是視為連續變數？參賽者花了很多時間，詳細研究這些特色，並且進行編碼，以提取最多的資訊，但我們將轉而直接進行預測。

假設我們預測（已證明是錯的）「沒人存活」。接下來，由於其中有 63% 的乘客死亡，所以我們的訓練組的正確率是 63%。如果我們使用稍微複雜一點的預測規則，「所有的女性都存活，男性無一倖存」，則我們訓練組的正確率是 78%。這些天真的規則可以當作一個基準，來衡量較為複雜的演算法取得的任何改善。

分類樹

分類樹（classification tree）也許是最簡單的演算法形式，因為它

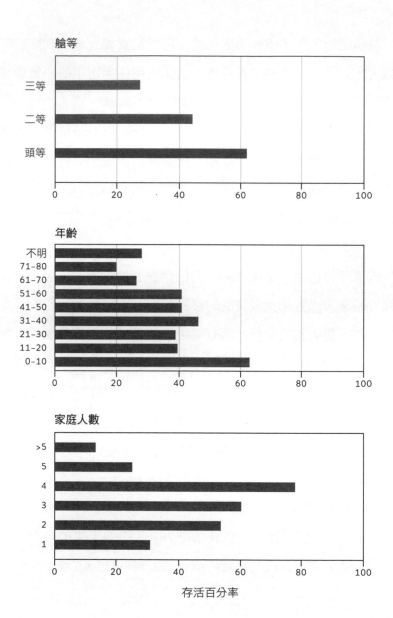

圖 6.2

訓練組的 897 名鐵達尼號乘客的滙總存活統計量，顯示不同類別乘客的存活百分率。

性別

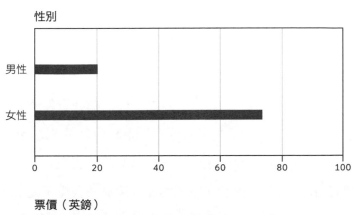

票價（英鎊）

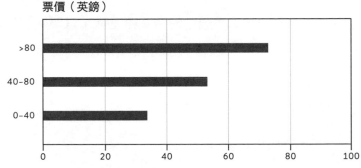

稱呼

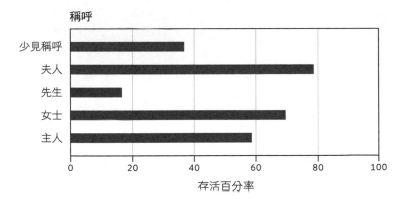

存活百分率

由一連串「是或否」的問題組成，每個問題的答案，決定了要問的下一個問題是什麼，直到得出結論。圖6.3畫出「鐵達尼號」資料的分類樹，乘客被分配到分枝末端的大多數結果。我們很容易看到選定的因素，以及最後的結論。例如，薩默頓在資料庫中的稱呼為「先生」，所以走第一根左邊的分枝。這根分枝的末端包含58%的訓練組，其中有16%存活。因此，根據有限的資訊，我們可以估計薩默頓有16%的存活機會。我們的簡單演算法找出了兩群人，存活率超過50%：頭等艙和二等艙中的婦女與兒童（只要她們沒有少見的稱呼），存活百分率為93%；以及三等艙的婦女和兒童，只要他們的家庭人數較少，存活百分率為60%。

在了解實際上如何建構這樣一棵樹之前，我們需要確定比賽時使用哪些表現測量值。

評估演算法的表現

如果要選出最準確的演算法，就必須確定「準確」的定義。在Kaggle的「鐵達尼號」解題挑戰中，準確指的就是測試組裡面，正確分類的乘客所占的百分率，因此在參賽者建構出演算法之後，要將其測試組中反應變數的預測值上傳，Kaggle接著衡量它們的準確度。* 但我們是立即將整個測試組的結果公布出來（強調一下，我們

---

* 為了不必等到比賽結束（2020年是用「鐵達尼號」的資料）才有任何回饋資訊，Kaggle將測試組分為公開組和私人組。參賽者在公開組的準確

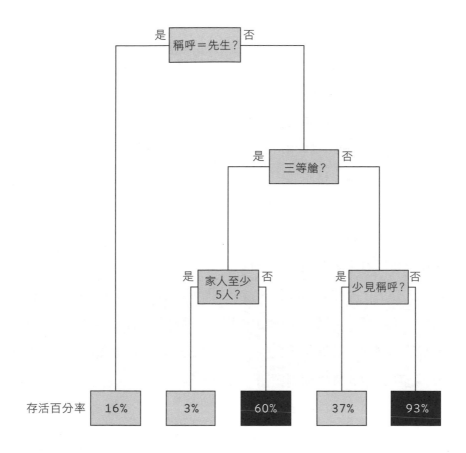

圖 6.3

「鐵達尼號」資料的分類樹。連串的問題將乘客帶到分枝的末端。
在那一點,如果訓練組裡面類似的人存活的百分比高於 50%,那就預
測他們會存活;存活百分率列在樹的底端。預測能夠存活的人,只有
同行家人較少、入住三等艙的女性和兒童,以及入住頭等艙和二等艙
的所有女性及兒童,只要他們沒有少見的稱呼。

的做法和 Kaggle 有些不同）。

　　圖 6.3 所示的分類樹，應用在訓練組的資料時，準確度為 82%；
而應用於測試組時，準確度略降為 81%。這個演算法產生的不同類
型錯誤數量如表 6.1 所示，這稱為**誤差矩陣**（error matrix），有時也
稱為混淆矩陣（confusion matrix）。如果我們要檢測存活者，正確
預測到真實存活者的百分率稱為演算法的**敏感度**（sensitivity），而
正確預測到真實未存活者的百分率稱為**特異度**（specificity）。這些
名詞是來自醫療診斷檢測。

　　雖然整體的準確度很容易表示，但這是非常粗略的表現測量
值，沒有考慮做出這項預測的信賴度。如果我們觀察分類樹的分枝
底端，可以看到訓練資料的鑑別並不完美，而且所有的分枝都還是
有些人存活，有些人未存活。這個粗略的分配規則只選擇占多數的
結果，但我們可以將與訓練組中百分比相對應的存活機率，分配給
新案例。例如，被稱為「先生」的某個人，可以給他 16% 的存活機
率，而不是用簡單的類別預測，說他們無法存活。

　　提供機率（或任何數字）而不是簡單分類的各種演算法，通常
可以用**受試者作業特徵（ROC）曲線**（Receiver Operating
Characteristic (ROC) curves）來比較。這種曲線起初是在第二次世
界大戰中發展出來的，用於分析雷達訊號。這裡至關重要的見解

　　度分數會公布在排行榜上，這提供了一個暫時的排名，所有的人都看得
　　到。但比賽結束時，實際上是用私人組的演算法表現來評估參賽者的最
　　後排名。

	訓練組			測試組		
	預測 不會存活	預測 會存活		預測 不會存活	預測 會存活	
未存活	475	93	568	228	45	273
存活	71	258	329	35	104	139
	546	351	897	263	149	412

準確度
$= (475 + 258) / 897 = 82\%$

敏感度
$= 258 / 329 = 78\%$

特異度
$= 475 / 568 = 84\%$

準確度
$= (228 + 104) / 412 = 81\%$

敏感度
$= 104 / 139 = 75\%$

特異度
$= 228 / 273 = 84\%$

表 6.1

根據訓練資料和測試資料的分類樹誤差矩陣，算出準確度（分類正確
的％）、敏感度（存活者分類正確的％）和特異度（未存活者分類正確
的％）。

是：我們可以改變預測人們是否存活的門檻。表 6.1 列示使用 50%
的門檻，預測某人為「存活者」的表現，發現訓練組的特異度和敏
感度分別為 0.84 和 0.78。但我們可以要求更高的機率，例如 70%，
以預測某個人能否存活；這種情況下，特異度和敏感度分別為 0.98
和 0.50——在這個更嚴格的門檻下，我們只能確定一半的真實存活
者，但是能很準確地預測未存活者。考慮預測存活者的所有可能門
檻，特異度和敏感度的可能值形成一條曲線。請注意，繪製 ROC
曲線時，特異度的軸通常是從 1 到 0。

　　圖 6.4 畫出訓練組和測試組的 ROC 曲線。一個隨機分配數字、
完全沒用的演算法，ROC 曲線會走對角；而最好的演算法，ROC
曲線朝左上角移動。比較 ROC 曲線的一種標準方法，是衡量曲線
下方的面積，直到水平軸為止——完全沒用的演算法，這個值為
0.5；每個人都分類正確的完美曲線，值則為 1。對於我們的「鐵達
尼號」測試組資料來說，ROC 曲線下的面積為 0.82。這塊區域的面
積，有個很好的解釋：如果我們隨機選一個真實的存活者和一個真
實的未存活者，這個演算法給真實存活者的存活機率高於真實的未
存活者的可能性為 82%。當面積大於 0.8，表示鑑別力相當好。

　　ROC 曲線下的面積，是衡量演算法拆分存活者和未存活者，
拆分得有多好的一種方法，但它沒有衡量機率有多準。而最熟悉機
率預測的人，是天氣預報員。

我們如何知道「降雨機率」預測得有多好？

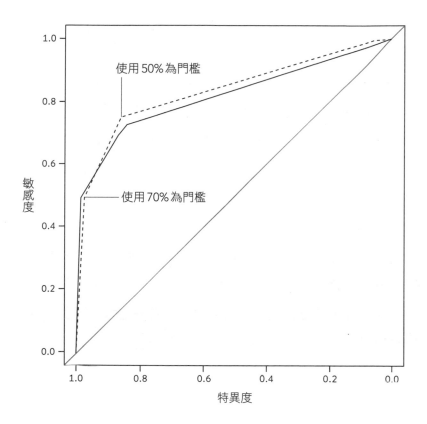

圖 6.4

圖 6.3 分類樹的 ROC 曲線用於訓練組（虛線）和測試組（實線）。「敏感度」是正確確認存活者的百分比。「特異度」是正確標記未存活者的百分比。訓練組和測試組曲線下方的面積分別為 0.84 和 0.82。

假設我們要預測明天特定的時間和地點會不會下雨。基本的演算法可能只會產生是或否的答案,最後可能是對或錯。比較複雜的模型可能產生下雨的機率,因此可以進行較為精細的判斷——演算法說下雨的機率為 50%,和說下雨的機率為 5% 比起來,你採取的行動可能相當不同。

實務上,天氣預報是根據極其複雜的電腦模型,納入代表天氣將如何從目前的情況發展的詳細數學公式,而且每跑一次模型,都會產生特定地點和時間的確定性的降雨是或否的預測。因此,要產生**機率預測**(probabilistic forecast),模型必須從略微調整的初始條件起跑很多次,產生一張各種「可能未來」的清單,其中有些會下雨,有些不會。預報員會跑例如由五十種模型構成的「系綜」(ensemble),如果在某個特定地點和時間,那些可能的未來中有五個會下雨,他們就宣稱「降雨機率」為 10%。

但我們如何判斷這些機率有多準?我們不能像分類樹那樣,做出一個簡單的誤差矩陣,因為這個演算法無法一口咬定會不會下雨。我們可以畫出 ROC 曲線,但是這些曲線只是檢查下雨天的預測準確率是否高於不下雨的日子。這裡極其重要的見解是,我們也需要**校準**(calibration),也就是說,預報員說有 70% 的機率會下雨的日子,那麼我們把那些日子都抓出來,就應該有 70% 左右的日子真的下雨。天氣預報員非常重視這一點——機率應該就如他們所說的,信賴度不應該過高或過低。

舉例來說,校準圖藉著收集給定的特定發生機率的事件,以及計算這種事件實際發生的百分比,讓我們知道所說的機率有多可

靠。

　　圖 6.5 畫出應用於測試組的簡單分類樹之校準圖。我們希望這些點落在對角線附近，因為那是預測的機率符合觀測百分比的地方。在給定的可靠預測機率下，我們期望實際的百分比有 95% 的案例落在直條所示的區域內。如果如圖 6.5 所示，這些直條能涵蓋對角線，我們可以認為我們的演算法校準得相當好。

機率「準確度」的組合測量值

ROC 曲線能評估演算法將群組拆分得有多好，校準圖則檢查機率是否確實如它們所說，若我們能找到一個組合測量值，將兩個層面結合為單一數字，可用以比較各個演算法的優劣，那就太好了。幸好早在 1950 年代，天氣預報員就已經想出該怎麼做了。

　　如果我們要預測一個數量，例如明天中午特定地方的氣溫，通常可以用誤差──觀測溫度與預測溫度之間的差距──滙總準確度。許多天內的誤差，通常滙總為**均方誤差**（mean-squared-error (MSE)）──這是誤差平方的平均值，類似於我們在迴歸分析中談到的最小平方標準。

　　機率的算法是使用和預測數量時相同的均方誤差標準，但把將來觀測到「下雨」的值視為 1，將「沒下雨」視為 0。表 6.2 呈現一個虛構的預測系統如何運作。星期一，下雨的機率為 0.1，但結果天晴（真實反應為 0），所以誤差為 0 – 0.1 = –0.1。取其平方，得 0.01，以此類推整個星期，然後計算這些誤差平方的平均值，也就

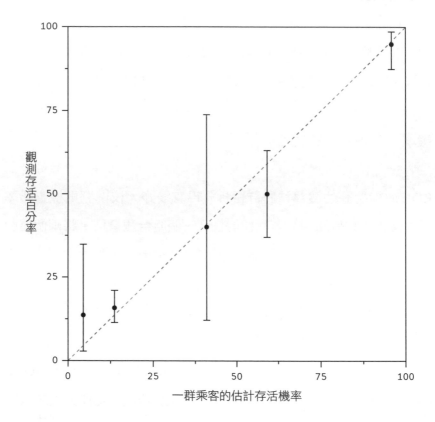

圖 6.5

提供「鐵達尼號」乘客存活機率的簡單分類樹之校準圖，y 軸是觀測存活百分比，x 軸是預測百分比。我們希望這些點落在對角線上，表示機率確實如它們所說是可靠的。

	星期一	星期二	星期三	星期四	星期五	均方誤差 （布賴爾分數）
「下雨機率」	0.1	0.2	0.5	0.6	0.3	
真的下雨？	沒有	沒有	有	有	沒有	
真實反應	0	0	1	1	0	
誤差	−0.1	−0.2	0.5	0.4	−0.3	
誤差的平方	0.01	0.04	0.25	0.16	0.09	B = 0.54/5 = 0.11
來自氣候資料的機率	0.2	0.2	0.2	0.2	0.2	
氣候誤差	−0.2	−0.2	0.8	0.8	−0.2	
氣候誤差的平方	0.04	0.04	0.64	0.64	0.04	BC = 1.4/5 = 0.28

表 6.2

虛構的「降雨機率」預測特定地點隔天中午是否會下雨，觀察結果是：1 = 有下雨，0 = 沒下雨。「誤差」是預測結果和觀測結果之間的差，均方誤差是布賴爾分數（B）。氣候布賴爾分數（BC）是使用每年這個時候簡單的長期平均下雨百分比作為機率預測而計算的，本例假設所有日子都是 20%。

是 B = 0.11，即預報員（缺乏）準確度的一個測量值。＊均方誤差的平均值稱為**布賴爾分數**（Brier score），因為氣象學家格倫・布賴爾（Glenn Brier）在 1950 年時說明了這個方法。

遺憾的是布賴爾分數本身很難解讀，因此不容易了解任何預報員的表現是好或壞；所以最好是拿它和歷史氣候紀錄得出的參考分數相互比較。這些「以氣候為基礎」的預報，不管當前的狀況如何，只陳述下雨機率為氣候史上這一天下雨天數所占的百分比。任何人都可以在不具備任何技能的情況下做這個預測——表 6.2 中，我們假設這個星期每天的下雨機率都是 20%。這就得出布賴爾氣候分數（Brier score for climate；我們稱之為 BC）是 0.28。

任何上得了檯面的預測演算法，表現都應該比只根據歷史氣候所作的預測要好，而且我們的預測系統使分數提高了 BC – B = 0.28 – 0.11 = 0.17。預報人員還可以算出一個「技能分數」（skill score），也就是其預測比參考分數好多少：我們的例子為 0.61，†表示我們的演算法比只是使用氣候資料的天真預測者好 61%。

我們的目標顯然是技能達到 100%，但這只有在我們的布賴爾

＊ 可能有人忍不住想用「絕對誤差」（absolute error），意思是說，預測某件事發生的機率是 10%，結果沒有發生，那麼你將損失 0.1，而不是誤差的平方 0.01。這種表面上無害的選擇，將會是很大的錯誤。一些相當基本的理論指出，這種「絕對」懲罰會使人們為了將他們的預期誤差減到最小，理性地誇大他們的信心，因此說下雨的機率為「0%」，即使他們真心認為機率是 10%。

† 技能分數是 (BC – B)/BC = 1 – B/BC = 1 – 0.11/0.28 = 0.61。

分數降為 0 的情況才可能達成，也就是只有當我們能準確地預測是
否下雨才會發生。這對於預報員來說是相當高的期望，事實上，預
測隔天下雨的技能分數目前約為 0.4，預測未來一週的分數是 0.2。[2]
當然最懶的預測可以說：今天發生的一切，明天也會發生；這和歷
史資料（今天）完美配適，但是在預測未來方面，表現可能不是特
別好。

　　就前面所說的「鐵達尼號」解題挑戰，天真的演算法可以給每
個人 37% 的存活機率，因為這是訓練組中，存活者所占的整體百分
比。這不必使用任何個別的資料，而且實質上等同於使用氣候紀
錄，而不是根據當前情況的資訊去預測天氣。這種「不靠技能」方
式的布賴爾分數是 0.232。

　　相比之下，簡單分類樹的布賴爾分數為 0.139，比天真的預測
低 40%，因此展現相當高的技能。解讀布賴爾分數為 0.139 的另一
種方式是：如果你給所有的存活者 63% 的存活機率，而且給所有的
未存活者 63% 的不存活機率，這正是你會得到的結果。

　　我們將探討能否以更複雜的模型來改善這個分數，但首先需要
提醒：不應該使它們過於複雜。

過度配適

我們不必停在圖 6.3 所示的簡單分類樹上。我們可以添加新的分
枝，讓樹更加複雜，而這將使我們找到更多的特質，對更多的訓練
組做正確的分類。

　　圖6.6畫出這樣一棵樹，包括了許多詳細的因素。這在訓練組上的準確度為83%，和比較小棵的樹比起來要好。但是當我們將這個演算法應用到測試資料，準確度下降為與小樹相同的81%，而布賴爾分數為0.150，明顯比簡單樹的0.139差。我們已經將分類樹配合訓練資料到這種程度，但它的預測能力竟然開始下滑。

　　這就是**過度配適**（over-fitting），是演算法建構中最重要的主題之一。把演算法做得過於複雜，本質上是開始在配適雜訊，而不是訊號。蘭德爾·門羅（Randall Munroe，以xkcd網路漫畫而聞名的漫畫家）發現歷來當選的美國總統似乎都遵循一些「規則」，卻在隨後的選舉中一一被打破，這是過度配適的一個好例子。[3]例如：

- 「共和黨如果沒有贏得眾議院或參議院，就搶不下總統大位」——1952年艾森豪辦到了。
- 「天主教徒坐不上總統寶座」——1960年甘迺迪辦到了。
- 「離婚的人選不上總統」——1980年雷根辦到了。

諸如此類，其中包括明顯過細的一些規則，例如：

- 「缺乏上戰場打仗經驗的民主黨現任總統，無法擊敗拼字遊戲中名字的分數更高的對手」——但柯林頓（Bill Clinton；Bill的拼字得分是6分）贏了杜爾（Bob Dole；Bob的拼字得分是7分）。

當我們為了得出「不偏」（unbiased）的結果，認為值得一試，可

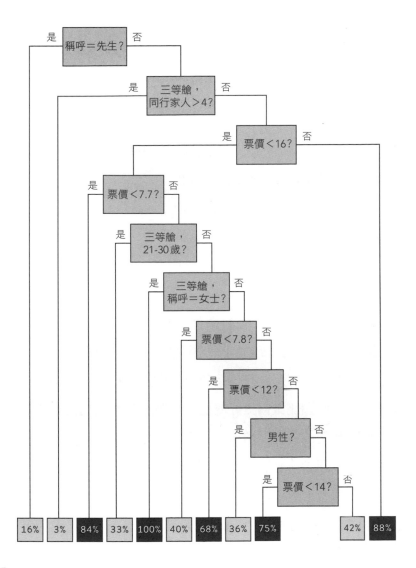

圖 6.6

「鐵達尼號」資料的過度配適分類樹。如圖 6.3 的做法,每個分枝末端的百分率,是訓練組中存活乘客的百分比,如果這個百分比高於 50%,那麼預測新乘客會存活。這些相當奇怪的問題顯示,這棵樹對訓練組中的個別案例問了太多的問題。

是努力的方向不對，竟把所有可用的資訊都考慮進來，以致於過度牽就局部的情況，就有過度配適的情形。我們通常讚賞追求不偏的目標，但是精益求精的做法，會造成我們只有較少的資料可用，因此可靠度下降。所以過度配適能減低偏差，但代價是估計值的不確定性或變異升高。為了防止過度配適，所作的保護措施有時稱為**偏差／變異取捨**（bias/variance trade-off）。

我們可以想像有一個龐大的人類生活資料庫，可用於預測你的未來健康情形——例如你活到 80 歲的機會——來說明這個微妙的觀念。我們也許可以看看年齡和社會經濟地位與你相近的人，觀察他們發生了什麼事——這些人可能有 10,000 個，如果其中 8,000 人活到 80 歲，我們就可以估計像你一樣的人活到 80 歲的機會是80%，而且對這個數字很有信心，因為取樣的人數很多。

但是這個評估只用到幾個特色，將你和資料庫中的個案比對，而忽略了可能使預測做得更好的個人特徵——例如它沒有考慮到你當前的健康狀況或各種習慣。另一個策略是，找到體重、身高、血壓、膽固醇、運動、吸菸、飲酒等條件，和你相近得多的人：假設我們繼續比對愈來愈多你的個人特徵，直到將範圍縮小到資料庫中只有兩個人條件幾乎與你相同。假設其中一人已經 80 歲，另一個還沒有。那我們能否估計你活到 80 歲的機會是 50%？從某種意義上說，50% 的數字偏差較小，因為它和你非常符合，但因為只根據兩個人的資料，所以不是可靠的估計值（也就是變異很大）。

我們憑直覺，認為這兩個極端之間有一個兩全其美的中庸之道：要找到那種平衡，雖然不容易，卻極為重要。避免過度配適的

技術，包括正則化（regularization），鼓勵使用複雜的模型，但將變數的影響拉向零。不過，最常見的保護方法是在建構演算法時，使用簡單但強有力的**交叉驗證**（cross-validation）觀念。

在一個獨立的測試組（沒有用在演算法的訓練階段）上測試任何預測的表現，是必要的動作，不過那是在發展演算法過程的結尾才做。因此，雖然到那個時候，它可能顯示我們過度配適，卻無法為我們建構更好的演算法。但是我們可以模擬一個獨立的測試組，方法是刪除 10% 的訓練資料，在剩餘的 90% 資料上發展演算法，然後在被刪除的 10% 資料上測試。這就是交叉驗證，可以有系統地執行，依序刪除 10% 的資料，並且重複這個過程十次。這個作業程序稱為十倍交叉驗證（tenfold cross-validation）。

本章所有的演算法都有一些可調參數（tunable parameter），主要用於控制最終演算法的複雜性。例如，建立分類樹的標準作業程序是，先建構一棵非常深的樹，有許多故意過度配適的分枝，然後將樹修剪回到更簡單、更穩健的狀態：這種修剪是由複雜度參數（complexity parameter）控制的。

複雜度參數可以藉交叉驗證程序加以選擇。十倍交叉驗證樣本中的每一個，都會針對一組不同複雜度參數的每一個，發展一棵樹。我們會針對每個參數值，計算全部十個交叉驗證測試組的平均預測表現——這個平均表現往往會改善到某個點，然後隨著樹變得過於複雜而轉差。複雜度參數的最佳值，是提供最佳交叉驗證表現的那一個，然後用這個值從完整的訓練組建構一棵樹，這就是最終版本。

　　圖 6.3 的樹已使用十倍交叉驗證去選擇複雜度參數，並將在以下要談的所有模型，選擇調整參數。

迴歸模型

我們在第 5 章談到迴歸模型的觀念，是列出一條簡單的公式來預測結果。「鐵達尼號」資料中的反應變數，是指出存活與否的「是或否」結果，所以使用羅吉斯迴歸是適當的，就像圖 5.2 中的兒童心臟手術資料。

　　表 6.3 列出從配適羅吉斯迴歸得到的結果。它已經使用「提升法」（boosting）加以訓練，「提升法」是一種迭代（iterative）過程，設計得更注意比較困難的情況：在某次迭代中分類錯誤的訓練組個人，下一次迭代會給予更高的權重，至於迭代的次數，則使用十倍交叉驗證去選擇。

　　我們可以針對特定乘客，將其特色係數加起來，得出總存活分數。例如，薩默頓是從 3.20 開始，因為搭三等艙，減去 2.30，稱呼是「先生」，再減去 3.86，但因為是三等艙的男性，加回 1.43。他因為家人人數是 1 個而扣除 0.38，所以總分是 −1.91，轉換為存活機率是 13%，略低於簡單分類樹得出的 16%。*

　　這是個「線性」系統，但請注意，其中包含的**交互作用**

---

* 要將總分數 S 轉換為存活機率 p，需要使用公式 $p = 1/(1 + e^{-S})$，其中 e 是自然常數。這是羅吉斯迴歸方程式 $\log_e p/(1-p) = S$ 的反函數。

特徵	分數
起始分數	3.20
三等艙	−2.30
「先生」	−3.86
三等艙的男性	+1.43
少見的稱呼	−2.73
二等艙 51–60 歲的乘客	−3.62
每位家人	−0.38

表 6.3

應用於「鐵達尼號」存活者資料羅吉斯迴歸特色的係數：係數如為負值，會降低存活的機會，係數如為正值，則提高存活的機會。

（interaction），本質上是更複雜的、組合的特色，例如三等艙及男性的交互作用的正得分，有助於抵消三等艙和「先生」的極端負得分。雖然我們關注的是預測的表現，但這些係數確實有助於解讀不同特色的重要性。

　　有許多比較複雜的迴歸方法，可用於處理大型的複雜問題，例如非線性模型和一種叫做 LASSO 的過程；這個過程同時估計係數並選擇相關的預測變數（predictor variable），基本上是將它們的係數估計為零。

更複雜的技術

分類樹和迴歸模型源於不太一樣的建模理念：分類樹試著建構簡單的規則，找出具有相似預期結果的案例群；迴歸模型則著重於給不同的特色不同的權重，而不去管一個案例還觀測到了什麼其他因素。

　　機器學習社群目前利用分類樹和迴歸，但已發展出許多更複雜的方法來發展演算法。例如：

- 隨機森林（random forest）包含大量的樹，每棵樹都有一個分類方式，最後的分類是由多數票決定，這個過程稱為裝袋（bagging）。
- 支持向量機（support vector machines）試著找到最能分拆不同結果的線性特色組合。

- 神經網路（neural network）由一層層的節點構成，每個節點的權重取決於前一層，就像一連串的羅吉斯迴歸疊加在其他每一個上面一樣。權重是透過優化的作業程序來學習的，而且和隨機森林很像，可以建構多個神經網路和取它們的平均值。具有多層結構的神經網路，稱為深度學習模型（deep-learning model）：據說 Google 的 Inception 圖像識別系統有 20 多層和超過 30 萬個要估計的參數。

- k 近鄰（k-nearest-neighbour）是根據訓練組中，大多數點的距離最接近的結果進行分類。

表 6.4 列出將一些方法應用於「鐵達尼號」資料，並使用十倍交叉驗證和 ROC 作為優化標準，而調整所選參數的結果。

　　天真的規則「所有的女性都存活，所有的男性都沒存活」準確度之高，不是勝過就是緊追更為複雜的演算法，證明以粗略的「準確度」作為表現的判斷標準並不適當。ROC 曲線下的面積，反映出隨機森林的鑑別力最佳，但出乎意料的是，來自簡單分類樹的機率有最佳的布賴爾分數。因此，沒有明顯優勝的演算法。稍後在第 10 章，我們將探討能否有信心地聲稱哪一個判斷標準是真正的贏家，因為領先的差距可能小到可以用機會變異（chance variation）來解釋——例如誰正好落在測試組或訓練組中。

　　這反映了人們普遍的關切，那就是贏得 Kaggle 比賽的演算法往往非常複雜，才能取得勝出所需的最後微小差距。一個大問題是，這些演算法往往是神祕莫測的黑盒子——它們給出一個預測，但幾

方法	準確度 （愈高愈好）	ROC 曲線下的面積 （愈大愈好）	布賴爾分數 （愈低愈好）
每個人都有 37% 的存活機會	0.639	0.500	0.232
所有的女性都存活， 所有的男性都沒存活	0.786	0.578	0.214
簡單分類樹	**0.806**	0.819	**0.139**
分類樹（過度配適）	**0.806**	0.810	0.150
羅吉斯迴歸	0.789	0.824	0.146
隨機森林	0.799	**0.850**	0.148
支持向量機（SVM）	0.782	0.825	0.153
神經網路	0.794	0.828	0.146
神經網路平均值	0.794	0.837	0.142
k 近鄰	0.774	0.812	0.180

表 6.4

不同演算法用於「鐵達尼號」測試資料的表現：粗體表示最佳的結果。複雜的演算法已經過優化，使 ROC 曲線下的面積最大化。

乎不可能明白內部發生什麼事。這有三個負面面向。首先，極其複雜使得執行和升級非常費力：Netflix 曾經提供一百萬美元獎金給優勝的預測推薦系統，結果贏家的演算法過於複雜，Netflix 最後並沒有採用它。第二個負面特色是我們不知道結論是怎麼得出的，或者應該對它懷有多大的信心：我們只能接受它或者放棄它。較簡單的演算法能將自己解釋得更好。最後，如果我們不知道一個演算法如何產生它的答案，如果社群中某些成員有內隱但系統性的偏差，我們將無法進行調查——這一點，我將在後面進一步說明。

　　所有這些都指出，數量上的表現，可能不是演算法的唯一標準，一旦表現「夠好」，為了保持簡單而犧牲進一步的小幅改善，是合理的做法。

「鐵達尼號」上最幸運的人是誰？

取所有演算法的平均值之後，布賴爾分數最高的存活者，可說是最幸運的存活者了。這個人是 45 歲的挪威／澳大利亞籍木匠卡爾‧達爾（Karl Dahl），他獨自一人搭乘三等艙，票價和薩默頓相同；有兩種演算法甚至給了他 0% 的存活機會。他跳進冰冷的海中，雖然 15 號救生艇上有人試著將他推回水裡，但他還是爬了上去。也許他就是靠自己的力量活下來的。

　　這與來自伊爾弗勒科姆的薩默頓形成鮮明對比，我們發現他的死與一般型態相符。他的妻子漢娜‧薩默頓（Hannah Somerton）不但失去了想前往美國奮鬥一番的丈夫，留給她的錢也只有 5 英

鎊，比買船票花的錢還少。

演算法面對的挑戰

演算法可能表現良好，但是隨著它們在社會中扮演的角色不斷加重，潛在問題也日益凸顯。我們可以找到四大問題。

- 缺乏穩健性（robustness）：演算法是從關聯性衍生出來的，而且由於它們不了解根本的流程，所以可能會對變化太過敏感。即使我們只關切準確度，而不是科學真相，我們仍然要記得PPDAC 循環，以及從樣本取得的資料到對目標母體做出聲明的各階段之基本原則。對於預測性分析，這個目標母體包含了未來的案例，而且如果一切保持不變，那麼根據過去的資料建構的演算法應該表現得很好。但是這個世界不會一成不變。我們已經注意到 2007-8 年不斷變化的金融世界中，各種演算法紛紛失靈。另一個著名的例子是 Google 根據使用者提交的搜尋字詞型態，嘗試預測流行性感冒的趨勢。它起初表現很好，但2013 年開始急遽地過度預測流感率：一個解釋是，Google 在搜尋引擎中引進的改變，可能導致指向流感的更多搜尋字詞。
- 不能說明統計變異性：根據有限的資料自動排名是不可靠的。雖然班級人數少於 30 人，不能作為評估教師教學效果的可靠基礎，但有關當局仍然以一年內學生的表現來對教師們排名和獎懲。這可以從教師年度評估出現令人難以置信的激烈變化看

得出來：維吉尼亞州四分之一的教師在逐年的考核中，於 1-100 的尺度上，竟有超過 40 點的差異。*

- 內隱偏差（implicit bias）：再說一次，演算法是根據關聯性而來，這可能表示它們最後會使用我們通常認為與眼前任務無關的特色。訓練視覺演算法以識別哈士奇狗和德國牧羊犬的圖片時，效果本來非常好，直到未能識別養作寵物的哈士奇狗──後來發現，它的外顯技能必須依賴以雪為背景的圖片。4 問題比較大的例子，包括有個演算法，識別人美不美時，把深色皮膚排除在外，另一個演算法還將黑人識別為大猩猩。對人類生活有重大影響的演算法，例如決定信用評等或保險的演算法，可能被禁止使用種族作為預測變數，但可能使用郵遞區號來顯示住在哪裡，而郵遞區號是種族的強大代理變數（proxy）。

- 缺乏透明度：有些演算法可能因為極其複雜而不透明。但即使以簡單的迴歸為基礎的演算法，如果結構是私有的（也許是透過專屬商業產品的形式持有），也會高深莫測。這是人們指責北角銀行（Northpointe）的「替代制裁的罪犯矯治管理分析」（Correctional Offender Management Profiling for Alternative Sanctions；COMPAS）或 MMR 的修訂版矯治服務量表（Level of Service Inventory--Revised；LSI-R）等所謂的再犯演算法（recidivism algorithm）的主要論點之一。5 這些演算法產生風

---

* 摘自凱西・歐尼爾（Cathy O'Neil）寫的《大數據的傲慢與偏見》（*Weapons of Math Destruction*）一書，裡面有許多濫用演算法的例子。

險分數或類別，可用於引導緩刑決定和量刑，可是各項因素的加權方式不清楚。而且，由於收集了有關養育和過去共犯的資訊，因此不只是根據個人的犯罪前科做決定，還考慮和未來犯罪有關的背景因素，即使根本的共同因素是貧窮和匱乏。當然，如果所有重要的因素都預測得準確，那麼任何事情都會考慮，而且任何因素，即使包括種族，都可能使用。不過許多人認為，為求公平和正義，這些演算法應該受到控制、透明，以及能夠加以反駁。

即使是專屬（proprietary）演算法，只要我們能以不同的投入進行試驗，應該可以提出某種程度的解釋。購買線上保險時，保險費報價的計算，是根據一條未知的公式，只受到某些法律上的限制：例如，在英國，汽車保險的報價不能考慮要保人的性別，人壽保險不能使用種族或任何遺傳資訊（亨廷頓症〔Huntingdon's disease〕除外）。但是我們仍然可以透過系統性地說謊並觀察報價的變化，了解不同因素造成的影響：我們因此能夠對演算法進行某種程度的逆向工程（reverse-engineering），以了解影響保險費的因素。

人們日益要求，會影響日常生活的演算法，必須追究它們的責任，而且各國正在立法，規定演算法所作的結論，需要提出讓人看得懂的解釋。這些要求不利於複雜的黑盒子發展，可能使得人們偏愛（相當老式的）迴歸式的演算法，明確顯示每項證據造成的影響。

但是看了演算法的黑暗面之後，用一個看起來有利無弊和給人

力量的例子作結，是相當合適的。

乳癌手術後輔助治療的預期效益如何？

被診斷出罹患乳癌的女性，幾乎都會動個手術，雖然效果可能有限。因此，關鍵問題是手術後的輔助治療，以降低乳癌復發和死亡的可能性，而輔助治療的選擇包括放射治療、激素治療、化學治療和其他的藥物治療。就 PPDAC 循環來說，這是「問題」。

英國研究人員採用的「計畫」，是使用從英國癌症登記處（Cancer Registry）獲得的 5,700 個乳癌女性病例資料，發展一種演算法，協助做這方面的決定。「分析」包括建構一套演算法，使用婦女及其腫瘤的詳細資訊，以計算手術後存活十年的機率，以及不同的治療方法如何改變這些機率。但在分析女性過去接受這些治療方法的結果時必須審慎：以前她們因為未知的原因而接受那些治療方法，所以我們無法使用資料庫中觀測到的表面效益。取而代之的是，我們配適一個迴歸模型，將存活當作結果，但是強迫治療效果必須從大規模臨床試驗的評估來估計。隨後的演算法公開供人使用，鑑別和校準則在包含 27,000 名女性的獨立資料組加以檢查。[6]

因此產生的電腦軟體稱為 Predict 2.1，術後結果透過類似婦女接受不同的輔助治療方法，預期存活 5 年和 10 年的百分比，來跟外界「溝通」。表 6.5 是一位虛構婦女的若干結果。

Predict 2.1 並不完美，表 6.5 中的數字只能用作個人的約略估計指南：對於符合演算法所包含特色的婦女，我們預期會發生這些

治療方法	相對於以前的治療方法 獲得的額外效益	整體存活率 %
只動手術	–	64%
+激素治療	7%	70%
+化學治療	6%	76%
+Trastuzumab（賀癌平 〔Herceptin〕藥品）	3%	79%
沒有罹癌的婦女		87%

表 6.5

使用 Predict 2.1 演算法，65 歲婦女在篩檢時發現有 2 公分的第 2 級腫瘤、兩個陽性淋巴結，而且 ER、HER2 和 Ki-67 的狀態都呈現陽性，乳癌術後預期存活十年的百分比。表中列出不同輔助治療的累計預期效益，雖然這些治療可能產生不利影響。「沒有罹癌的婦女」存活百分比，是以她們的年齡來說，可以實現的最佳存活率。

事，而特定的女性，應該考慮更多的因素。雖然如此，Predict 2.1 每個月仍然例行性地用於成千上萬的病例，包括制定患者治療方案的多學科團隊會議（multidisciplinary team meetings；MDT），以及溝通這些資訊給該患者。對於希望充分參與治療選擇的婦女來說（這個流程稱為「共同照護」〔shared-care〕），它可以提供通常只有臨床醫生才能獲得的資訊，使她們更能夠掌控自己的生活。這個演算法不是專屬演算法，軟體屬開源，而且系統定期升級，以提供更多的資訊，包括治療的不利影響。（參見圖 6.7）

人工智慧

人工智慧（AI）自 1950 年代首次使用以來，每過一段時間就會掀起一股熱潮，被人捧上天，隨後掉入遭到批評的深淵。1980 年代，我投入研究電腦輔助診斷和處理 AI 的不確定性，當時大部分的論述，都變成是各種方法——根據機率與統計、根據封裝專家的判斷「規則」、或試著利用神經網路模仿人類認知能力——之間的競爭。如今這塊領域已經成熟，其根本哲學已經採用更加務實和普遍的方法，但一頭熱的吹捧並沒有消失。

　　AI 包含機器展現的智慧，這是範圍相當廣泛的概念。和本章討論的有限演算法問題比起來，這是規模人得多的主題，而且統計分析只是建構 AI 系統的成分之一。但是正如演算法最近在視覺、語音、遊戲等方面取得不同凡響的成就所證明的，統計學習在「狹義」AI 的成功上扮演著重要角色。Predict 之類的系統以前會被認為

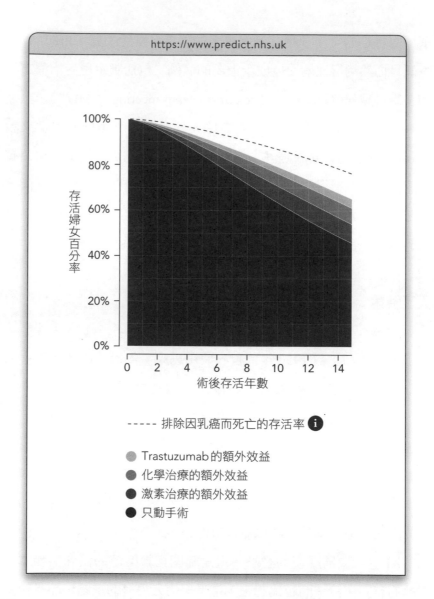

圖 6.7

表 6.5 所示特色的女性，以 Predict 2.1 畫出的術後存活長達 15 年的曲線，顯示進一步治療的累積額外存活率。虛線上方的區域，代表因其他原因死亡的罹患乳癌女性。

是以統計為基礎的決策支援系統，現在可以合理地稱之為 AI。*

　　上面列出的許多挑戰，都可以歸結為演算法只針對關聯性建模，而完全不了解所隱含的因果過程。在喚起大眾日益關注 AI 因果推理方面貢獻很大的珀爾認為，這些模型只允許我們回答這類問題：「我們觀測到 X，接下來我們期望觀測到什麼呢？」一般性的 AI 需要一個這世界實際上如何運作的因果模型，讓它能夠回答干預的效果（「如果我們做 X，會怎麼樣？」）和反事實（「如果我們不做 X，會怎麼樣？」）之類的人類層級問題。

　　要擁有這種能力的 AI，還有很長的路要走。

　　本書把重點放在小樣本、（統計意義上的）系統性偏差，以及不太能推廣到新情況的古典統計問題。從演算法面臨的挑戰清單，可以看出雖然有大量的資料，能夠減低我們對樣本大小的擔憂，但其他的問題卻趨於惡化，而且我們也面臨解釋演算法合理性的更多問題。

　　擁有大量資料只會加重產生穩健且負責任結論的挑戰。建構演算法時，保持基本的謙遜態度非常重要。

---

* 也許除了吸引資金支持之外，沒有其他原因了……。

小結

- 從資料建構的演算法，可以在技術應用上進行分類和預測的任務。

- 防止演算法過度配適訓練資料，是很重要的一件事，因為這基本上是在配適雜訊，而不是配適訊號。

- 我們可以用分類的準確度、鑑別各群組的能力，以及整體的預測準確度，來評估演算法的表現。

- 複雜的演算法可能缺乏透明度，因此或許值得犧牲一點準確度，以換取易理解度。

- 演算法和人工智慧的使用，帶來許多挑戰。深入了解機器學習方法的威力和限制，是十分重要的事。

第 7 章

對於正在發生的事，
我們能有多確定？估計和區間

英國有多少人失業？

英國廣播公司新聞網站（BBC News）2018 年 1 月報導，前一年 11
月為止的三個月中，「英國的失業人口減少 3,000 人，成為 144 萬
人」。失業人數減少的原因引發討論，但沒有人質疑這個數字是否
真的正確。不過仔細檢視英國國家統計局網站的資料，顯示總數的
誤差範圍（margin of error）為 ±77,000 —— 換句話說，真正的變
化可能是在減少 80,000 人到增加 74,000 人之間。因此，儘管新聞記
者和政治人物似乎認為，宣稱全國失業人口減少 3,000 人是確實不
變的數字，但根據對大約 100,000 人所作的調查，這個估計值實際
上是不準確的。*同樣的，美國勞工統計局（US Bureau of Labor

---

* 我曾經向一群新聞記者建議文章中應該明確指出這一點，卻只見到一片
　茫然的表情。

Statistics）報告經季節性因素調整後，2017 年 12 月到 2018 年 1 月
民間失業人數增加 108,000 人，是根據大約 60,000 戶家庭樣本得出
的，誤差範圍（同樣相當難確定）為 ±300,000。[*1]

　　承認不確定性是很重要的一件事。任何人都能算出估計值，但
是能夠確實評估它的可能誤差，是統計科學的重點之一。不過這涉
及一些具有挑戰性的概念。

假設我們收集了一些準確的資料，也許是用精心設計的調查收集到
的，而且我們想將研究發現概括到研究母體。如果我們一直小心翼
翼，避開內部偏差，例如利用隨機樣本，那麼我們應該可以期望從
樣本計算的匯總統計量，接近研究母體的對應值。

　　這個要點值得詳加闡述。在執行良好的研究中，我們會期望樣
本平均數接近母體平均數，樣本的內四分位數距接近母體的內四分
位數距，依此類推。我們在第 3 章以出生體重資料，說明母體匯總
統計量的觀念。我們在那裡將樣本平均數稱為統計量，將母體平均
數稱為參數。在更為技術性的統計論述中，這兩個數字通常分別以
羅馬和希臘字母區分開來，以避免混淆。例如，m 通常代表樣本平
均數，而希臘字母 μ（mu）是母體平均數，s 通常代表樣本標準
差，而 σ（sigma）代表母體標準差。

　　我們通常只溝通匯總統計量，而且在某些情況下這樣可能就夠

---

* 從薪資資料得出的失業人數變化，是根據雇主的申報書，比較準確，誤
　差範圍大約是 ±100,000 人。

了。例如，我們已經看到，大多數人不知道英國和美國的失業數字不是根據正式登記為失業者的全部人數，而是根據大規模的調查。如果這樣的調查發現有7%的樣本處於失業狀態，那麼國家機構和媒體通常就把這個數值看作全部人口有7%處於失業狀態，而不是承認7%只是個估計值。說得更精確些，他們將樣本平均數和母體平均數混為一談。

　　如果我們只是想大致了解一下狀況，那麼這可能無關緊要，而且因為所做的調查，規模龐大而可信賴。但是，以一個極端的例子來說，假設你聽說只有100個人被問到是否失業，其中7個說他們失業。那麼估計值為7%。你可能不會認為這個數字非常可靠，並且對於把這個值視為在描述整個母體，感到不滿意。如果調查規模為1,000人、100,000人，你會怎麼想？對於人數夠多的調查，你可能開始感到滿意，能夠接受樣本估計值是夠好的滙總統計量。樣本的大小應該會影響你對估計值的信心，而確切知道這會造成多大的差異，是適當的統計推論的基本要件。

性伴侶人數

我們再來談第2章說過的Natsal調查。這項調查，詢問參與者一生中有多少性伴侶。在35–44歲的年齡群，有1,215位女性和806位男性受訪者，因此這是大規模的調查，計算出來的樣本滙總統計量，列示於表2.2，例如受訪者報告的性伴侶中位數，男性為8人，女性則為5人。由於我們知道這項調查是根據適當的隨機抽樣

方法，因此可以相當合理地假設研究母體與目標母體（即英國的成年人口）相符。關鍵問題是：如果我們能夠詢問到每個英國人，因此發現到的數字，和上述的統計量會有多接近？

　　為了說明統計量的準確度如何取決於樣本數，我們暫且假裝調查中的男性真的代表我們關注的母體。圖 7.1 最下面的圖畫出 760 名男性回答的性伴侶人數分布狀況。為了說明方便起見，我們隨後從 760 名男性的「母體」中，接續抽出個體樣本，我們拿 10、50 和 200 名男性為例來說。這些樣本的資料分布如圖 7.1 所示──明顯可以看出，樣本較少，分布「比較不平」，因為它們對單一資料點很敏感。表 7.1 列出樣本數依序增多後的滙總統計量，顯示第一個 10 人樣本中，性伴侶人數相當低的數字（平均數 8.3 人），隨著樣本數增加，統計量愈來愈接近全部一群 760 名男性的統計量。

　　現在回到眼前的實際問題上──根據圖 7.1 所示的實際男性樣本，我們能對 35 歲到 44 歲之間整個男性研究母體，性伴侶人數的平均數和中位數說些什麼嗎？我們可以藉表 7.1 所示每一組的樣本統計量，估計這些母體參數，並且假定根據較大樣本估計的那些參數因為某種原因而「更好」：例如，性伴侶人數的平均數估計值朝向 11.4 收斂，而且有了夠大的樣本之後，我們想必可以接近想要的真正答案。

　　現在，我們到了關鍵的一步。為了確定這些統計量有多準確，我們需要考慮如果（發揮想像力）重複抽樣的過程進行許多次，統計量可能有多大的變化。換句話說，如果我們從英國反覆抽取 760 個男性的樣本，計算出來的統計量會變動多少？

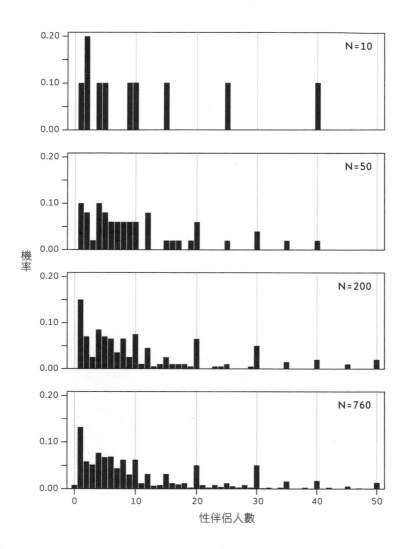

圖 7.1

最下面的圖畫出調查全部 760 名男性，回答數字的分布。從這群人中，隨機抽取個人樣本，我們選 10 人、50 人、200 人的樣本數，在上面三張圖產生分布狀況。樣本數較少，呈現變動較大的型態，但是分布的形狀逐漸接近全部 760 名男性的分布狀況。性伴侶人數超過 50 的值沒有畫進圖中。

樣本數	性伴侶人數 平均數	性伴侶人數 中位數
10	8.3	9
50	10.5	7.5
200	12.2	8
760	11.4	7

表 7.1

Natsal-3 中，35–44 歲男性回答的一生性伴侶人數滙總統計量。隨機樣本數愈來愈多，最後是 760 名男性的完整資料。

如果我們知道這些估計值會有多大的變化，那麼就能知道我們的實際估計值有多準確了。但遺憾的是，除非我們確切知道母體的詳細資訊，才能確定估計值的精確變異性。而這正是我們所不知道的。

有兩種方法可以解決這種繞圈子的問題。第一種是對母體分布的形狀，做一些數學假設，並且使用複雜的機率論，算出我們的估計值有多大的變異性，從而得知我們的樣本平均值，距離母體平均數有多遠。這是統計學教科書教的傳統方法，我們將在第9章了解這種方法如何運作。

但是還有一種替代方法，也就是根據合理的假設，母體和樣本看起來應該大致相像。由於我們無法反覆從母體抽取新樣本，因此我們改而從樣本中反覆抽取新樣本！

拔靴法

我們可以用前面的50人樣本來說明這個觀念，如圖7.2最上面的那幅圖所示，平均數為10.5。假設我們依序抽取50個資料點，每個資料點每次取後都放回，得到第二幅圖顯示的資料分布，平均數為8.4。*請注意，這個分布只能包含與原始樣本有相同值的資料

---

* 想像一個袋中有50個球，每個球都代表我們樣本數為50的一個資料點；例如，其中有兩個標記為「25」，四個標記為「30」，等等。我們從袋中隨機抽取一球，記錄它的值，然後放回袋中，讓袋中仍維持50個球。重複這個抽取、記錄、放回的過程50次，就會產生一個如「拔靴1」的資料點的分布。

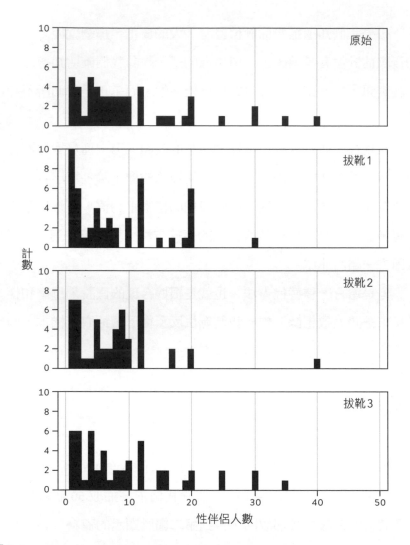

圖 7.2

50 個觀測值的原始樣本，以及三個「拔靴」再抽樣樣本，每個都是從
原始的資料組中，隨機抽取 50 個觀測值，每次都把抽到的資料點放回
去。例如，原始的樣本中，可觀測到有 25 個性伴侶的有一次。這個資
料點在第一和第二個拔靴樣本中沒有被抽中，但是在第三個拔靴樣本
抽到兩次。

點，但每個值可能有不同的數量，因此分布的形狀將略微不同，平均數也會略有不同。然後重複進行，圖 7.2 顯示三幅再抽樣的圖，平均數分別是 8.4、9.7 和 9.8。

　我們因此了解透過這個重置再抽樣（resampling with replacement）的程序，估計值會如何變化。這個方法稱作資料**拔靴法（bootstrapping）**——用拔靴子的方式把自己提起來的神奇觀念，反映出不必對母體分布的形狀做任何假設，便能得知估計值的變異性。

　如果我們重複這個再抽樣程序，例如 1,000 次，那麼可以獲得 1,000 個可能的平均數估計值。我們把它畫在圖 7.3 第二幅直方圖。其他的圖顯示從圖 7.1 以拔靴法取得其他樣本數的結果，每個直方圖都顯示拔靴樣本估計值在原始樣本平均數附近的分布廣度。這些圖稱為估計值的**抽樣分布（sampling distribution）**，因為它們反映了資料重複抽樣而產生的估計值之變異性。

　圖 7.3 呈現一些清楚的特色。第一，很明顯的，原始樣本的偏斜情況幾乎全部消失了——根據再抽樣的資料計算的估計值分布，幾乎以原始資料的平均數為中心左右對稱。這是所謂的**中央極限定理（Central Limit Theorem）**給人的第一印象。這個定理說，隨著樣本數的增加，樣本平均數的分布傾向於形成常態分布的形式，幾乎與原始資料分布的形狀無關。這是十分引人注目的結果，第 9 章將進一步探討。

　極為重要的是，這些拔靴分布讓我們能夠量化表 7.1 所示估計值的不確定性。例如，我們可以找到包含拔靴再抽樣樣本平均數中

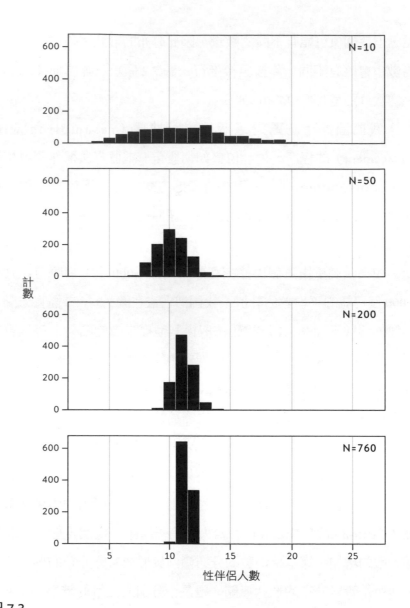

圖 7.3

對圖 7.1 所示 10、50、200 和 760 個原始樣本數的每一個,分別進行
1,000 次拔靴再抽樣的樣本平均數分布圖。拔靴再抽樣的樣本平均數變
異性,隨著樣本數增加而減小。

央兩側 95% 值的範圍，並稱之為原始估計值的 95% 不確定區間（uncertainty interval），或者也可以稱為誤差範圍，如表 7.2 所示——拔靴分布的對稱性意味著不確定區間以原始的估計值為中心，大致呈現對稱形狀。

　　圖 7.3 的第二個重要特色是：隨著樣本數增加，拔靴分布變得愈窄，這反映 95% 不確定區間逐漸縮小。

　　本節介紹了一些有難度但重要的觀念：

- 根據樣本的統計量之變異性
- 我們不想對母體的形狀做出假設時，可以用拔靴法處理資料
- 統計量的分布形狀，不取決於從中抽取個別資料點的原始分布形狀

值得一提的是，除了隨機抽取觀測值的觀念，這一切都不需要任何數學就能做到。

　　以下要說明相同的拔靴策略可以應用到更為複雜的情況。

第 5 章我們對高爾頓的身高資料配適了迴歸線，從而能夠使用估計梯度為 0.33（表 5.2）的迴歸線，根據母親的身高去預測女兒的身高。但是我們能對那條配適線的位置，懷有多大的信心？拔靴法提供了回答這個問題的直覺方式，而不必對母體做任何數學假設。

　　為了將拔靴法用於圖 7.4 所示的 433 對母女身高，我們從資料中重置再抽樣這 433 個樣本，並且配適最小平方（「最佳配適」）線。我們可以根據需要，重複許多次：為便於說明，圖 7.4 畫出的配適

樣本數	性伴侶人數	
	平均數	95% 拔靴不確定區間
10	8.3	5.3 到 11.5
50	10.5	7.7 到 13.8
200	12.2	10.5 到 13.8
760	11.4	10.5 到 12.2

表 7.2

Natsal-3 中,樣本數為 10、50、200 名 35–44 歲男性的巢狀隨機樣本
(nested random sample)和完整的 760 名男性,回答的一生性伴侶人
數的樣本平均數,以及 95% 拔靴不確定區間(也稱作誤差範圍)。

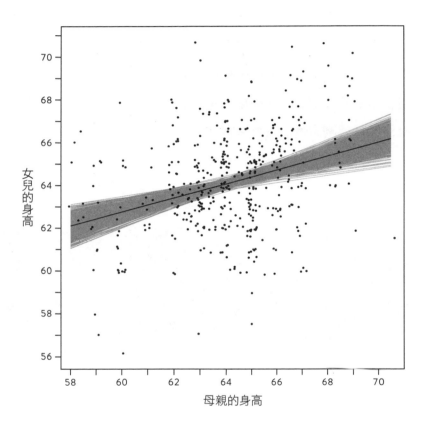

圖 7.4

高爾頓母女身高資料的 20 個拔靴再抽樣樣本配適迴歸線，疊加在原始資料上，顯示由於樣本數大，梯度的變異性相對小。

線，只是從 20 個再抽樣樣本產生的，以證明線的散布情形。由於原始資料組很大，所以配適線的變異性相當小，另外，如果根據 1,000 次拔靴再抽樣樣本，迴歸線梯度的 95% 區間是從 0.22 到 0.44。

　　在評估估計值的不確定性時，拔靴法不必做出強有力的假設，也不需要使用機率論，而提供直覺式、密集使用電腦的方法。但是舉例來說，涉及計算 100,000 人的失業調查誤差範圍時，這個技術不可行。雖然拔靴法是個簡單、良好且極其有效的觀念，不過要以拔靴法處理這麼大量的資料，實在太過笨拙，而且其實有一種方便的理論可以導出不確定區間的寬度的公式。但是在第 9 章說明這個理論之前，我們必須先面對令人愉快但具有挑戰性的機率論。

小結

- 不確定區間是溝通統計量的重要部分。

- 拔靴樣本包括原始資料重置再抽取數量相同的樣本，以創建新的資料組。

- 對於數量較多的資料組而言，從拔靴再抽樣樣本計算的樣本統計量，傾向於呈現常態分布，而與原始資料分布的形狀無關。

- 利用拔靴法來得出不確定區間，善用了現代電腦的強大力量，不需要對母體的數學形式做任何假設，也不需要依賴複雜的機率論。

第 8 章

機率：不確定性和變異性的語言

1650 年代的法國，一位自封「梅雷騎士」（Chevalier de Méré）的人
有個賭博問題。問題不是出在他賭得太多（雖然他確實好賭），但
他想知道兩種賭賽中，哪一種他更有可能贏錢——

賭法一：擲一顆正常骰子，最多擲四次，只要有一次出現六
　　　　點，就算你贏。

賭法二：擲兩顆正常骰子，最多擲二十四次，只要有一次出現
　　　　兩個六點，就算你贏。

他最好選哪種賭法？

　　梅雷騎士遵照良好的經驗統計原則，決定兩種賭法都賭許多
次，看看哪一種更常贏錢。這得花費大量的時間和心力，但是在一
個奇異的平行宇宙中，有電腦，但沒有機率論，這位好騎士（真名
是安托萬·貢博〔Antoine Gombaud〕）不會浪費時間去收集成功的
資料——他只需模擬下賭數千次。

　　圖 8.1 畫出模擬的結果，顯示隨著他「玩」得愈多，每種賭法

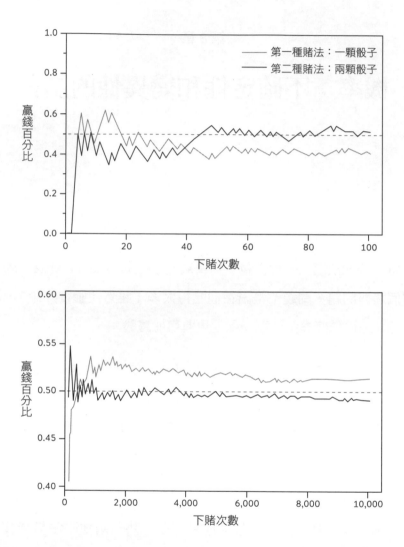

圖 8.1

兩種賭法用電腦重複模擬 10,000 次。第一種賭法是擲一顆骰子最多四次，如果擲出六點，算你贏；第二種賭法是擲兩顆骰子最多二十四次，同時出現二顆六點，算你贏。每一種賭法賭一百次（上圖）中，第二種賭法的贏錢機率似乎比較高，但是玩了數千次之後（下圖），顯然第一種賭法的贏面略高。

贏錢的總百分比變化情形。雖然第二種賭法有一段時間看起來贏得
比較多，但在每一種賭法賭了大約 400 次之後，很明顯第一種賭法
比較好，而且在非常長的時間內，第一種賭法可以期望贏錢的機率
約為 52%，第二種賭法只有 49% 的贏錢機率。

　　這位騎士表現不錯，因為玩了許多次而得出相同的結論：第一
種賭法的勝算略高。這和他（錯誤地）試著計算贏錢機會的結果相
反，* 所以他轉向巴黎上流社會的梅森沙龍（Mersenne Salon）求
助。幸好哲學家布萊茲・帕斯卡（Blaise Pascal）也是沙龍的成員，
帕斯卡又寫信給他的朋友皮埃爾・德・費馬（Pierre de Fermat，曾
提出著名的費馬最後定理），談騎士所說的問題。他們共同發展出
機率論的第一步。

儘管數千年來，人類一直用擲骨頭碎片或骰子的方式賭博，正式的
機率論還是相對晚近的觀念。在 1650 年代帕斯卡和費馬的研究之
後，接下來的五十年內，數學要素都整理齊備，現在機率已應用在
物理學、保險、養老金、金融交易、預測，當然還有賭博等方面。
但為什麼在做統計時，需要使用機率論呢？

---

* 他認為第一種賭法，擲四次，每次出現六點的機會是 1/6，表示贏錢的
　總機會是 4 乘 1/6，也就是 2/3。同樣的，他認為第二種賭法，擲二十
　四次，每次兩顆骰子出現六點的機會是 1/36，表示機會是 24/36＝2/3，
　和第一種賭法相同。這些算法是學生常犯的錯誤——只需要一句話，就
　知道他的算法是不對的：如果在第一種賭法中，他擲十二次，贏錢的機
　會豈不是 12 乘 1/6＝2？正確的推理請參考書末的本章註釋 2。

我們已經見到從母體分布「隨機挑選」資料點的概念——第3章朋友所生嬰兒體重低，是這本書首次介紹機率。我們必須假設母體中的任何人，都有同等的機會被選為樣本的一部分：前面提過的蓋洛普就比喻說，湯只要攪拌均勻，嚐一湯匙，就知道要不要增添調味料。我們也說過，如果想對世界的未知層面進行統計推論，包括預測或推測，我們的結論總是帶有不確定性。

上一章，我們看到如何使用拔靴法，觀察如果一再重複抽樣，可以知道滙總統計量會有多大的變異，然後使用這個變異性來表達我們對母體真正但未知的特徵之不確定性。這再次只需要用到「隨機挑選」的觀念。即使是小孩子，也很容易理解這是個公平的選擇方法。

統計學課程傳統上是從機率開始——我在劍橋大學任教時總是如此——但是一開始就談數學，可能會妨礙理解前面幾章不需要機率論的所有重要觀念。相比之下，本書或許可歸為統計教學當中的新浪潮，正式的機率論作為統計推論的基礎，直到很後面才出現。[1] 我們已經看到，電腦模擬是探索可能的未來事件和以拔靴法處理歷史資料的非常強大工具，但是在執行統計分析方面，卻相當笨拙且動用蠻力。因此，雖然我們避開正式的機率論已經走了很長一段路，現在卻應該面對它在提供「不確定性語言」方面所扮演的重要角色。

但是為什麼有人不願使用這個過去三百五十年發展出來的絕佳理論？我經常被問到，為什麼人們會覺得機率是個困難又不直覺的觀念，我回答說，我在這個領域鑽研和教學四十年後，終於得出結

論：這正是因為機率確實是困難又不直覺的觀念。認為機率很難懂的人，我感同身受。即使在我從事統計學家工作數十年之後，當被問到學校中所教的機率基本問題時，也不得不轉身拿起紙筆，靜靜坐著，嘗試幾種不同的方法，最後說出我希望是正確的答案。

　　讓我們從我最喜歡的問題解決技巧開始吧，因為這可能有助於免除一些政治人物的尷尬。

一點都不難的機率法則

2012 年，倫敦 97 名國會議員被問到：「如果你擲硬幣兩次，兩次都人頭朝上（正面）的機率是多少？」97 人中有 60 人，超過一半的人無法給出正確答案。＊這些政治人物可以表現得好一點嗎？

　　也許他們應該懂得機率法則，但是大多數人不懂。不過，替代方法是使用比較直覺的觀念，而這種觀念已經見諸許多心理學實驗，用以改善人們對機率的推理。

　　這是「期望頻率」的觀念。面對擲兩次硬幣的問題時，問自己：「如果做實驗許多次，我期望會發生什麼事？」假設你試著擲出硬幣第一次，然後擲出另一次，重複四次這個實驗。我想，就算是政治人物，只要稍微想一想，也能得出結論，說他們期望得到如圖 8.2 所示的結果。

　　所以在四次當中你預期會有一次出現兩個正面。因此，根據推

＊ 結局預告：答案是 ¼，或 25%，或 0.25。

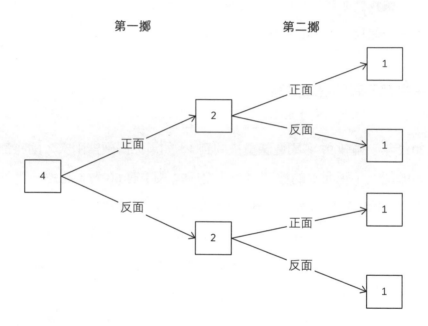

圖 8.2

擲硬幣兩次,重複進行四次實驗的期望頻率樹。例如,在第一擲,你
預期四次中有兩次是正面;在第一擲出現正面之後,第二擲則正面、
反面各出現一次。

理，在某次特定的嘗試中，你擲出兩個正面的機率是四分之一，或 ¼。幸好這是正確答案。

把每個「分割」（split）標上相應的分數（比例），就能將期望頻率樹轉換為「機率樹」（圖 8.3）。然後就很清楚了：整根樹「枝」（例如擲出正面之後，又擲出正面）的總機率，是把沿著樹枝分割的分數相乘而得，也就是 ½ × ½ = ¼。

機率樹是在學校教授機率時，普遍且效果極好的方法。我們確實可以使用擲兩次硬幣的簡單例子，來看所有的機率法則，因為機率樹顯示：

1. 某事件發生的機率是介於 0 到 1 之間的數字：不可能發生的事件（例如，擲不出正面或反面）機率為 0，肯定發生的事件（擲出四種可能組合中的任何一種）機率為 1。

2. 互補法則（complement rule）：某事件發生的機率為一減去該事件未發生的機率。例如，「至少一次反面」的機率為一減去「兩次正面」的機率：1 − ¼ = ¾。

3. 加法或「或」（OR）法則：將互斥事件（表示它們不能同時發生）的機率相加，以得到總機率。例如，「至少一次正面」的機率是 ¾，因為它包含了「兩次正面」或「正面＋反面」或「反面＋正面」，每個結果的機率都是 ¼。

4. 乘法或「與」（AND）法則：把機率相乘，以獲得一連串**獨立事件**（independent event，也就是一個事件不影響另一個事件）發生的總機率。例如，一次正面與一次反面出現的機率為 ½ × ½ = ¼。

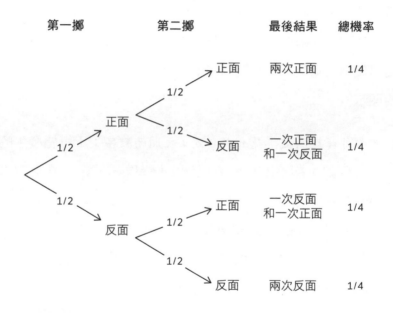

圖 8.3

擲兩次硬幣的機率樹。把每個「分割」標上相對應的分數。整根樹
「枝」的機率,是把沿著那根樹枝分割的分數相乘而得。

這些基本法則讓我們能夠解決梅雷騎士的賭博問題，告訴他第一種賭法確實有 52% 的贏錢機會，第二種賭法則有 49% 的贏錢機會。[2]

　　即使在這個簡單的擲硬幣例子中，我們還是做了很強的假設。我們假設硬幣是正常勻稱的；擲出的方式適當，因此結果無法預測；不會以邊緣著地；第一次擲出之後，小行星不會撞擊地球……諸如此類的假設。這些是需要慎重考慮的因素（小行星來襲可能除外）：它們用來強調我們使用的所有機率都是有條件的——一個事件沒有無條件機率那種事；總是有一些假設和其他的因素，可能影響機率。而且，正如我們所見，我們需要小心謹慎處理那些條件。

條件機率—當機率取決於其他的事件

篩檢乳癌時，乳房攝影的準確率大約是 90%，意思是說有 90% 的罹癌女性和 90% 的未罹癌女性會被正確分類。假設接受篩檢的女性，有 1% 確實罹患癌症：那麼隨機選擇的女性，乳房攝影呈現陽性的機率是多少？而如果篩檢呈現陽性，她真的罹癌的可能性是多少？

在擲兩次硬幣的例子中，事件是獨立的，因為第二次擲出，出現正面的機率，和第一次擲出的結果無關。我們在學校裡學**相依事件**（dependent event）時，通常會被問到一些單調無趣的問題，例如從抽屜裡抽出一連串不同顏色的襪子。而上面方框中的問題和現實生活比較相關。

　　這種問題是經典的智力測驗問題，不容易解，但是使用期望頻率的觀念，就會非常一目瞭然。關鍵的想法是，當有一大群婦女，比方說 1,000 名婦女時（如圖 8.4 所示），我們預期會發生什麼事。

　　1,000 名婦女中，實際上有 10 名（1%）罹患乳癌。這 10 人中，有 9 人（90%）呈陽性結果。但在 990 名沒有罹癌的婦女中，99 名（10%）接受乳房攝影，錯誤地呈現陽性結果。把這些合在一起，總共得到 9＋99＝108 人的乳房攝影呈現陽性結果，因此，隨機選擇一位婦女，呈現陽性結果的機率為 108/1,000，或者 11% 左右。但是在這 108 人中，只有 9 個人真正罹癌，所以婦女真正罹癌的機率只有 9/108＝8%。

　　這種條件機率的練習，有助於我們理解非常違反直覺的結果：雖然篩檢的「準確率達到 90%」，但乳房攝影呈現陽性的婦女，絕大多數沒有乳癌。人們很容易將真正罹患癌症而驗出陽性結果的機率，和驗出陽性結果而真正罹癌的機率混淆了。

　　這種混淆通常稱為**檢察官謬誤**（prosecutor's fallacy），因為在和去氧核糖核酸（DNA）有關的法院案件中十分常見。例如，法醫專家可能聲稱：「如果被告無罪，他們符合犯罪現場發現的 DNA 之可能性只有十億分之一」。但是這個訊息被錯誤解讀為「根據 DNA 證據，被告無罪的可能性只有十億分之一」。*

---

* 這也稱為「條件機率倒置法則」（law of the transposed conditional），聽起來讓人丈二金剛摸不著頭腦，但簡單地說，就是把有了 B 之後，發生 A 的機率，和有了 A 之後，發生 B 的機率，兩者混淆了。

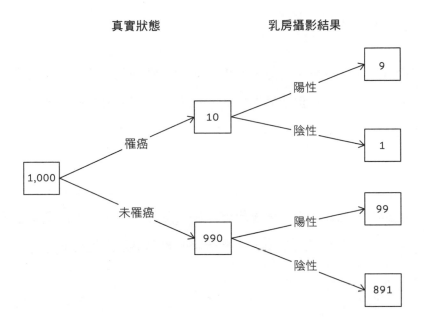

圖 8.4

期望頻率樹顯示，我們預期接受乳癌篩檢的 1,000 名婦女會發生什麼事。我們假設有 1% 的婦女罹患乳癌，而且乳房攝影正確地分類 90% 的罹癌女性，以及 90% 沒有罹癌的女性。整體而言，我們預期乳房攝影會有 9＋99＝108 例陽性，其中 9 例確實罹癌。

這是很容易犯下的錯誤，但是其中的邏輯，和從「如果你是教皇，那麼你是天主教徒」，推到「如果你是天主教徒，那麼你是教皇」一樣大錯特錯，只是這裡的毛病比較容易發現。

「機率」到底是什麼？

我們在學校，學會了距離、體重和時間的數學運算——可以用尺、秤或時鐘去測量。但我們如何測量機率？我們並沒有測量機率的器具。機率看起來好像是某種「虛擬」的數量，我們可以給一個數字，但永遠不能直接測量。

更讓人頭痛的是問這個最簡單的問題：機率到底是什麼意思？如何給它一個好定義？這聽起來似乎有點鑽牛角尖，但是機率哲學本身既是引人好奇的主題，在統計學的實務應用上也扮演重要的角色。

不要期望「專家」會達成一絲不差的共識。他們可能對機率的數學式有共識，但是哲學家和統計學家對這些難以捉摸的數字真正的含義，提出了各式各樣不同的觀念，並且激烈爭辯。一些常見的建議包括：

- 古典機率（classical probability）：這是我們在學校所教的內容，根據硬幣、骰子、紙牌等的對稱性，可以定義為「假設所有的結果發生的可能性相同，以有利於事件發生的結果數量，除以可能結果總數的比率」。例如，材質均衡的骰子因為有六

面，所以擲出「1 點」的機率為 1/6。但是這個定義有點繞圈打轉，因為我們還需要定義「可能性相同」是什麼。

- 「列舉」機率（'enumerative' probability）*：假設抽屜裡有三隻白襪和四隻黑襪，隨機拿出一隻襪子，拿到白襪的機率是多少？以列舉機會的方式計算，答案是 3/7。我們許多人在學校裡都曾學過類似的問題，而這本質上是上述古典觀念的延伸，需要從一堆實體物件中「隨機選擇」的觀念。我們在描述從母體隨機選取一個資料點時，已經廣泛使用這個觀念。

- 「長期頻率」機率（'long-run frequency' probability）：這是根據同一個實驗的無限序列，去計算事件發生次數的百分比，和我們模擬騎士的賭法發現的結果完全相同。對於無限可重複的事件來說，這可能是合理的（至少理論上是如此），但是賽馬或明天的天氣這些獨特的情況，又怎麼說呢？事實上，幾乎任何現實的情況，即使在原則上，都不能算是無限可重複的。

- 傾向或「機會」（propensity or 'chance'）：指眼前的情況有產生某種事件的客觀傾向。表面上這很吸引人──如果你無所不知，也許能夠說出公共汽車即將到站，或者今天被車子撞到的機率。但這似乎無法為我們凡人提供任何依據，來估計這種相當形而上的「真實機會」。

- 主觀或「個人」機率（subjective or 'personal' probability）：這是特定人根據當下的知識，對特定的狀況做出的判斷，並根據

---

* 感謝顯然是菲力浦・達維德（Philip Dawid）創造了這個詞。

他們認為（攸關利益不大）合理的勝算，大致加以解讀。因此，如果我能同時拋擲三顆球五分鐘不掉下來，就可以贏得 1 英鎊，而我願意花 0.6 英鎊（輸了不退還）打這個賭，就代表我認為能贏的機率是 0.6。

不同的「專家」對這些選擇，有自己的偏好，但我個人喜歡最後的解讀——主觀機率。這表示我認為，任何數值機率基本上都是根據當前的情況中，已知的事情去**建構**的——事實上，機率並不真的「存在」（或許在微粒子的世界可能存在）。這個想法構成了**貝氏**（Bayesian）統計推論學派的基礎，我們將在第 11 章詳細探討。

但幸好你不必同意我的（頗具爭議性的）立場，也就是和我一樣，認為數值機率客觀上並不存在。假設硬幣和其他隨機化裝置在客觀上是隨機的，並沒有什麼不好，因為它們產生的資料不可預測，從而無法和我們預期從「客觀」機率獲得的資料作區分。因此我們通常把觀測值「視為」隨機，即使我們明知並非全然真確。最極端的例子是偽亂數產生器（pseudo-random number generator），實際上是根據邏輯和完全可預測的計算而得。它們不包含任何隨機性，但是它們的機制相當複雜，以致於實務上無法和真正的隨機序列區分——例如，從微粒子來源獲得的序列。*

當你明知某件事並非如此，卻把它當作是真的，這種有點奇特

---

* 這裡假設偽亂數產生器的設計合理，而且這些數字的用途是統計建模或類似的事情。但它們對加密應用程序來說還不夠好，因為其可預測性可能成為破口。

的能力，通常被認為不理性而有點危險。不過，在使用機率作為資料統計分析的基礎時，它會派上用場。

現在我們要來闡述機率論、資料和了解我們所關注的任何目標母體之間的一般性連結，這是個極重要但有些難度的階段。

機率論自然而然在我們所說的情況 1 中發揮作用：

1. 當資料點可以視為由某個隨機化裝置生成，例如擲骰子、擲硬幣，或者用偽亂數產生器將個人隨機分配接受醫療方式，然後記錄治療的結果。

但實務上，我們可能遇到情況 2：

2. 以隨機化裝置選擇預先存在的資料點，例如選擇參與接受調查的人。

不少時候，我們的資料來自情況 3：

3. 當完全沒有隨機性時，我們卻假裝資料點真的是由某種隨機程序生成的，例如，解讀我們朋友所生寶寶的體重時。

大多數的解說都沒有明確區分這些差別：教機率時，通常是使用隨機化裝置（情況 1），教統計時，是透過「隨機抽樣」的觀念（情況 2），但實際上，統計的大多數應用都不涉及任何隨機化裝置或隨機抽樣（情況 3）。

但我們先來談談情況 1 和 2。就在我們操作隨機化裝置之前，

假設有一組可能的結果可能被觀測到，加上它們各自的機率——例如，硬幣可以是正面或反面，各有 ½ 的機率。如果我們將這些可能的結果中的每一個，和一個數量連結起來，例如在擲硬幣時，擲出反面為 0，擲出正面為 1，我們會說我們有個**隨機變數**（random variable），帶有它的機率分布。在情況 1 中，隨機化裝置確保觀測值是從這個分布隨機生成的，而且在觀測到時，隨機性就消失了，所有這些潛在的未來都崩解成實際的觀測值。*同樣的，在情況 2 中，如果我們隨機抽選一個人，例如測量他們的收入，那麼基本上我們是從收入的母體分布中隨機抽取一個觀測值。

因此，當我們擁有隨機化裝置，機率顯然是有意義的。但大多數時候，我們只考慮當時可用的所有測量值，它們可能是非正式收集的，或者如同我們在第 3 章看到的，甚至代表每個可能的觀察值：例如不同醫院的兒童心臟手術存活率，或者英國兒童的所有檢查結果——兩者都包含所有可用的資料，而且沒有隨機抽樣。

第 3 章討論了隱喻母體的觀念，它包括可能發生但大多沒發生的可能結果。我們現在需要做好準備，踏出顯然不理性的一步：我們需要把資料當成是從母體以隨機機制生成的那樣，即使我們十分清楚事實並非如此。

---

* 這可以視為類似量子力學的情況，例如，電子的當前狀態，定義為一種波函數，實際觀測到時，已崩解為單一狀態。

如果我們觀測一切，機率從何處介入？

在英格蘭和威爾斯，一天中發生至少七件獨立的凶殺案的可能性是多少？

當極端事件接二連三發生，例如飛機失事或自然災害頻頻發生，人們自然而然傾向於認為它們在某種意義上互有關聯。接下來，弄清楚這類事件有多麼不常見就變得很重要，下面的例子說明我們可以如何預測。

為了評估一天之內至少發生七起凶殺案的「集群」有多罕見，我們可以檢視 2013 年 4 月到 2016 年 3 月這三年（1,095 天）的資料，英格蘭和威爾斯發生了 1,545 件凶殺案，平均一天 1,545/1,095 = 1.41 件。* 這段期間，沒有過一天發生七件或更多殺人案，但因此就做出結論說這樣的事情不可能發生，未免天真幼稚。如果我們能夠建立每天凶殺案件數量合理的機率分布，那麼我們就可以回答這個問題。

但是，建立機率分布的理由是什麼？一國每天記錄的殺人案件數只是事實——沒有抽樣，也沒有明顯的隨機因素，生成每個不幸的事件。這只是個極其複雜和不可預測的世界。但是不管我們個人對機遇或運氣抱持什麼樣的哲學，把這些事件視為由機率驅動的某

---

* 一件「凶殺案」是指同一個人（或一群人）涉嫌犯下一或多起相關的凶殺行為。因此，大規模槍擊或恐怖攻擊，視為一件案子。

種隨機程序所產生,證明是有幫助的。

一日之初,想像一下,我們有大量的人口,每個人成為凶殺案受害人的機率很小。這類資料可以用**卜瓦松分布**(Poisson distribution)的觀測值代表。卜瓦松分布最初是由法國的西蒙・丹尼斯・卜瓦松(Siméon Denis Poisson)於 1830 年代發展出來的,用於表示每年定罪錯誤的型態。在那之後,它被用於為許多事情建模,從足球隊在一場比賽中的進球數或每個星期中獎的彩券數量,到每年被馬踢死的普魯士軍官人數都有。在這些情況中,某事件發生的機會數很多,但事件發生的機率很低,這使得卜瓦松分布的應用性極高。

第 3 章的常態(或高斯)分布需要兩個參數——母體平均數和標準差——但卜瓦松分布只取決於它的平均數。以我們現在的例子來說,就是每天的期望殺人案數量,我們假設是三年內每天的平均數 1.41。但我們應該仔細檢視卜瓦松是否為合理的假設,如果是,則我們把每天的凶殺案數量視為從平均數為 1.41 的卜瓦松分布中抽取的隨機測量值,便是合理的。

例如,只要知道這個平均數是多少,我們就能使用卜瓦松分布的公式或標準軟體,去計算一天發生五件凶殺案的機率為 0.01134,這表示在 1,095 天內,我們預期會有 $1,095 \times 0.01134 = 12.4$ 天,正好發生五起凶殺案。令人驚訝的是,三年中發生五起凶殺案的實際天數是……13 天。

圖 8.5 比較了根據卜瓦松假設的每天凶殺案件數的期望分布,以及這 1,095 天內實際的經驗資料分布——兩者的確非常接近,而

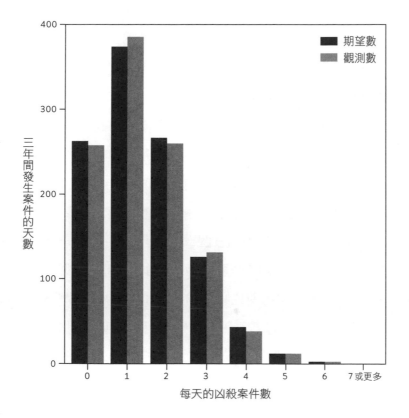

圖 8.5

2014 年到 2016 年，英格蘭和威爾斯觀測與期望（假設是卜瓦松分布）
的每天凶殺案件數。[3]

且我會在第 10 章說明，如何正式檢驗卜瓦松假設是否合理。

　　為了回答本節之初提出的問題，我們可以從卜瓦松分布計算出一天發生七起或更多凶殺案的機率為 0.07%，表示我們可以預期這種事件平均每 1,535 天發生一次，或者大約每四年發生一次。我們可以做出結論說，這種事件在正常的情況下不太可能發生，但並非完全不可能。

　　這個數學機率分布配適到經驗資料，結果好得幾乎令人不安。即使這些悲劇事件的每一個，背後都有一個獨特的故事，但大多數是無法預測的，資料的出現就像它們真的是由某種已知的隨機機制生成的。一種可能的觀點是想像其他人可能遭到殺害，卻沒有發生——我們觀測到可能發生的許多世界中的一個，就像我們擲硬幣時，觀測到許多可能序列中的一個。

　　前面提過，發展身體質量指數（BMI）的凱特勒（Adolphe Quetelet）是十九世紀中期比利時的天文學家、統計學家和社會學家，也是以驚人的能力，預測由個別不可預測事件組成的整體型態，最早引人注目的人之一。他對自然現象出現常態分布（例如第 3 章提到的出生體重分布）很感興趣，並且創造出「一般人」（l'homme moyen）的觀念，指他們具備所有特徵的平均數。他發展出「社會物理學」（social physics）的觀念，因為社會統計量的規律性，似乎反映了近乎機械性的根本程序。就像氣體的隨機分子聚在一起，形成可預測的物理特性一樣，所以舉例來說，數百萬人的生命不可預測的運作，聚在一起產生了年復一年幾乎沒有變化的全國自殺率。

幸好我們不需要相信事件實際上是由純隨機（無論那是什麼）驅動的。簡單地說，「機會」（chance）的假設包含世界上所有不可避免的不可預測性，或者有時稱為自然變異性（natural variability）。因此，機率構成了「純」隨機性和「自然」隨機性兩者兼具的適當數學基礎。「純」隨機性是隨著微粒子、硬幣、骰子等而發生的；「自然」隨機性是指不可避免的變異性，例如出生體重、手術後的存活率、檢查結果、凶殺案，以及其他所有無法完全預測的現象。

　　下一章將探討在人類理解的歷史上，真正取得的可觀發展：如何將機率的這兩個層面合在一起，從而提供正式統計推論的嚴格基礎。

小結

- 機率論提供了處理機會現象的正式語言和數學。

- 機率的含意不是直覺，而是洞見（insights），可以使用期望頻率（expected frequency）的觀念來改進。

- 即使沒有明確使用隨機化機制，「機率」的觀念也很有用。

- 許多社會現象的整體型態呈現驚人的規律，然而個別事件完全無法預測。

第 9 章

結合機率與統計

提醒讀者：這也許是本書最具挑戰性的一章，但若你不放棄，繼續研讀這個重要的主題，你將會學到關於統計推論的寶貴見解。

100 個人的隨機樣本中，我們發現 20 個人是左撇子。那麼我們能知道總人口中左撇子占多少百分比嗎？

上一章討論了隨機變數的觀念——從有參數的機率分布，抽取單一資料點。但我們很少對單一的資料點感興趣——我們通常擁有大量的資料，並以其平均數、中位數和其他統計量，來滙總這些資料。我們將在本章採取的基本步驟，是把這些統計量本身視為隨機變數，從它們本身的分布得出。

　　這是一大進展，而且不只挑戰了好幾代唸統計的學生，也挑戰了好幾代統計學家——他們費盡心力研究這些統計量應該是屬於何種分布。由於第 7 章談過拔靴法，所以在我們能夠使用以模擬為基礎的拔靴法，計算出不確定區間時，問為什麼我們還需要那些數學

運算，是很合理的問題。例如，本章一開始提出的問題，可以用我們觀測到的 20 名左撇子和 80 名右撇子的資料，從這個資料組重複重置再抽樣 100 個觀測值，並且觀察左撇子的觀測百分比的分布來回答。

但是這些模擬笨拙且耗時，尤其是處理大型資料組時，而且在更複雜的情況下，要確定應該模擬什麼並不容易。相比之下，從機率論導出的公式，提供了洞見以及便利性，也因為不依賴特定的模擬，所以總會得到相同的答案。但反面是，機率論要依賴一些假設，因此我們應該小心謹慎，不要被看起來很有學問的代數所迷惑，而接受站不住腳的結論。我們稍後會更詳細探討這些事，但是首先，在已經了解了常態和卜瓦松分布的價值之後，我們需要引入另一個重要的機率分布。

假設我們從恰好有 20% 左撇子和 80% 右撇子的母體抽取數量不同的樣本，並且計算觀測到可能不同的左撇子百分比的機率。當然，這是錯誤的方法──我們要的是使用已知的樣本來了解未知的母體──但是必須先探討已知的母體如何產生不同的樣本，才能得出這個結論。

最簡單的情況是取一個樣本，觀測百分比必然不是 0，就是 1，取決於我們選到的是右撇子，還是左撇子──這些事件發生的機率分別是 0.8 和 0.2。因此產生的機率分布，如圖 9.1(a) 所示。

如果我們隨機抽取兩個人，那麼左撇子的百分比會是 0（都選到右撇子）、0.5（左、右撇子各一人），或 1（都選到左撇子）。這

些事件發生的機率分別是 0.64、0.32 和 0.04，* 機率分布如圖 9.1(b)
所示。同樣的，我們可以使用機率論來計算樣本數為 5 人、10 人、
100 人和 1000 人中，左撇子觀測百分比的機率分布，全部如圖 9.1
所示。這些分布是根據所謂的**二項分布**（binomial distribution），
它也能告訴我們，例如，如果我們的抽樣數是 100 人，有至少 30%
是左撇子的機率（也稱為尾部面積）。

　　隨機變數的平均數也稱為它的**期望值**（expectation），所有這
些樣本中，我們期望的百分比是 0.2 或 20%：圖 9.1 所示的所有分
布，平均數都是 0.2。每個分布的標準差可以用一條公式算出，而
這條公式取決於根本的百分比（本例為 0.2）和樣本數。請注意，
統計量的標準差通常稱為**標準誤差**（standard error），為了和樣本
所來自的母體分布之標準差有所區別。

　　圖 9.1 有一些鮮明的特色。首先，正如我們使用拔靴法模擬所
觀測到的那樣，隨著樣本數增加，機率分布傾向於呈現規律、對
稱、常態的形狀。其次，隨著樣本數增加，分布變得愈緊密。下面
的例子，顯示簡單地應用這些觀念，就可以快速確認一項統計聲明
是否合理。

> 英國某些地區的腸癌死亡率真的是其他地區的三倍嗎？

---

* 要導出這個分布，我們可以計算兩個左撇子的機率為 $0.2 \times 0.2 = 0.04$，兩
　個右撇子的機率為 $0.8 \times 0.8 = 0.64$。因此，左、右撇子各一的機率必然是
　$1 - 0.04 - 0.64 = 0.32$。

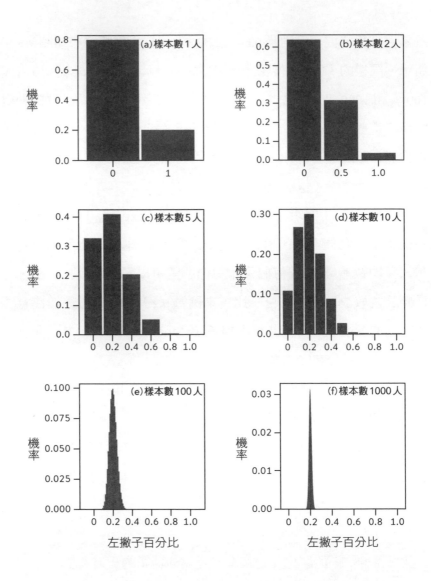

圖 9.1

在 1、2、5、10、100 和 1,000 人的隨機樣本中，左撇子的觀測百分比機率分布，其中母體真正的左撇子百分比為 0.2。想知道樣本中至少有 30% 左撇子的機率，可以把 0.3 右邊長條的所有機率加起來而求得。

2011 年 9 月，備受推崇的 BBC 新聞網站上的標題相當聳動：「英國腸癌死亡率的變異達三倍之多」。該報導繼續解釋說，英國不同地區的腸癌死亡率差異很大，一位評論員認為，「各當地的國民保健署（NHS）組織要去檢視所屬地區的資訊，並用於告知醫療服務的提供可能需要改變，是極為重要之事」。

　　差異高達三倍，聽起來極大。但是當部落格作者保羅・巴登（Paul Barden）看到這篇報導，他想知道，「英國不同地方的人，死於腸癌的風險真的有這麼大且重要的差異嗎？是什麼因素引起這種差異？」他覺得很沒道理，決定著手調查。可喜的是，資料可以在網路上公開取得，他發現 BBC 的說法得到證實：2008 年，各地腸癌患者的年死亡率存在三倍多的差異。蘭開夏郡羅森代爾（Rossendale in Lancashire）每十萬居民有 9 人死亡，而蘇格蘭的格拉斯哥市（Glasgow City）每十萬居民有 31 人死亡。[1]

　　但他並沒有因此結束調查。他接著繪製每個地區相對於人口的死亡率，如圖 9.2 所示。這些點（除了格拉斯哥市的極端例子以外）很明顯形成像是漏斗的形狀，隨著各地區的人口減少，死亡率的差異變大。之後保羅加進**管制界限**（control limit），用以呈現如果觀測到的死亡率之間的差異，只是由於每年因腸癌而死亡人數的自然和不可避免之變異，而不是歸因於不同地區所經歷根本風險的系統性變異，則我們期望這些點會落在何處。這些管制界限是從「假設每個地區的腸癌死亡人數，是樣本數等於該地區成年人口的二項分布之觀測值」得出的，而每年任何特定個人會死於腸癌的根本機率為 0.000176：這是全國的平均個人風險。管制界限設定為分別包含

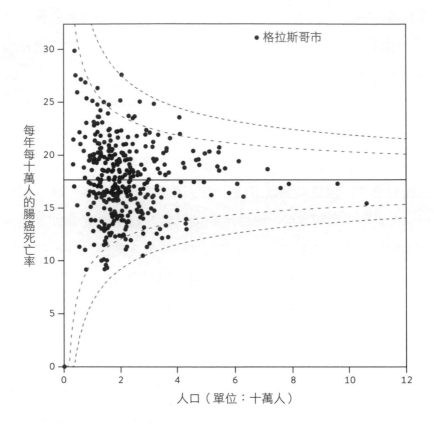

圖 9.2

英國 380 個地區每年每十萬人的腸癌死亡率相對於各地區的人口。兩組虛線表示如果風險之間沒有真正的差異，那麼我們預期將有 95% 和 99.8% 的地區落在這些區域內，而且這兩個數字是從假設的二項分布得出的。只有格拉斯哥市顯示其根本風險不同於平均值的證據。用這種方式觀察資料，稱為「漏斗圖」。

機率分布的 95% 和 99.8%。這種圖稱為**漏斗圖**（funnel plot），在檢視多個衛生主管當局或機構時廣泛使用，因為不必建立虛假的排行榜，便能確認離群值。

資料落在管制界限內的情形相當好，這表示各地區之間的差異，基本上就是我們預期的只是機會變異性。人數較少的地區，病例較少，因此更容易受到機會的影響，所以傾向於有比較極端的結果——例如羅森代爾（Rossendale）的死亡率只是根據 7 例死亡，因此只要多幾個案例，就能急遽改變它的死亡率。所以說，雖然 BBC 的標題十分聳動，其實這不是什麼大新聞——即使不同地區的根本風險完全相同，我們也可以預期會觀測到死亡率有三倍的變異。

這個簡單的例子有個至關重要的教訓。即使在開放資料、資料科學和資料新聞學的時代，我們仍然需要基本的統計原則，以免被數字明顯的型態所誤導。

這張圖顯示，唯一需要特別注意的是格拉斯哥市的離群資料點。腸癌是蘇格蘭的特別現象嗎？這個資料點真的正確嗎？2009–2011 年期間的最新資料顯示，大格拉斯哥的腸癌死亡率為每十萬人有 20.5 人，蘇格蘭整體為 19.6，英格蘭是 16.4：這些發現令人懷疑格拉斯哥市的特定數值，也顯示蘇格蘭的死亡率高於英格蘭。一般來說，從一個問題解決循環得到的結論，會引出更多的問題，於是整個循環重新啟動。

中央極限定理

個別的資料點可能來自各式各樣的母體分布，其中一些分布帶著長尾、高度偏斜，例如收入或性伴侶人數。但是我們現在要做一個極重大的轉變，考慮統計量的分布，而不是個別資料點的分布，而這些統計量通常是平均值之類的數值。第 7 章已經談過拔靴法再抽樣的樣本平均數，分布傾向於呈現相當對稱的形狀，而不管資料的原始分布形狀為何。我們現在可以更進一步，來深入了解大約 300 年前就已建立的相當不同凡響的觀念。

　　左撇子的例子指出，隨著樣本數增加，觀測百分比的變異性變小──這就是為什麼圖 9.2 的漏斗在平均數附近越收越窄的原因。這就是古典的**大數法則**（Law of Large Numbers），由瑞士數學家雅各布・伯努利（Jacob Bernoulli）在 18 世紀初建立──擲一枚硬幣，如果正面在上，取值為 1，反面在上，取值為 0，稱為伯努利試驗（Bernoulli trial），並呈現**伯努利分布**（Bernoulli distribution）。如果你繼續拋擲不偏的硬幣，執行更多的伯努利試驗，那麼每一種結果的百分比將愈來愈接近正面 50% 及反面 50%──觀測百分比會收斂到出現正面的真正潛在機率。當然了，在序列之初，百分比可能離 50：50 有一段距離，比如說，在一連串正面出現之後，人們忍不住會認為反面「該出現了」，這樣一來，百分比就會傾向於平衡──這稱為「賭徒謬誤」（gambler's fallacy），也是相當難克服的心理偏誤（根據個人的經驗）。但是硬幣本身沒有記憶──關鍵是，硬幣不能補償過去的失衡，只能以更多新的獨立拋擲來壓過它們。

　　第 3 章介紹了古典的「鐘形曲線」，也稱為常態分布或高斯分布，我們指出它描述美國人口的出生體重分布，描述得很好，並表示這是因為出生體重取決於許多因素，這些因素全都有一點小影響──把所有這些小影響加起來，就得出常態分布。

　　這就是所謂的中央極限定理背後的推理。1733 年，法國數學家亞伯拉罕・德・莫伊夫（Abraham de Moivre）針對二項分布的特殊情況，首次證明了這個定理。但是，不只是二項分布會隨著樣本數增加，而傾向於呈現常態曲線──這是個很驚人的事實，也就是無論原始的每個測量值是從何種形狀的母體分布抽樣出來，樣本數大的話，它們的平均值都可以視為從常態曲線抽取。*這樣一來，平均數會等於原始分布的平均數，標準差和原始母體分布的標準差有簡單的關係，而且如同前述，通常稱為標準誤差。†

　　高爾頓除了研究群眾智慧、相關性、迴歸和其他無數的主題之外，也認為常態分布（當時稱為誤差頻率法則〔Law of Frequency of Error〕）從明顯的混亂中有秩序地出現，是令人大為驚嘆之事：

　　就我所知，幾乎沒有什麼像「誤差頻率法則」所表達的奇妙宇宙秩序形式那樣，給我們的想像力留下如此深刻的印象。如果希臘人知道這個法則，一定會將它擬人化和神格化。在最瘋狂

───────────────

* 有一些重要的例外──有些分布有「厚重」的長尾，以致於它們的期望值和標準差不存在，因此平均值不會收斂。

† 如果我們能假設所有的觀測值都獨立且來自相同的母體分布，則它們的平均值的標準誤差，就是母體分布的標準差除以樣本數的平方根。

的混亂中，它寧靜從容、謙遜自持地治理世界。暴民愈眾，無政府狀態愈明顯，它的影響愈完美。這是不合理狀態的至高律法。每當需要處理包含複雜元素的大量樣本，而且依它們的龐大數量收集時，沒人察覺卻最美麗的規律形式，就已經潛伏在那裡了。

他是對的──這的確是不同凡響的自然法則。

這個理論如何幫助我們確定估計值的準確度？

這個理論適用於證明從已知母體抽取資料的統計量分布的問題，但這不是我們最感興趣的。我們想要逆轉這個過程：不是從已知的母體去了解樣本如何，而是要從單一的樣本去了解母體。這是第 3 章所說的歸納推論的過程。

　　假設我有一枚硬幣，並問你擲出後，出現正面的機率。你很高興地回答「50：50」或類似的話。接著我拋出，用手蓋住硬幣，不讓你我看到結果，然後再問你出現正面的機率。如果你是我遇過的典型人士，你可能遲疑一下，很勉強地說「50：50」。然後我很快看了一眼硬幣，但不讓你看，再問同樣的問題。同樣地，如果你和大多數人一樣，最後會含糊其詞地說「50：50」。

　　這項簡單的練習，揭示了兩種不確定性之間的主要區別：在我擲出硬幣之前的**偶然不確定性**（aleatory uncertainty）──指不可預測事件的「機會」──以及在我擲出硬幣之後的**認知不確定性**

（epistemic uncertainty）──表達我們對確定但未知事件的個人無知。彩券（結果取決於機會）和刮刮樂（結果已經確定，只是你不知道）之間也存在相同的區別。

當我們對於這個世界的某種數量懷有認知不確定性，就會使用統計量。例如，當我們不知道一群人中認為自己有宗教信仰的真實百分比，我們會做調查；或者，當我們不知道一種藥物的真實平均效果，我們會做藥物試驗。我們說過，這些確定但未知的數量，稱為參數，通常以希臘字母表示。* 就如同我拋擲硬幣的例子，在做這些實驗之前，由於是針對個人做隨機抽樣、或隨機分配患者真藥或假藥，我們對於結果持有偶然不確定性。接著，在我們完成研究並獲取資料之後，我們使用這個機率模型，來處理當前的認知不確定性，就像你最後準備對被蓋住的硬幣說「50：50」那樣。因此，告訴我們對未來可以期望什麼的機率論，也可以告訴我們能從過去的觀測中得知什麼。這是統計推論（相當出色）的基礎。

要得出估計值附近的不確定區間，也就是誤差範圍的程序，是根據以下的基本觀念。分為三個階段：

1. 機率論可以告訴我們，對於任何特定的母體參數，我們期望觀測的統計量有 95% 的機率落在某個區間內。這就是 95% 的預測區間（prediction interval），例如圖 9.2 的內側漏斗顯示的那樣。

---

* 第 12 章將談到，貝氏統計學的實務工作者樂於使用機率於參數的認知不確定性上。

2. 然後我們觀測某個特定的統計量。

3. 最後（也是困難的一點），我們計算出可能的母體參數範圍，會使我們的統計量落在它的 95% 預測區間內。這個母體參數的範圍，我們稱之為「95% **信賴區間（confidence interval）**」。

4. 因此產生的信賴區間標記為「95%」，因為重複施用時，這個區間有 95% 的機會應該會包含真實的值。*

這樣清楚嗎？如果不清楚，那麼請放心，你和好幾代困惑的學生一樣。書末所附「詞彙解釋」提供了公式，但是細節不如根本的原則重要：信賴區間是母體參數的一個範圍，讓我們可以掌握觀測統計量的結果。

計算信賴區間

傑出的波蘭數學家和統計學家傑西・內曼（Jerzy Neyman）和卡爾・皮爾遜之子艾貢・皮爾遜（Egon Pearson）†，1930 年代在倫敦大學學院正式確立了信賴區間的原則。在這之前，推導估計相關係數和迴歸係數的必要機率分布的研究已有數十年之久，標準的學界統計課程中，也提供這些分布的數學細節，甚至從第一組原則去推導。幸好所有這些努力的成果，現在都納入統計軟體中，實務工作

---

* 嚴格來說，95% 信賴區間並不表示這個特定的區間包含真實值的機率為 95%，雖然實務上人們經常會做出這種錯誤的解讀。

† 有幸能在後來認識他們兩人。

者因此可以專注於基本的問題，不必因複雜的公式而分心。

　　第 7 章談過可以如何使用拔靴法，取得高爾頓以母親身高估計女兒身高迴歸梯度的 95% 區間。要取得準確的區間，從根據機率論的標準軟體會容易得多，表 9.1 顯示它們給出的結果非常相似。根據機率論的「準確」區間，比拔靴法需要更多的假設，而且嚴格來說，只有當其母體分布為常態時，區間才會完全正確。但是根據中央極限定理，在樣本數如此龐大的情況下，可以合理假設我們的估計值具有常態分布，因此準確的區間是可以接受的。

　　使用 95% 區間是一種慣例，通常設定為正負兩個標準誤差，但有時採用較窄的區間（例如 80%）或較寬的區間（例如 99%）。* 美國勞工統計局在失業統計方面，使用 90% 區間，英國國家統計局則使用 95%：清楚表示使用何種標準，是很必要的一件事。

調查的誤差範圍

如果一項聲明顯然是根據調查，例如民意調查，標準的做法是附帶報告誤差範圍。第 7 章介紹的失業統計量，誤差範圍之大，十分驚人，因為估計失業的變動為 3,000 人，誤差範圍卻高達 ±77,000。這對於原始數字的解讀影響很大──這種情況下，誤差範圍告訴我們，看了統計數字，甚至無法確定失業到底是增加，還是減少，

---

* 更準確地說，通常將 95% 信賴區間設定為正負 1.96 個標準誤差，假設統計量呈現精確的常態抽樣分布的話。

	以母親身高估計女兒身高的迴歸梯度		
	估計值	標準誤差	95% 區間
準確	0.33	0.05	0.23 到 0.42
拔靴法	0.33	0.06	0.22 到 0.44

表 9.1

迴歸係數的估計值,滙總了母女身高之間的關係,並列出準確和拔靴
法的標準誤差和 95% 信賴區間──拔靴法是根據 1,000 個再抽樣樣本。

一個簡單的經驗法則是，例如，如果你估計早餐喜歡喝咖啡甚於喝茶的人之百分比，並且問來自母體的隨機樣本，那麼你的誤差範圍（以 % 表示）最多為正或負 100 除以樣本數的平方根。[2] 因此，調查 1,000 個人（業界標準），誤差範圍通常為 ±3%：* 如果其中 400 個人說他們比較喜歡喝咖啡，600 個人表示他們比較喜歡喝茶，那麼你可以大略估計母體中偏愛咖啡的百分率為 40±3%，或者介於 37% 和 43% 之間。

當然了，只有在民意調查公司確實抽取隨機樣本，以及每個人都回答，而且都有各自的意見，也說了實話，這才會準確。因此，雖然我們能夠計算誤差範圍，卻必須記住：只有在我們的假設大致正確的情況下，它們才會成立。但我們能夠依賴這些假設嗎？

我們應該相信誤差範圍嗎？

2017 年 6 月的英國大選之前，不計其數的民意調查針對約 1,000 名受訪者的投票意向，相繼發表調查結果。如果這些調查是參與者回答真心話的完美隨機民意調查，那麼每個民意調查的誤差範圍應該不超過 ±3%，因此，各項民意調查在它們的移動平均值（running average）附近的變異性應該在那個範圍內，因為它們理應都在測量

---

* 就 1,000 位參與者來說，誤差範圍（%）最多是 $±100/\sqrt{1,000} = 3\%$。調查的設計可能比從母體簡單抽取隨機樣本要複雜得多，但是誤差範圍不會受到很大的影響。

相同的母體。但是根據英國廣播公司的圖所繪製的圖 9.3 顯示，變異性遠大於此，表示誤差範圍可能不正確。

除了由隨機變異性造成的不可避免（以及可量化）的誤差範圍，我們也已經見到調查不準確的許多原因。在本例中變異性過高，可能歸咎於抽樣方法，尤其是使用回應率非常低（可能在 10% 到 20% 之間）的電話民意調查，以及主要透過固定電話訪問。我個人持相當懷疑的看法：民調中任何的誤差範圍都應該加倍，把民調方法所犯的系統性誤差考慮進去。

我們可能不會期望大選前的民調完全準確，但我們會對科學家嘗試測量這世界的物理真相，例如光速是多少，抱持更高的期望。但是這些科學實驗所宣稱的誤差範圍，後來發現正確性大打折扣，令人備感失望。這是一段很長的歷史：二十世紀上半葉，光速估計值的不確定區間，還無法涵蓋目前公認的光速數值。

因此，研究計量學（metrology，即測量的科學）的組織因此明定：誤差範圍應該總是根據兩個成分：

- A 型：本章討論的標準統計測量值，預期會隨著更多的觀測值而使誤差減少。
- B 型：系統性誤差，預期不會隨著更多的觀測值而減少，必須使用專家判斷或外部證據等非統計的手段加以處理。

這些洞見應該會鼓勵我們對於可帶到單一資料來源使用的統計方法，抱持謙遜的態度。如果收集資料的方式存在根本的問題，那麼沒有任何聰明的方法，可以消除這些偏差，所以我們必須利用我們

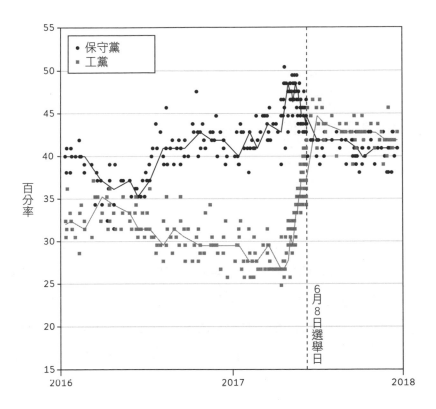

圖 9.3

英國廣播公司在 2017 年 6 月 8 日英國大選前,使用的民意調查資料視
覺化圖形。[3] 趨勢線是前七次民意調查的中位數。每次民調通常根據
1,000 名受訪者,因此聲稱誤差範圍最大為 ±3%。但是各次民意調查
之間的變異性,遠遠超出這個範圍。工黨和保守黨以外的政黨沒有畫
在裡面。

的背景知識和經驗來完善結論。

當我們擁有所有的資料，會發生什麼事？

由於個體是從較大的母體隨機抽樣出來，因此使用機率論，將誤差範圍置於調查結果附近，似乎是很自然的事，所以機運總是會滲入資料的產生過程中。但是我們再次問這個問題：如果所引用的統計量，是所發生一切的完整計數，那會怎麼樣？例如，一個國家每年都會計數它的凶殺案件數。假設實際的計數沒有誤差（而且「凶殺」的定義取得共識），那麼這些只是描述性統計（descriptive statistics），沒有誤差範圍。

　　但是，假設我們想對一段時期的潛在趨勢發表聲明，說「英國的凶殺率正在上升」。例如，英國國家統計局報告，2014 年 4 月到 2015 年 3 月，共有 497 起凶殺案，接下來一年是 557 起。凶殺案件數當然增加了，但我們知道，凶殺案件數每年不同，理由不明，所以這是否代表每年的凶殺率真的有變化？我們想對這個未知數量做出推論，所以需要一個用於觀測凶殺案件數的機率模型。

　　幸好我們在上一章看到，每天發生的凶殺案件數，就好像是從所有可能歷史的隱喻母體之卜瓦松分布，抽取的隨機觀測值。這又表示全年的總數，可以視為來自卜瓦松分布的單一觀測值，平均數 m 等於（假設的）「真實」根本年率。我們想知道的是，m 是否每年變動。

　　這個卜瓦松分布的標準差是 m 的平方根，寫成 $\sqrt{m}$，也就是我

們估計值的標準誤差。如果知道 m，我們就能建立信賴區間。但我們並不知道（這正是整件事的要點）。2014–2015 年間發生了 497 件凶殺案，我們拿它當作那年的凶殺率 m 的估計值。我們可以用這個估計值，來估計標準誤差 $\sqrt{m}$ 為 $\sqrt{497} = 22.3$。這就能算出誤差範圍是 $\pm 1.96 \times 22.3 = \pm 43.7$。因此我們終於能夠得出 m 的近似 95% 區間，為 $497 \pm 43.7 = 453.3$ 到 540.7。由於通常將 95% 信賴區間假設為正負 1.96 個標準誤差，所以這表示我們有 95% 的信心，相信這段期間內，真正的每年根本凶殺率在 453 到 541 件之間。

　　圖 9.4 畫出 1998 年到 2016 年，英格蘭和威爾斯的觀測凶殺案件數，根本凶殺率有 95% 信賴區間。雖然每年的數字存在不可避免的變異，但信賴區間明白顯示我們在隨著時間的變化做出結論時，需要小心謹慎。例如，2015–2016 年 557 件凶殺案的 95% 區間，從 511 件到 603 件，和前一年的信賴區間有相當的重疊部分。

　　那麼，我們如何確定成為凶殺案受害人的潛在風險是否真的發生了變化，或者觀測到的變化，能否歸結為只是不可避免的機會變異性？如果信賴區間不重疊，那麼我們可以至少有 95% 的信心，肯定真的發生了變化。但這是相當嚴格的標準，我們其實應該為根本凶殺率的變化，建立 95% 信賴區間。如果這個區間包含 0，我們就沒有信心認為真的有變化。

　　2014–2015 年到 2015–2016 年間，凶殺案件數增加 $557 - 497 = 60$ 件。這個觀測變化 95% 的信賴區間從 −4 到 +124，正好包括 0。從技術上講，這表示我們不能以 95% 的信心，做出凶殺率已經發生變化的結論，但由於我們的誤差範圍是對的，宣稱完全沒有變化是不

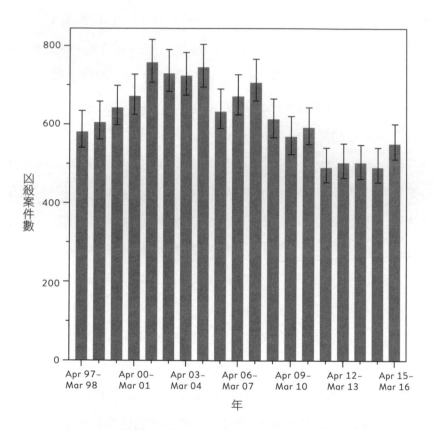

圖 9.4

1998 年到 2016 年，英格蘭和威爾斯每年的凶殺案件數，以及其「真實」凶殺率的信賴區間 95%。[4]

合理的。

　　圖 9.4 中凶殺案件數的信賴區間，和失業數字的誤差範圍，在性質上完全不同。後者表達我們對實際失業人數的認知不確定性，而凶殺案件數的區間並不是表示實際凶殺案件數的不確定性——我們假設這些數字已經正確計算——而是對社會潛在風險的不確定性。這兩種區間看起來可能相似，甚至使用類似的數學方法，但它們的解讀，基本上不同。

本章有些內容深具挑戰性，這沒什麼好驚訝的，因為本章基本上奠定了根據機率建模的整個統計推論的正式基礎。但是我們付出的心力是值得的，因為現在我們能夠使用這個架構，超越對世界特徵的基本描述和估計，並且開始探討統計建模可以如何協助回答這個世界實際上如何運作的重要問題，從而提供科學發現的堅實基礎。

小結

- 機率論可用於得出滙總統計量的抽樣分布，進而可以導出信賴區間的公式。

- 95% 信賴區間是指一個程序將包含真實的參數值；95% 的情況中，這個程序的假設正確。但我們不能宣稱這個區間包含真實值的機率為 95%。

- 中央極限定理是指當樣本數大時，樣本平均數和其他的滙總統計量可以假設呈現常態分布。

- 誤差範圍通常不納入由於非隨機原因而產生的系統性誤差——我們需要外部知識和判斷來評估這一點。

- 即使我們觀測到所有的資料，也能夠計算出信賴區間，它代表的是潛在的隱喻母體參數的不確定性。

第 10 章

回答問題和宣稱發現：假說檢定

約翰·亞畢諾（John Arbuthnot）是位醫生，1705 年當上安妮女王
醫院（Queen Anne）的醫生之後，開始尋找這個問題的答案。他檢
視了 1629 年到 1710 年，前後 82 年間在倫敦受洗的資料，結果以現
在所說的性別比（sex ratio），也就是相對於每 100 個女孩的男孩
數，呈現於圖 10.1。

　　他發現，每年受洗的男孩都多於女孩，總性別比是 107，雖然
整個期間在 101 到 116 之間起起伏伏。不過，亞畢諾希望宣稱更為
一般性的法則，因此主張，如果出生男孩和女孩的根本比率真的沒
有差異，那麼每一年出生的男孩多於女孩，或女孩多於男孩的機會
應該是 50:50，就像擲硬幣那樣。

　　但是每年出生的男孩數總是多於女孩數，就好比連續擲一枚公
正的硬幣 82 次，每次都是正面朝上。發生這種情況的機率為

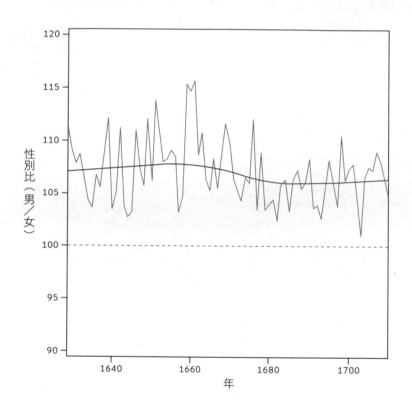

圖 10.1

1629 年到 1710 年，在倫敦受洗的性別比（相對於每 100 個女孩的男孩
數），由約翰·亞畢諾在 1710 年發表。虛線代表男孩數和女孩數相
等；曲線是配適經驗資料的結果。在所有的年頭中，受洗的男孩都多
於女孩。

$1/2^{82}$，這確實是很小的數字，小數點後有 24 個零。如果我們在真實的實驗中觀測到這一點，我們會滿懷信心地宣稱硬幣的材質不勻稱。同樣地，亞畢諾得出這樣的結論：某種力量正在運作，使得更多的男孩出生，他認為這必然是為了抵消男性的高死亡率：「為了補償這種損失，明智的造物主以祂的力量，創造了有先見之明的大自然，讓出生的男性多於女性；而且幾乎呈現固定的百分比。」[1]

　　亞畢諾的資料經過反覆分析，雖然可能存在計數錯誤，而且只包含英國聖公會教徒的受洗資料，但他的基本發現仍然成立：如今認為「自然」性別比約為 105，這表示每出生 20 個女嬰，就會有 21 個男嬰。他所發表的文章標題，用他的資料作為存在超自然干預力量的直接統計證據：「以觀測兩性出生恆定規律論天意」（An Argument for Divine Providence, Taken from the Constant Regularity Observed in the Births of Both Sexcs）。姑且不談這個結論是否站得住腳，雖然他當時沒有意識到，卻因為執行了世界上第一個統計顯著性檢定，而留名青史。

我們也許已經到了問題解決循環中最重要的部分，必須設法回答這個世界如何運作的特定問題。例如：

1. 英國每天的凶殺案數量是否呈現卜瓦松分布？
2. 上一季英國的失業率是否有變化？
3. 服用他汀類藥物是否降低像我這樣的人罹患心臟病和中風的風險？

4. 一旦考慮父親的身高，母親的身高和兒子的身高是否有相關性？

5. 希格斯玻色子是否存在？

以上所列的問題種類非常不同，範圍從瞬間到永恆都有：

1. 凶殺案和卜瓦松分布：這種一般性的規則大眾並不感興趣，但有助於回答根本凶殺率是否有變化。

2. 變動的失業率：這是個關於特殊時間和地點的特定問題。

3. 他汀類藥物：科學陳述，但與特定的群體有關。

4. 母親的身高：可能引發普遍的科學興趣。

5. 希格斯玻色子：可能改變這個宇宙的基本物理概念。

我們已有資料能幫助我們回答其中一些問題，而且已經使用它們做了一些探索性的繪圖，並就適當的統計模型得出了一些非正式的結論。但是我們現在要正式進入 PPDAC 循環「分析」的部分，通常稱為**假說檢定**（hypothesis testing）。

什麼是「假說」？

「假說」可以定義為：準備對某種現象提出的解釋。它不是絕對的真理，而是暫時的、設想中的假設，也許最好想成是刑事案件中的可能嫌疑人。

第 5 章討論迴歸時，我們見到這樣的宣稱：

$$觀測值＝確定性模型＋殘差誤差$$

這表示統計模型是對於我們所觀測事物的一種數學表示，觀測值會包含確定性的成分和「隨機」（stochastic）成分，後者代表不可預測性或隨機「誤差」，通常用機率分布表示。在統計學中，假說被視為是對統計模型的這些成分之一所作的特別假設，它是暫定的，並非「真理」。

為什麼我們需要對虛無假說做正式的檢定？

重視各種發現的不光是科學家——發現新事物的喜悅是普世皆然。事實上，由於這是可喜之事，所以人們常傾向於在還沒有真正發現時就覺得我們已經發現了什麼。前面用過「幻想性錯覺」一詞，描述人能看到不存在的型態，並且指出這種傾向甚至可以帶給我們演化的優勢———聽到灌木叢中沙沙作響，而不等到確定是否真的有老虎，拔腿就跑的祖先，比較有可能活下來。

　　但是，雖然這種態度對狩獵採集者可能很好，在科學上卻行不通——事實上，如果所發表的宣稱只是我們想像中的虛構事物，那麼整個科學程序都會受到損害。一定有方法能保護我們不會有錯誤的發現，假說檢定正扮演這個角色。

　　虛無假說（null hypothesis）的觀念現在成了核心：它是我們將使用的統計模型之簡化形式，直到有足夠的證據推翻它為止。就上面列出的問題來說，虛無假說可能是：

1. 英國的每日凶殺案數量確實呈現卜瓦松分布。

2. 上一季英國的失業率維持不變。

3. 他汀類藥物沒有減低像我這樣的人罹患心臟病和中風的風險。

4. 一旦考慮父親的身高，母親的身高不影響兒子的身高。

5. 希格斯玻色子不存在。

虛無假說是指我們願意假設為真的情況，直到被證明並非如此為止。這是毫不留情的否定，否認一切進步和變化。但這並不表示我們真的認為虛無假說是正確的：我們應該很清楚，以上的五個假說無一可能是真的（除了最後一個可能例外）。因此我們永遠無法宣稱虛無假說真的得到了證實：用另一位偉大的英國統計學家羅納德‧費雪的話來說，「虛無假說在實驗過程中，不曾得到證明或確立，但有可能被否定。可以說，每個實驗都只是為了給事實一個機會，去推翻虛無假說。」[2]

英國的法律體系中，刑事審判有一個非常類似的設計：被告可以被判有罪，但如果無法證明一個人有罪，不表示那個人真的無罪。同樣地，我們會發現我們可能否定虛無假說，但如果我們缺乏充分的證據這麼做，也並不表示我們接受它是真的。它只是暫時持有的假設，直到有更好的證據出現。

雙手抱胸時，你是左臂在上，還是右臂在上？研究指出，大約一半的人，右臂在上，約一半的人，左臂在上。但這和你是男性或女性有關嗎？

這也許不是最急迫的科學問題，卻是 2013 年我在非洲數學科學研究所（African Institute of Mathematical Sciences）任教時調查過的問題——這是課堂上很好的練習，而且我對於答案真的很感興趣。* 我取得來自非洲各地 54 名研究生的資料。表 10.1 顯示依性別分列的總答案，以及是左臂在上還是右臂在上。這種表稱為交叉列表（cross-tabulation）或列聯表（contingency table）。

　　整體而言，大多數人的右臂在上（32/54 = 59%）。但是右臂在上的女性百分比（9/14 = 64%）高於男性（23/40 = 57%）：觀測百分比的差異是 64% − 57% = 7%。本例中，虛無假說是：雙手抱胸方式和性別之間沒有任何關聯。這種情況下，我們會期望觀測到的性別百分比之間的差異為 0%。但是當然了，即使在這個虛無假說下，人與人之間不可避免的隨機變異性，也表示觀測差異不會正好是 0%。這裡極為重要的問題是：7% 的觀測差異是否夠大，而提供了推翻虛無假說的證據？

　　要回答這個問題，我們需要知道只因為隨機變異，也就是，如果虛無假說確實為真，雙臂抱胸行為和性別完全無關，那麼我們期望會觀測到什麼樣的百分比差異？更正式地說，7% 的觀測差異，是否與虛無假說相容？†

　　這是個棘手但至關重要的觀念。亞畢諾在檢定生男生女可能性

---

* 也許比較自然的問題是，手臂交叉和慣用手之間的關係，但由於左撇子很少，很難調查這件事。

† 我們可以挑選另一個統計量來匯總關聯性，例如勝率比，但結果基本上相同。

	女性	男性	總數
左臂在上	5	17	22
右臂在上	9	23	32
總數	14	40	54

表 10.1

54 名研究生的性別和雙手環抱胸前行為的交叉列表。

相等的虛無假說時，他可以輕而易舉確定他的觀測資料與虛無假說一點都不相容——如果一切都是靠機會在運作，那麼連續 82 年，男孩數都超過女孩數的可能性絕對微乎其微。在比較複雜的情況中，要判斷資料是否與虛無假說相容，不是那麼簡單，但是下面介紹的**排列檢定**（permutation test），說明了不使用複雜數學的強有力的程序。

　　想像全部 54 名學生排成一排，前面 14 名是女性，接下來 40 名是男性，而且給每個人 1 到 54 的號碼。想像每個人也持有一張紙，指出他們抱胸時是左臂在上，或右臂在上。現在，想像取走這些「雙手抱胸方式」的紙，混在帽子裡，然後隨機分發給學生。如果虛無假說為真，這是我們會如何期望大自然運作的例子，因為雙手抱胸方式應該與性別完全無關。

　　即使我們現在已經隨機分配了雙手抱胸方式的行為，但只憑機會，男女右臂在上的百分比不會完全相同，而且我們可以計算隨機重新標記學生的觀測百分比差異。接著我們可以重複隨機分配雙手抱胸的過程，例如重複 1,000 次，然後觀察產生的差異分布。結果如圖 10.2(a) 所示，並且顯示以差異是零為中心，觀測差異的散布情況——有些以男性居多，有些以女性居多。實際的觀測差異接近於分布的中心。

　　如果我們有很多時間，另一種方法是系統性地研究雙手抱胸方式所有可能的排列，而不是只進行 1,000 次模擬。這些排列中的每一個，都會產生男性和女性右臂在上的觀測百分比差異，繪製這些差異，會比只進行 1,000 次模擬呈現更平滑的分布。

遺憾的是，這樣的排列數量龐大，即使以每秒一百萬次的速度計算，把它們全部算完所花的年數，是某數後面加 57 個零。[3] 幸好我們不必執行這些計算，因為可以從理論上計算在虛無假說下觀測百分比差異的機率分布，如圖 10.2(b) 所示——它是根據所謂的**超幾何分布**（hypergeometric distribution），給出隨機排列下，表格中特定方格為每一個可能值的機率。

圖 10.2 顯示，實際觀測的右臂在上百分比差異（女性多 7%），相當接近於我們期望見到的觀測差異分布的中心，如果真的跟性別沒有任何關聯的話。我們需要一個測量值，來滙總我們的觀測值離中心有多近，而有個滙總就是圖 10.2 中虛線右邊的「尾部面積」，為 45% 或 0.45。

這個尾部面積稱為 P 值（P-value），是今日實務上最重要的統計概念之一，因此值得在這裡下正式的定義：*如果虛無假說（以及其他所有的建模假設）確實是真的，P 值是取得至少和過去一樣極端結果的機率。*

問題當然在於「極端」是什麼意思？我們目前的 P 值 0.45，是**單尾**（one-tailed），因為它只測量如果虛無假說真的成立，我們觀測到女性居多這種極端值的可能性是如何。這個 P 值對應於所謂**單尾檢定**（one-sided test）。但是男性居多的觀測百分比，也令我們懷疑虛無假說不成立。我們因此應該計算任一方向觀測差異至少為 7% 的可能性，這稱為**雙尾**（two-tailed）P 值，對應於**雙尾檢定**（two-sided test）。尾部的總面積為 0.89，而由於這個值接近 1，表示觀測值很接近虛無分布的中心。這當然可以從圖 10.2 立即看出

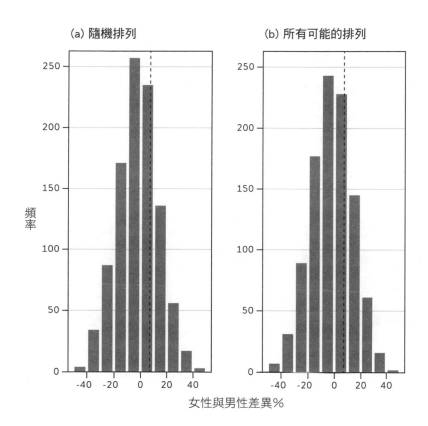

圖 10.2

雙手抱胸時右臂在上，女性與男性百分比差異的經驗分布：(a) 從 1,000 次雙手抱胸方式的隨機排列，(b) 從雙手抱胸反應，機會相等的所有可能排列。觀測百分比差異（7%）以垂直虛線表示。

來，但是這種圖不見得總是可以取得，我們需要一個數字，來正式
滙總資料的極端性。

亞畢諾提供了這個過程的第一個有記錄例子：在男孩和女孩出
生可能性相等的虛無假說下，前後 82 年出生男孩數超過女孩數的
機率為 $1/2^{82}$。這只從出生男孩數超過女孩數的角度定義極端性，如
果出生女孩數超過男孩數，我們也會質疑虛無假說，所以我們應該
將這個數字加倍到 $1/2^{81}$，以得出任一方向出現這種極端結果的機
率。因此 $1/2^{81}$ 可以視為第一個記錄下來的雙尾 P 值，但在那之後
的二百五十年，這個名詞都還沒出現。

順帶一提，我的小樣本指出性別和雙手抱胸方式之間沒有關
係，以及其他更科學化的研究，都沒有發現雙手抱胸方式和性別、
慣用手，或其他任何特色之間有關。

統計顯著性

統計顯著性（statistical significance）的觀念很簡單：如果 P 值夠
小，那麼我們說結果具有統計顯著性。這個詞在 1920 年代因為費
雪所作的研究而被廣泛採用，即使它受到一些批評（我們之後會談
到），仍繼續在統計學中扮演重要的角色，。

費雪才華洋溢，卻不好相處。他之所以卓爾出群，是因為被視
為遺傳學和統計學這兩個不同領域的開路先鋒。可是他脾氣暴躁，
對於質疑他所提觀念的任何人，都不假辭色，但他支持優生學，以
及公開批評抽菸和肺癌有關的證據，損害了他的地位。由於他和菸

草業的財務往來遭到揭露，個人聲譽受到損害，但由於他的觀念在龐大資料組的分析中不斷地找到新應用，其科學聲譽屹立不搖。

正如我在第 4 章提到的，費雪在羅漢斯特實驗站（Rothamsted Experimental Station）工作時，提出在農業試驗上採用隨機化的觀念。他在著名的品茶測試中，進一步說明實驗設計的隨機化觀念。原本有位婦女（一般認為是繆麗·布里斯托〔Muriel Bristol〕）聲稱能在品嚐一杯茶之後，判斷是在倒茶進杯之前或之後加牛奶的。

他準備四個杯子先加奶，四個杯子先倒茶，然後隨機分配八杯的次序。繆麗被告知先加奶和先倒茶各有四杯，必須猜出哪四杯先加奶，據說她全部猜對。超幾何分布的另一個應用指出，在虛無假說下，她猜對的機率為七十分之一。這是 P 值的一個例子，依慣例被認為很小，所以可以宣稱結果為具有統計顯著性的證據，也就是她可能真的能夠判斷牛奶是先加還是後加的。

總而言之，我描述了下述幾個步驟：

1. 以我們想要檢視的一個虛無假說，設定一個問題。通常使用的符號是 H_0。

2. 選擇一個檢定統計量（test statistic），估計某件事情，如果結果夠極端，我們就會質疑虛無假說（通常統計量的值較大，代表與虛無假說不相容）。

3. 假設虛無假說成立，產生這個檢定統計量的抽樣分布。

4. 檢查我們的觀測統計量是否落在這個分布的尾部，並以 P 值滙總：如果虛無假說成立，P 值是觀測到這種極端統計量的機

率。P值因此是特定的尾部面積。

5.「極端」必須審慎定義——如果說檢定統計量不論是很大的正值或很大的負值，大都被認為與虛無假說不相容，那麼P值就必須考慮這一點。

6. 如果P值低於某個關鍵臨界值，則宣稱結果具有統計顯著性。

費雪使用P < 0.05和P < 0.01為表示顯著性的便利實用的關鍵臨界值，並且製表，列出達到這些顯著性水準所需的檢定統計量臨界值。這些表普遍為人採用，使得0.05和0.01成為既定的慣例，但如今通常建議應該呈報確切的P值。而且很重要的是，確切的P值不只取決於虛無假說為真，也取決於統計模型所依據的其他所有假設，例如沒有系統性偏差、獨立觀測等等。

整個程序被稱為虛無假說顯著性檢定（null-hypothesis significance testing；NHST），而且，我們將在下面看到，它已經成為重大爭議的根源。但是我們應該先探討費雪的觀念在實務上如何運用。

運用機率論

虛無假說顯著性檢定最具挑戰性的部分，也許是第三步——在虛無假說下建立所選檢定統計量的分布。我們總是可以像雙手抱胸資料的排列檢定那樣，利用電腦密集處理的模擬方法，但如果可以像亞畢諾在一個簡單的例子，以及費雪以超幾何分布處理的方式那樣，

使用機率論直接計算檢定統計量的尾部面積，會方便許多。

　　我們經常會使用統計推論的先驅者們所發展的近似值。例如，1900 年左右，卡爾·皮爾遜發展出一系列的統計量，在如表 10.1 所示的交叉列表中，檢定關聯性，因此而產生經典的**卡方關聯性檢定**（chi-squared test of association）。*

　　如果沒有關聯性的虛無假說為真，這些檢定統計量需要計算表中每一格，事件發生的期望數，然後以卡方統計量測量觀測數和期望數之間的總差異。表 10.2 列出表中各方格的期望數（假設虛無假說為真）：例如，左臂在上的期望女性人數，是女性總數（14）乘以左臂在上的總百分比（22/54），得出 5.7。

　　從表 10.2 可以明顯看出，觀測數和期望數相當接近，反映出資料和我們在虛無假說下的期望數差不多。卡方統計量是觀測數和期望數之間差異的總測量值（它的公式列於書末的「詞彙解釋」），數值是 0.02。可以從標準軟體得知，對應於這個統計量的 P 值是 0.90，表示沒有證據可以推翻虛無假說。令人放心的是，這個 P 值和根據超幾何分布的「準確」檢定，基本上相同。

　　檢定統計量和 P 值的發展與使用，傳統上已經構成標準統計課程的大部分內容，而且遺憾的是，這讓人覺得這個領域主要是在選擇正確的公式和使用正確的表。雖然本書試著從更寬廣的視野探討這個主題，但回顧一下之前討論過的例子的統計顯著性，仍然是有價值的。

---

*「Chi」（發音為「kai」）的希臘字母為 χ。

	女性	男性	總數
左臂在上	5 (5.7)	17 (16.3)	22
右臂在上	9 (8.3)	23 (23.7)	32
總數	14	40	54

表 10.2

依性別列示的雙手抱胸方式觀測數和期望數（括號中的數字）：期望數是在雙手抱胸方式和性別無關的虛無假說下計算的。

1. 英國每天的凶殺案件數是否呈現卜瓦松分布？

圖 8.5 顯示 2014 年到 2016 年之間，英格蘭和威爾斯不同凶殺案件數觀測到的天數。在 1,095 天中，總共發生 1,545 起凶殺案，平均一天 1.41 起，而在這個平均數的卜瓦松分布虛無假假說下，我們的期望數列於表 10.3 最後一欄。調整表 10.2 用於分析的方法，觀測值和期望值之間的差距，可以用**卡方配適度檢定**（chi-squared goodness-of-fit test）統計量滙總——詳細資訊請參考書末的「詞彙解釋」。

　　觀測 P 值是 0.96，並不顯著，所以沒有證據可以推翻虛無假說（事實上，配適度好到幾乎令人懷疑）。我們當然不應該因此假設虛無假說全然正確，但是舉例來說，在評估第 9 章所提到凶殺率的變化時，使用這個假說應該是合理的

2. 最近英國的失業率是否有變化？

第 7 章談到，根據 ±2 個標準誤差，單季失業人數變動 3,000，誤差範圍卻高達 ±77,000。這表示 95% 的信賴區間從 −80,000 到 +74,000，而且顯然包含 0 值，對應於失業沒有變動。但是這個 95% 區間包含 0 的事實，在邏輯上相當於點估計值（−3,000）和 0 的距離小於 2 個標準誤差，這表示變動並沒有顯著不同於 0。

　　這揭示了假說檢定和信賴區間重要的相同處：

每天的凶殺案件數	觀測到的天數	虛無假說下的期望天數
0	259	267.1
1	387	376.8
2	261	265.9
3	131	125.0
4	40	44.1
5	13	12.4
6 或更多	3	3.6
總數	1,095	1,095

表 10.3

2014 年 4 月到 2016 年 3 月，英格蘭和威爾斯依凶殺案件數列示的觀測天數和期望天數。卡方配適度檢定的 P 值是 0.96，表示沒有證據推翻卜瓦松分布的虛無假說。

- 如果 95% 信賴區間不包含虛無假說（通常為 0），則雙尾 P 值
  小於 0.05。

- 95% 信賴區間是在 P < 0.05 時，沒有被拒絕的虛無假說的集合。

假說檢定和信賴區間之間的這種緊密關係，應該會阻止人們錯誤解讀那些與 0 並沒有統計上顯著不同的結果——它並不表示虛無假說確實為真，而只是說真實值的信賴區間包含 0。正如我們稍後會談到的，遺憾的是這一課經常遭人忽視。

> 3. 服用他汀類藥物是否減低像我這樣的人罹患心臟病和中風的風險？

表 10.4 把之前表 4.1 列示的心臟保護研究（HPS）的結果再登一次，但增加了一些欄位，顯示效益確立的信心。標準誤差、信賴區間和 P 值之間，存在密切的關係。風險降低的信賴區間大約是估計值 ±2 個標準誤差（請注意，HPS 將相對降低幅度四捨五入為整數）。信賴區間很容易就排除 0% 的虛無假說（對應於他汀類藥物沒有效果），因此 P 值非常小——事實上，罹患心臟病減低了 27% 的 P 值約為三百萬分之一。這是執行相當大規模研究的結果。

　　我們也可以使用絕對風險差異等其他的匯總統計量，但都應該提供 P 值。HPS 研究人員專注在百分比的減幅上，因為它在各個子群中相當穩定，因此是個很好的單一匯總測量值。有許多不同的方法可以計算信賴區間，但這些方法的差異不大。

事件	分配服用他汀類藥物的 10,269 人罹病百分比	分配服用安慰劑的 10,267 人罹病百分比	分配服用他汀類藥物患者（相對）風險降低%	風險降低之標準誤差	降幅%的信賴區間	P 值
心臟病	8.7	11.8	27%	4%	21% 到 33%	P < 0.0001
中風	4.3	5.7	25%	5%	15% 到 34%	P < 0.0001
因任何原因而死亡	12.9	14.7	13%	4%	6% 到 19%	P = 0.0003

表 10.4

「心臟保護研究」結束時報告的結果，顯示估計的相對效果、它們的標準誤差、信賴區間和檢定「無效果」虛無假說的 P 值。

4. 一旦考慮父親的身高，母親的身高和兒子的身高是否相關？

第 5 章說明了複線性迴歸，其中兒子的身高是反應變數（因變數），母親和父親的身高是解釋變數（自變數）。係數如表 5.3 所示，但還沒有考慮它們是否與 0 有顯著的差異。為了說明這些結果在統計軟體中的呈現方式，表 10.5 重製了為人廣泛使用的（免費）R 程式輸出表格。

　　如表 5.3 所示，截距是兒子身高的平均值，係數（在輸出表格中標記為「估計值」）表示父親或母親的平均身高每增減一吋，兒子身高的增減期望值。標準誤差是從已知的公式計算得出，相對於係數顯然偏小。

　　t 值也稱為 t 統計量（t-statistic），是我們關注的主要焦點，因為它告訴我們解釋變數和反應變數之間的關聯，是否具有統計顯著性的連結。t 值是所謂的學生 t 統計量（Student's t-statistic）的特例。「學生」是威廉・高塞特（William Gosset）的化名。高塞特 1908 年從都柏林的健力士（Guinness）啤酒廠，借調倫敦大學學院時，發展出這種方法──他們希望讓員工匿名。t 值就是估計值／標準誤差（可以在表 10.5 查到數字），所以可以解讀為估計值距離 0 有多遠，以有幾個標準誤差來衡量。有了 t 值和樣本數，軟體可以提供精確的 P 值；對於大樣本，t 值大於 2 或者小於 –2，對應於 P < 0.05，但樣本數較小的話，這些臨界值會比較大。R 使用簡單的星數表示 P 值，從一個 * 表示 P < 0.05，到三個星 *** 表示 P < 0.001。

	估計值	標準誤差	t 值	Pr(>|t|)
（截距）	69.22882	0.10664	649.168	< 2 e-16 ***
母親身高	0.33355	0.04600	7.252	1.74 e-12 ***
父親身高	0.41175	0.04668	8.820	< 2 e-16 ***

顯著性代碼：*** = 0.001　　** = 0.01　　* = 0.05

表 10.5

使用高爾頓的資料，以兒子的身高為反應變數，母親和父親的身高為
解釋變數，重製複迴歸的 R 軟體輸出數字。t 值是估計值除以標準誤
差。Pr(>|t|) 的欄位，代表雙尾 P 值；也就是在真正的關係為 0 的虛無
假說下，不管正負，得出如此大的 t 值的機率。符號「2 e-16」表示 P
值小於 0.0000000000000002（即小數點後面有 15 個零）。最後一行顯示
星數所代表的 P 值。

表 10.5 中，t 值大到 P 值微乎其微。

第 6 章中，我們見到演算法可以用很小的差距贏得預測競賽。例如，在預測「鐵達尼號」測試組的存活率時，簡單的分類樹取得最佳的布賴爾分數（平均均方預測誤差）為 0.139，只略低於平均神經網路的 0.142（請參考表 6.4）。小贏 −0.003 是否具有統計顯著性，這是合理的問題，因為也許能用機會變異來解釋。

這很容易檢查，t 統計量為 −0.54，雙尾 P 值為 0.59。*所以沒有好的證據指出分類樹確實是最好的演算法！這類的分析在 Kaggle 之類的競賽中不屬例行性，但是了解獲勝是取決於測試組中案例的機會選擇，似乎很重要。

研究人員投入大量心力，仔細檢查表 10.5 所示的電腦輸出類型，希望看到閃爍的星星，告訴他們找到了重大的結果，然後可以在下一篇科學論文大寫特寫。但是，正如我們現在看到的，過度沉迷於尋求統計顯著性，很容易產生發現了什麼大事的錯覺。

執行許多次顯著性檢定的危險

用來宣稱具有「顯著性」的標準臨界值 $P < 0.05$ 和 $P < 0.01$，是費雪

---

* 其中的訣竅是為測試組中 412 人中的每一個人，計算兩種演算法的預測誤差平方之間的差值；這組 412 個差值的平均數是 −0.0027，標準差是 0.1028。因此，「真實」差值的估計值標準誤差是 $0.1028/\sqrt{412} = 0.0050$，$t$ 統計量是估計值 / 標準誤差 $= −0.0027/0.0050 = −0.54$。這稱為成對 t 檢定（paired t-test），因為它是根據數字對之間的差異組。

列表時相當隨意的選擇，因為他那個時代，沒有機械和電子計算器可用，不可能計算精確的 P 值。但是當我們跑許多顯著性檢定時，每次都看我們的 P 值是否小於 0.05，這樣會發生什麼事呢？

假設有一種藥物確實不起作用，虛無假說是真的。如果我們做一次臨床試驗，要是 P 值小於 0.05，我們會宣稱結果具有統計顯著性。而且，由於那種藥物沒有效果，這種情況發生的可能性是 0.05 或 5%——這就是 P 值的定義。這會造成**偽陽性**（false-positive）結果，因為我們錯以為那種藥物有效。如果我們做兩次試驗，並且觀察最極端的狀況，那麼至少得到一次顯著結果（因此是偽陽性）的可能性接近 0.10 或 10%。* 隨著我們做更多次的試驗，得到至少一次偽陽性結果的可能性將迅速升高；如果我們做十次無用藥物的試驗，則在 P < 0.05 得到至少一次顯著結果的可能性高達 40%。這稱作**多重檢定**（multiple testing）問題；每當執行許多次顯著性檢定，然後報告最顯著的結果時，就會有這個問題。

當研究人員將資料拆分成多個子集，對每個子集進行假說檢定，然後觀察最具顯著性的結果時，就會出現一個特殊的問題。一個經典的例子是 2009 年，由聲譽良好的研究人員所進行的實驗。他們讓受測者看一連串人類表達不同情緒的照片，並且執行功能性磁振造影（fMRI），查看受測者大腦的哪些區域產生顯著的反應，設定 P < 0.001。

---

* 至少有一個試驗呈現顯著結果的確切可能性是 1 −（兩次都不顯著的機率）= 1 − 0.95 × 0.95 = 0.0975，四捨五入為 0.10。

　　這個實驗的妙處在於，「受測者」是一條四磅重的大西洋鮭魚，「掃描時不是活的」。這條大型死魚的腦部總共 8,064 個位點（site）中，有 16 個對照片的反應具統計顯著性。研究小組沒有斷定死鮭魚具有神奇的技能，而是正確地確認了多重檢定的問題——進行超過 8,000 次顯著性檢定必然會出現一些偽陽性結果。[4] 即使使用 $P < 0.001$ 的嚴格標準，我們也會期望單單因為機會，就會有八個顯著結果。

　　避開這個問題的一種方法，是要求宣稱顯著性的 P 值非常小，最簡單的方法稱為**邦佛洛尼校正**（Bonferroni correction），使用 $0.05/n$ 的臨界值，其中 n 是已經做的檢定次數。所以舉例來說，在鮭魚腦部的每個位點進行檢定，可以要求 P 值為 $0.05/8,000 = 0.00000625$，也就是 160,000 分之 1。在搜尋人類基因組中和疾病有關聯的位點時，這個技術已經成為標準實務：由於大約有 1,000,000 個基因位點，所以通常要求 P 值小於 $0.05/1,000,000 = 2,000$ 萬分之 1，才能宣稱發現什麼事情。

　　因此，同時檢定大量的假說時，例如腦部成像或基因組研究，可以使用邦佛洛尼法，決定最極端的發現是否具有顯著性。也有一些簡單的技術發展出來，能夠稍微放寬邦佛洛尼標準，用於第二個最極端的結果、第三個最極端的結果等等，目的是控制後來被證明是假聲明的「發現」——所謂的**偽發現率**（false discovery rate）——之整體百分比。

　　避開偽陽性的另一種方法，是要求重做原始的研究，在完全不同的情況下複製實驗，但使用基本上相同的方案。一項新藥品要獲

得美國食品藥物管理局（Food and Drug Administration）批准，標準做法是必須執行兩次獨立的臨床試驗，每次的臨床試驗顯示的效益必須在 P < 0.05 具有顯著性。這表示實際上根本沒有效益的藥物獲得批准的總機會為 $0.05 \times 0.05 = 0.0025$，或四百分之一。

5. 希格斯玻色子是否存在？

在整個二十世紀，物理學家發展出一種「標準模型」，來解釋在微粒子層級的作用力。這個模型的一部分仍是未經證實的理論：瀰漫於宇宙的「希格斯場」（Higgs field）的能量，透過它本身的粒子，即所謂的希格斯玻色子，讓電子等基本粒子獲得質量。歐洲核研究組織（CERN）的研究人員 2012 年終於報告發現了希格斯玻色子時，宣布是「五個西格瑪」（five-sigma）的結果。[5] 但極少人了解這是在表達統計顯著性。

　　研究人員繪製在不同的能量水準，特定事件的發生率時，發現曲線恰好在預期希格斯玻色子存在的地方，具有明顯的「駝峰」。極為重要的是，在希格斯玻色子不存在且「駝峰」只是隨機變異結果的虛無假說下，一種卡方配適度檢定形式顯示 P 值小於三百五十萬分之一。但為什麼它們說這是「五個西格瑪」的發現呢？

　　理論物理學中，以「西格瑪」報告發現的聲明是標準做法，其中「二個西格瑪」的結果，是指觀測值距虛無假說兩個標準誤差（請記住，我們用希臘字母 sigma〔σ〕代表母體的標準差）：理論物理學的「幾個西格瑪」正好對應於表 10.5 複迴歸例子中電腦輸出表

格的 t 值。由於雙尾 P 值為三百五十萬分之一——這是從卡方檢定觀測到——的觀測值距離虛無假說五個標準誤差，因此說希格斯玻色子是五個西格瑪的結果。

　　CERN 的團隊顯然不想在 P 值還未到極小之前，就宣布他們的「發現」。首先，他們需要在所有的能量水準都執行顯著性檢定，而不只是最後的卡方檢定那一個——多重檢定的這種調整，物理學上稱為「旁視效果」（look elsewhere effect）。但他們主要是希望確信，任何的重複試驗都會得出相同的結論。對物理法則做出錯誤的聲明，那就太尷尬了。

　　因此可以回答本節一開始的問題：如今假設希格斯玻色子存在似乎是合理的。這成了新的虛無假說，除非之後有更深刻的理論出現。

內曼—皮爾遜理論

> 為什麼「心臟保護研究」需要超過 20,000 名參與者？

「心臟保護研究」規模龐大，但它的參與人數不是任意選的。在規劃試驗時，研究人員就必須決定需要多少人隨機分配服用或不服用他汀類藥物，而且這必須有強大的統計基礎，才值得花那麼多錢做這個實驗。他們的計畫是基於傑西・內曼和艾貢・皮爾遜發展出來的統計觀念。本書之前曾提過他們是信賴區間的發展者。

　　P值和顯著性檢定的觀念是費雪在 1920 年代發展出來的,作為檢查特定的假說是否適當的方法。如果觀測到很小的 P 值,那麼不是發生了非常令人驚訝的事情,就是虛無假說不成立:P 值愈小,則有更多的證據指出虛無假說可能是不合適的假設。這原本是相當非正式的程序,但是在 1930 年代,內曼和皮爾遜發展出**歸納行為**(inductive behavior)理論,試著將假說檢定置於更嚴格的數學基礎上。

　　他們的框架不只要求明定虛無假說,也要求需有對立假說(alternative hypothesis),代表對資料提出更複雜的解釋。他們接著考慮假說檢定後的可能決定,不是拒絕虛無假說、支持對立假說,就是不拒絕虛無假說。*因此可能有兩種類型的錯誤:當虛無假說為真時遭到我們拒絕的**第一型錯誤**(Type I error);反之,我們沒有拒絕虛無假說,但實際上是對立假說成立,就會出現**第二型錯誤**(Type II error)。法律上有很好的類比,如表 10.6 所示──法律的第一型錯誤是誤將無罪者定罪,第二型錯誤是裁定某人「無罪」,但實際上他們確實犯了罪。

　　規劃實驗時,內曼和皮爾遜建議我們應該選擇兩個數量,合起來就能決定實驗的規模應該有多大。首先,如果虛無假說為真,我們應該固定第一型錯誤的機率於預先設定的值,例如 0.05;這稱為**檢定大小**(size of a test),通常用 α(alpha;阿爾發)表示。其

---

* 內曼和皮爾遜的原始理論包括「接受」虛無假說的觀念,但是他們這部分的理論現在被忽略。

真相	假說檢定的結果	
	沒有拒絕虛無假說（判決嫌犯「無罪」）。	拒絕虛無假說，支持對立假說（判決嫌犯有罪）。
虛無假說（嫌犯無罪）	正確地沒有拒絕虛無假說。正確地判決無罪之人「無罪」。	**第一型錯誤**：錯誤地拒絕虛無假說。錯將無罪之人定罪。
對立假說（嫌犯有罪）	**第二型錯誤**：應該拒絕虛無假說卻沒有拒絕。未能將有罪之人定罪。	正確地拒絕虛無假說。正確地將有罪之人定罪。

表 10.6

假說檢定的可能結果，類似於刑事審判。

次，如果對立假說是真的，我們應該預先設定第二型錯誤的機率，通常稱為 β（beta；貝他）。事實上，研究人員通常是用 $1 - \beta$ 去運算，這稱為**檢定力**（power of a test），而且這是對立假說為真的情況下，拒絕虛無假說、支持對立假說的可能性。換句話說，一個實驗的檢定力是指它會正確測出真實效果的可能性。

檢定大小 α 和費雪的 P 值之間存在緊密的關係。如果我們將 α 當作結果是否顯著的臨界值，那麼導致我們拒絕虛無假說的結果，將正好是 P 小於 α 的結果。因此可以將 α 視為臨界的顯著水準（significance level）—— α 為 0.05，表示對於所有 P 值小於 0.05 的情況，我們將拒絕虛無假說。

不同形式的實驗大小和檢定力都有公式可用，而且每個公式都極為依賴樣本數。但是如果樣本數固定，不可避免就要權衡取捨：要提高檢定力，我們總是可以使「顯著性」的臨界值要求不那麼嚴格，因此更有可能正確地確認真實的效果，但是這個方法提高了犯下第一型錯誤（大小）的機會。用法律來比喻，我們可以放寬定罪的標準，例如放寬「無合理懷疑」（beyond reasonable doubt）的證據要求，將導致更多罪犯被正確定罪，但不可避免需要付出的代價是，更多無罪者被錯誤地判定有罪。

內曼—皮爾遜理論起源於工業的品質管制，但現在廣泛用於檢定新的醫療方法。在展開隨機臨床試驗之前，治療方案將明定虛無假說為治療無效，而對立假說則是認為該方式既合理又有重要效果。研究人員接著確定研究的大小和檢定力，通常設定 $\alpha = 0.05$ 和 $1 - \beta = 0.80$。這表示他們需要 P 值小於 0.05，才能宣稱結果顯著，

而且如果治療真的有效，做到這一點的可能性是 80%：這些合在一起，就能估計所需的參與者人數。

如果研究人員想要進行確定性的臨床試驗，那就需要更加嚴格。例如，「心臟保護研究」得出的結論是：

> 如果膽固醇降低療法能將冠狀動脈心臟疾病的五年死亡率減低約 25%，以及全因死亡率減低約 15%，那麼對於遵從醫囑，此種規模的研究，將有極佳的機會在令人信服的統計顯著性水準（也就是以 > 90% 的檢定力，達到 p < 0.01），證明這種效果。

換句話說，如果真正的治療效果是心臟病死亡率減低 25%，全因死亡率減低 15%（對立假說），那麼這項研究的檢定力約為 $1 - \beta = 90\%$，檢定大小 $\alpha = 1\%$。這些要求使得樣本數需超過 20,000。事實上，如表 10.4 所示，最後的結果包括全因死亡率減低 13%，極為接近規劃的水準。

樣本數夠大，才有充分的檢定力來檢測對立假說，這個觀念已經在醫學研究的規劃上全然根深柢固。但是心理學和神經科學的研究，經常會根據方便性或傳統，選擇不同的樣本數，例如每個條件下的研究對象數可能低到 20 個。單單因為樣本數太少，可能就漏掉了真實而有趣的對立假說，因此其他的實驗領域實有必要思考，他們所作實驗的檢定力能否被認可。

正如我們將在下一章看到的，內曼和皮爾遜曾經就適當的假說檢定形式，與費雪有過激烈，甚至公開撕破臉的爭論，而這種衝突從未化解成單一的「正確」方法。「心臟保護研究」指出，臨床試

驗傾向於從內曼—皮爾遜的觀點去設計，但是嚴格地說，一旦實驗實際執行，檢定大小和檢定力就無關緊要了。這時，是用信賴區間去分析試驗，以顯示治療效果的合理值，以及使用費雪的 P 值，來滙總對抗虛無假說的證據強度。因此，費雪和內曼—皮爾遜的觀念奇怪地混雜在一起，卻證明極有效果。

可以早點抓到殺人兇手希普曼嗎？

本書導論中提到，希普曼醫生在二十年內，謀殺了二百多名患者才被捕。受害人的家屬自然十分悲痛，因為那麼長時間的犯行竟然未引起懷疑，所以隨後的公開調查，肩負的任務是判斷他的犯行能否早日為人發現。展開調查之前，已經收集了自 1977 年以來，由希普曼簽署的死於家中或他執業處的死亡證明數目；並考慮希普曼「照護」的所有患者之年齡組成，其附近地區其他全科醫生的患者死亡率，作為期望的數字來比較。進行這種比較時，需要控制溫度變化和流感爆發等地方性狀況。圖 10.3 畫出從 1977 年到 1998 年希普曼被捕之前，累計的死亡證明觀測數減去期望數得到的結果。這種差異可以稱為他的「超額」死亡（'excess' mortality）。

至 1998 年為止，他的 65 歲或以上患者的估計超額死亡是 174 名女性和 49 名男性。這幾乎正好是後來的調查，確認為受害人的長者人數，顯示這種單純的統計分析極其準確，不需要知道個別病例的情形。[6]

假設在某個虛擬的歷史中，有人年復一年監視希普曼患者的死

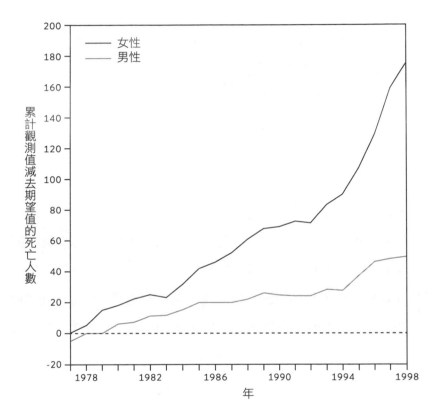

圖 10.3

希普曼簽署的 65 歲或以上患者，在家中或他執業處的累計死亡證明
數。已經減去期望數。

亡情形，並且做必要的計算，畫出圖 10.3；他們可能在什麼時候「吹哨」？例如，他們可以在每年年底進行顯著性檢定。殺人案等死亡計數，是由許多人以很小的機率發生這種事件而得到的結果，而且可以假定呈現卜瓦松分布，因此虛無假說是累計觀測死亡人數是來自卜瓦松分布的觀測值，期望值則來自累計期望計數。

如果使用圖 10.3 所示男女總死亡人數來做這項工作，那麼在 1979 年，只要監測三年，比較 40 個觀測死亡人數，期望值卻只有 25.3 人死亡，單尾 P 值為 0.004。* 此結果可能已被宣布「具有統計顯著性」，並且開始調查和偵察希普曼。

但是有兩個理由可說明，為什麼這種統計作業程序非常不適合作為監測全科執業醫生患者死亡率的方法。首先，除非有其他的原因懷疑希普曼並單獨為他設立監測程序，否則我們將必須計算英國所有全科醫生的 P 值——當時這些醫生約為 25,000 人。如同前面所說的死鮭魚例子，我們知道，如果執行夠多的顯著性檢定，我們會得到假訊號。以 0.05 的關鍵臨界值檢定 25,000 名全科醫生，我們會期望每次檢定後，二十位絕對無罪的醫生中有一位（全部大約有 1,300 位）「顯著性高」，因此完全不適合對所有這些人進行調查。此外，希普曼可能在所有這些偽陽性中成為漏網之魚。

另一種替代方法是應用邦佛洛尼法，並要求最極端的全科醫

---

* P 值是單尾的，因為我們只對偵測死亡率增加有興趣，而不是注意死亡率減少。P 值因此是平均數為 22.5 的卜瓦松隨機變數至少為 40 的機率，而根據標準軟體，這樣的機率是 0.004。

生，P值為 0.05/25,000，或者五十萬分之一。對希普曼來說，這將發生在 1984 年，當時他有 105 例死亡，而期望值是 59.2 例，超出 46 例。

但即使這樣，它也不是適用於這個國家所有全科醫生的可靠作業程序。第二個問題是，由於每年的新資料加進來，需要執行另一次檢定，所以我們重複執行顯著性檢定。有一種引人注目但複雜的理論，名稱拗口，叫做「重對數法則」（the Law of the Iterated Logarithm），它是說如果我們反覆檢定，即使虛無假說為真，我們最後肯定會在所選的任何顯著水準下，拒絕這個虛無假說。

這很令人擔憂，因為這表示，如果我們繼續檢定一位醫生夠長的時間，那麼保證我們最後會認為已經找到患者死亡率過高的證據，即使事實上他們的患者沒有承受任何過高的風險。幸好有處理這種**逐次檢定**（sequential testing）問題的統計方法。這種方法最初是在第二次世界大戰由與醫療照護無關的統計學家團隊發展出來的；他們致力於武器和其他戰爭物資的工業品質管制。

從生產線製造出來的產品被檢定是否符合標準，而且整個程序藉不斷累計與標準的總偏差來監測，和監測超額死亡率的方法很像。這些科學家了解，重對數法則意味著重複進行顯著性檢定，最後一定會發出警訊，提醒工業製程已經不受嚴格管制，即使事實上一切運行正常。美國和英國的統計人員都做了獨立研究，發展出所謂的逐次機率比檢定（Sequential Probability Ratio Test；SPRT）。這個統計量可以監測累計的偏差證據，而且可以隨時和簡單的臨界值相互比較──一旦跨越這些臨界值之一，就會觸發警訊，並且對生

產線展開調查。*這種技術有助於提高工業製程的效率，後來改用於所謂的逐次臨床試驗，反覆監測累計的結果，以觀察表示治療有效益的臨界值是否被跨越。

　　我是發展可用於希普曼資料的某種 SPRT 版本的團隊成員之一。我們的對立假說是希普曼的患者死亡率是同行的兩倍，圖 10.4 把男性和女性的情況分別畫出來。這個檢定有臨界值，控制第一型（α）和第二型（β）錯誤的機率於一百分之一、一萬分之一和一百萬分之一等指定值：假使希普曼的患者死亡率是期望值的話，那麼第一型錯誤是檢定統計量跨越某一點臨界值的總機率；但是假使希普曼的患者死亡率是期望值的兩倍，那麼第二型錯誤是檢定統計量沒有跨越某一點臨界值的總機率。[7]

　　由於有大約 25,000 位全科醫生，那麼臨界值 P 值為 0.05/25,000，或五十萬分之一，可能是合理的。單就女性而言，希普曼會在 1985 年跨越最嚴格的 $\alpha = 0.000001$，或者百萬分之一的臨界值。如果將男女合併，他在 1984 年就跨越了。因此，就這個案例來說，正確的逐次檢定將會和天真地重複做顯著性檢定，同時發出警訊。

　　對於公開調查，我們的結論是，如果有人做這種監控工作，並在 1984 年調查和起訴希普曼，那麼能夠挽救大約 175 條生命。要做的事，就只是例行性地進行簡單的統計監測作業程序。

---

* 在美國，領導統計人員的是亞伯拉罕・華爾德（Abraham Wald），英國的領導人則是喬治・巴納德（George Barnard）。巴納德戰前是個愉悅的純數學家（及共產主義者），和其他許多人一樣，將自己的技能改用於戰時的統計工作。後來他著手制定英國官方的保險套標準（BS 3704）。

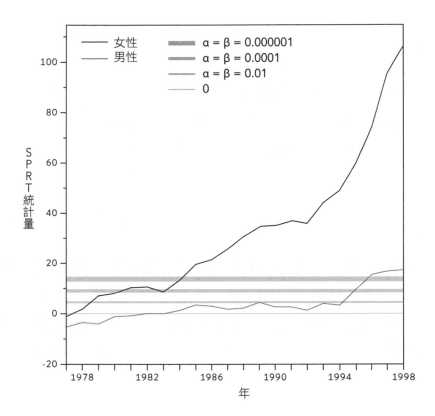

圖 10.4

逐次機率比檢定（SPRT）統計量用於偵測死亡風險倍增：64 歲以上，死於家中或執業處的患者。橫線代表「警示」的臨界值，提供了所示整體第一型（α）和第二型（β）錯誤率──假定這些錯誤率相等。觀察女性這條線，希普曼顯然在 1985 年跨越了最外側的臨界值。

　　後來針對全科執業醫生試行一套監測系統，立即發現有一位全科醫生的患者死亡率甚至高於希普曼！調查顯示，這名醫生在一座南岸小鎮執業，那裡有許多老人家和許多養老院，他出自善意幫助許多患者在醫院外溘然長逝。若是這位全科醫生因為簽署了很高比率的死亡證明，而受到任何曝光，是非常不合宜的。這裡給我們上的一課是：雖然統計系統能夠察覺離群結果，卻無法提供為什麼這些事情可能發生的原因，因此它們需要謹慎執行，以避免錯誤的指控。這是對演算法需要保持審慎態度的另一個原因。

Ｐ值可能出什麼問題？

費雪發展出以Ｐ值作為測量資料和某個預設假說之間相容性的觀念。如果假說為真，你的匯總統計量就不可能太極端，所以要是你計算出Ｐ值，並發現它很小，這表示可能發生了令人驚訝的事，或者你的原始假說是錯的。這裡面的邏輯可能不好了解，但我們已經見到這個基本觀念是多麼有用。那麼，這可能出什麼問題呢？

　　結果發現問題很多。費雪有設想到本章稍早所提例子的那種情況：有一組資料、有單一的匯總結果測量值，以及單一的相容性檢定。但是過去幾十年，Ｐ值已經成為研究的主流，大量出現在科學文獻中——有項研究從單單三年的十八本心理學和神經科學期刊，收集了大約 30,000 個 t 統計量及伴隨而來的Ｐ值。[8]

　　所以舉例來說，我們來看看 1,000 項研究，每個都設定檢定大小為 5%（α）和檢定力為 80%（$1-\beta$）。請注意，實務上大多數研究

的檢定力遠低於 80%。在現實的研究世界中，雖然執行實驗是希望
有所發現，但人們曉得，大多數的虛無假說（至少趨近於）為真。
因此，假設被檢定的虛無假說實際上只有 10% 是錯的：即使對新藥
來說，這個數字也相當高，因為新藥的成功率低得出奇。圖 10.5 因
此以類似於第 8 章篩檢乳癌例子的方式，顯示我們可以期望這
1,000 項研究的結果如何。

這表示我們將會宣稱有 125 個「發現」，但其中 45 個是偽陽
性：換句話說，這些被錯誤地拒絕的虛無假說占了 36%，或超過三
分之一。當我們考慮到科學文獻的實際結果，這幅令人沮喪的畫面
將變得更糟，因為期刊傾向於發表陽性的結果。史丹福大學的醫學
及統計學教授約翰・約阿尼迪斯（John Ioannidis）對科學研究做了
類似的分析，2005 年提出著名的主張，說「大多數已發表的研究發
現都是錯的」。[9] 第 12 章將回頭談到底是什麼原因，造成這個令人
沮喪的結論。

由於所有這些假發現都是根據確認結果「顯著」的 P 值，因此
愈來愈多人將大量不正確的科學結論歸咎於 P 值。2015 年，一本著
名的心理學期刊甚至宣布禁止使用虛無假說顯著性檢定。2016
年，美國統計協會（American Statistical Association；ASA）終於促
使一群統計學家就 P 值的六項原則取得共識。*

第一個原則只指出 P 值能做什麼：

---

* 鑑於統計學家的集體名詞常被戲稱為「變異數」（variance），所以這是
  了不起的成就。

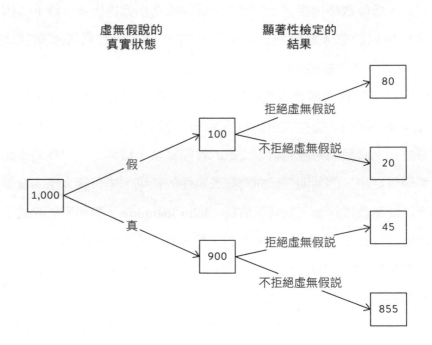

圖 10.5

執行 1,000 個假說檢定結果的期望頻率，檢定大小為 5%（第一型錯誤，α）和 80% 的檢定力（1−第二型錯誤，1−β）。只有 10%（100 個）虛無假說是錯的，我們正確地檢測到其中 80%（80 個）。在 900 個正確的虛無假說中，我們錯誤地拒絕了 45 個（5%）。整體而言，在 125 個「發現」中，有 36%（45 個）是錯誤的發現。

1. P 值能夠指出資料和指定的統計模型不相容的程度。

正如我們一再看到的，在某件事不存在的虛無假說下，P 值基本上是以測量資料有多驚人來做這件事，例如我們問：資料是否與藥物不起作用的說法不相容？這個邏輯可能不容易理解，但很有用。

第二個原則試著矯正解讀上的錯誤：

2. P 值不能測量所研究假說為真的機率，也不能測量資料只由隨機機會產生的機率。

第 8 章中，我們非常審慎地區別適當的條件機率陳述，例如，「只有 10% 的未罹患乳癌女性的乳房攝影會呈現陽性」，不同於不正確的「乳房攝影呈現陽性的女性，只有 10% 沒有罹患乳癌」。這就是被稱為檢察官謬誤的錯誤，而且我們提過，可以思考一下我們可以預期接受檢定的 1,000 名婦女會發生什麼事，而簡潔有力地矯正這個錯誤。

P 值也可能遇到類似的問題。P 值測量的是如果虛無假說為真，這種極端資料發生的可能性，而不是測量如果這種極端資料已經發生，則虛無假說為真的可能性。兩者有微妙但不能忽略的區別。

當 CERN 小組報告希格斯玻色子的結果為「五個西格瑪」，對應於約三百五十萬分之一的 P 值，BBC 正確地報導了結論，說這表示「如果希格斯粒子不存在，他們見到訊號出現的可能性，大約是 350 萬分之一」。但是其他幾乎每一家新聞報導，都誤解了 P 值的

意義。例如，《富比世雜誌》（*Forbes Magazine*）報導：「不是希格斯玻色子的可能性，低於百萬分之一」，顯然是檢察官謬誤的例子。《獨立報》（*The Independent*）的報導十分典型，聲稱「他們的研究結果是統計上一時僥倖的可能性，不到百萬分之一」。這可能不像《富比世》那樣大錯特錯，但仍然分配給「他們的研究結果是統計上一時僥倖」很低的機率。這在邏輯上相當於說這就是虛無假說的機率。這是為什麼 ASA 要強調 P 值不是「資料只由隨機機會產生的機率」。

ASA 的第三個原則力圖抗衡對統計顯著性的執著：

3. 科學結論以及商業或政策決定，不應該只根據 P 值是否跨過某特定的臨界值。

費雪當時做出表格，顯示統計量的值會使得結果「P < 0.05」或「P < 0.01」時，大概沒想到這些相當隨意的臨界值，將如何主導科學出版物，傾向於把所有的結果劃分為「顯著」或「不顯著」。從那裡開始，很容易就跳到把「顯著的」結果視為已證實的發現，像這樣從資料直奔結論，立下了過於簡化和危險的先例，而未曾在中間停下來思考。

這種簡單的二分法，造成的可怕後果是對「不顯著」的錯誤解讀。P 值不顯著，表示資料與虛無假說相容，但這並不表示虛無假說絕對正確。畢竟，只因為沒有直接證據證明罪犯在犯罪現場，並不表示他是無罪的。但是這方面的錯誤，普遍得令人咋舌。

拿少量飲酒，例如一天一杯，是否對健康有益的重大科學爭議

為例來說。有項研究宣稱，只有年紀較長的婦女，可能從適度飲酒受益，但仔細檢查後發現，其他的群組也顯示對身體有益，但不具統計顯著性，因為這些群組的估計效益信賴區間確實非常寬廣。雖然信賴區間包括 0，因此效果沒有統計顯著性，但資料和先前提到的死亡風險降低 10% 到 20% 完全相容。結果《泰晤士報》（*The Times*）大肆報導「飲酒對健康根本沒有好處」。[10]

總而言之，把「沒有顯著不同於 0」，解讀為「真正的效果確實為 0」，是非常誤導人的說法，尤其是在檢定力低和信賴區間寬廣的較小型研究中。

ASA 的第四個原則聽起來相當合理：

4. 正確的推論需要完整的報告和透明性。

最明顯的需求，是清楚地報告實際執行了多少次檢定，所以如果強調最顯著的結果，我們可以使用某種形式的調整，例如邦佛洛尼。但是，如我們將在下一章提到的，選擇性報告的問題，可能遠比這件事要微妙複雜。唯有了解了研究計畫和實際上做了什麼事，才能避免 P 值產生的問題。

你已經規劃好研究、收集了資料、做了分析，並且得到「顯著的」結果。所以這肯定是重大的發現？ASA 的第五項原則警告你不要過於自大：

5. P 值或統計顯著性並不能測量效果的大小或結果的重要性。

下一個例子告訴我們，特別是如果我們有大樣本，我們可能很有理

由相信關聯性存在，卻可能對其重要性作出誤判。

「為什麼上大學會提高罹患腦瘤的風險？」

我們在第 4 章看過這個標題。在迴歸分析中調整了婚姻狀況和收入因素之後，瑞典研究人員發現教育水準最低（只有小學程度）和最高（大學學歷以上）之間的風險相對增加 19%，95% 信賴區間是從 7% 到 33%——有趣的是，這篇論文沒有報告任何 P 值，但由於相對風險的 95% 區間排除了 1，我們可以得出 $P < 0.05$ 的結論。

到現在，讀者應該對這個研究結論有了一張潛在的關切清單，但是作者先下手為強。除了他們的研究結果，他們承認：

- 無法做出因果解讀；
- 沒有對飲酒等潛在的生活方式干擾因子做任何調整動作；
- 經濟地位較高的人，尋求健康照護的可能性較大，因此可能存在報告偏差（reporting bias）。

但是有個重要的特色沒有提到：表面關聯的規模很小。最低和最高教育水準之間增加了 19%，遠低於許多癌症所發現的數字。論文稱，18 年內，200 多萬名男性被診斷出 3,715 例腦瘤，因此依照第 1 章提過的，將相對風險轉化為絕對風險的變動，我們可以計算出：

- 教育水準最低的 3,000 名男子，我們預期會診斷出大約 5 例腫瘤（基準風險六百分之一）；

- 教育水準最高的 3,000 名男子，我們預期會有 6 例（相對增加 19%）。

這讓我們對於調查發現有了不同的印象，而且事實上很令人放心。對於這種罕見癌症小幅增加的風險，只有當樣本數很大時，才能發現具有統計顯著性：本例中，接受研究的男性超過 200 萬名。

這項科學研究的主要教訓因此可能是：(a)「巨量資料」可以輕易得出具有統計顯著性，但不具**實務顯著性**（practical significance）的發現，以及 (b) 你不必擔心攻讀學位會得到腦瘤。

ASA 的最後原則更是微妙：

6. 就其本身而言，P 值不能提供模型或假說很好的證據測量值。
例如，P 值接近 0.05，本身只提供對抗虛無假說的薄弱證據。

這個聲明，一部分是根據下一章要談的「貝氏」推理，使得一大批著名的統計學家認為「發現」新效果的標準臨界值，應該改為 P < 0.005。[11]

這可能產生什麼影響？在圖 10.5 中，將「顯著性」的標準從 0.05（二十分之一）改為 0.005（二百分之一），表示我們只會有 4.5 個偽陽性「發現」，而不是 45 個。這會將發現的總數減少到 84.5 個，其中只有 4.5 個（5%）是假發現。這和 36% 相比，是很大的改進。

費雪檢定假說的原始觀念，對統計學的實務和防止毫無根據的科學

聲明大有幫助。但統計學家經常抱怨,有些研究人員就是那麼隨意地從設計不良的研究所得的 P 值,滿懷自信地做出可一般化的推論:這就像是一種煉金術,機械式地應用統計檢定,把所有的結果拆分為「顯著」和「不顯著」,將不確定轉變為確定。我們將在第 12 章看到這種行為的一些不良後果,但在此先轉向另一種統計推論方法,它完全拒絕虛無假說顯著性檢定的整個觀念。

因此,作為統計科學的另一項心靈伸展要求,如果你能(暫時)忘記從本章和前面各章可能學到的一切,將會有幫助。

小結

- 虛無假說檢定——關於統計模型的預設假說——構成了統計實務的主要部分。

- P 值是觀測資料與虛無假說之間不相容性的測量值：正式來說，在虛無假說成立的情況下，它是觀測到極端結果的機率。

- 傳統上，P 值這個臨界值設定為 0.05 和 0.01，以宣稱結果具有「統計顯著性」。

- 如果執行多重檢定，例如，檢定資料的不同子集或多個結果測量值，則需要調整這些臨界值。

- 信賴區間和 P 值之間存在精確的對應關係：例如，如果 95% 區間不包含 0，我們可以在 P < 0.05 時，拒絕 0 的虛無假說。

- 內曼—皮爾遜理論要求要有對立假說，並且將一個假說檢定會犯下第一型錯誤和第二型錯誤的比率固定住。

- 我們已經為逐次檢定，發展出不同形式的假說檢定。

- P 值經常被錯誤解讀：尤其是它並不是在傳達虛無假說為真的機率，不顯著的結果也不表示虛無假說為真。

第 11 章

用貝氏方法，從經驗中找答案

我不太確定這個「信心」不是一種「信心戲法」。

——亞瑟・鮑利（Arthur Bowley），1934 年

我現在必須代表統計學界承認一件事。從資料中找答案的正式基礎有點混亂。雖然曾有不計其數的嘗試，想要提出統一的單一統計推論理論，卻沒有一個理論被全然接受。怪不得數學家通常不喜歡教統計學。

我們已經談過費雪和內曼—皮爾遜相互競爭的觀念，現在該來探討第三種——貝氏推論方法。這個方法在最近五十年才紅起來，但它的基本原則可以上溯到更久以前，事實上可以追溯到英格蘭的坦布里奇韋爾斯（Tunbridge Wells）一位不聽話的牧師托馬斯・貝氏（Reverend Thomas Bayes）。他後來成為機率論的理論家和哲學家，1761 年與世長辭。*

---

* 他去世時，並不知道他留下了不朽的遺產。不只他的開創性論文於 1763
 年他死後才發表，而且直到 20 世紀，他的名字才和這種方法搭上邊。

　　好消息是，貝氏方法打開了不錯的新可能性，讓複雜的資料能得到最充分的利用。壞消息是，這表示你必須將你在本書和其他地方學到的估計、信賴區間、P 值、假說檢定等幾乎所有知識都拋諸腦後。

貝氏方法是什麼？

貝氏的第一個偉大貢獻，是用機率來表達我們對這個世界缺乏知識，或者，對於正在發生的事一無所知。他表示，機率不只可用於受隨機可能性影響的未來事件——以第 8 章介紹的名詞來說，稱作偶然不確定性——也可用於某些人可能知之甚詳，但我們不知情的真實事件——所謂的認知不確定性。

　　稍微想一想，你就會知道，我們被確定但未知的事物所包圍，而有認知不確定性。賭徒押注於下一張要發的牌；我們買刮刮樂彩券、討論嬰兒的可能性別、看偵探小說苦思誰是兇手、爭論野生老虎有多少，以及從媒體上看到移民和失業可能人數的估計值。所有這些，都是世界上已經存在的事實或數量，我們只是不知道答案。再次強調，從貝氏的角度，用機率來表示我們對這些事實和數字的無知是可行的。我們甚至可以考慮將機率放在替代性的科學理論上，但這更具爭議性。

　　這些機率當然取決於我們當下的知識：還記得第 8 章告訴我們，擲出硬幣出現正面或反面的機率，取決於我們有沒有看到硬幣擲出去！所以，這些貝氏機率必然是主觀的——它們取決於我們和

外在世界的關係，而不是世界本身的屬性。這些機率應該會隨著我們接收到新的資訊而產生變化。

　　這帶給我們貝氏的第二個關鍵貢獻：機率論讓我們能夠根據新的證據，不斷地修改當下的機率。這就是**貝氏定理**（Bayes' theorem），基本上提供了從經驗中找答案的正式機制。這對於來自英國溫泉小鎮默默無聞的牧師來說，是非凡的成就。貝氏留下的遺產，是很基礎的洞見：資料不會自己說話——我們的外在知識，甚至我們的判斷，都扮演核心的角色。這似乎和科學過程不相容，但是背景知識和理解，當然一直是從資料找答案的要素，不同之處在於，貝氏方法中，是以正式的、數學的方式加以處理。

　　貝氏所作研究的隱含意義，引起了激烈的爭論，許多統計學家和哲學家很反對主觀判斷在統計科學中扮演任何角色。因此，我必須表明我的個人立場，以求公平：我在事業生涯之初，學的就是「主觀主義」的貝氏統計推理學派，*對我而言，它仍然是最令人滿意的方法。

你口袋裡有三枚硬幣：一枚兩面都是人頭（正面），一枚正常，一枚兩面都是反面。你隨機選擇一枚硬幣擲出，人頭朝上。硬幣的另一面也是人頭的機率是多少？

這是認知不確定性的經典問題：硬幣一旦擲出，就沒有任何隨機

---

* 有些人甚至可能說我被洗腦了。

性，而任何機率，只表達了你個人當下不知道硬幣的另一面是什麼。

許多人會跳到結論，回答機率是 ½，因為擲出來的這枚硬幣，必然是正常的硬幣或雙人頭硬幣，而且每枚硬幣被選中的機會相等。有很多方法可以檢查這是否正確，但最簡單的方法是使用第 8 章說明的期望頻率觀念。

圖 11.1 畫出如果你做這個試驗六次，會期望看到什麼結果。平均而言，每一枚硬幣會被選中兩次，每一枚硬幣的每一面都會在擲出後出現。其中有三次出現人頭，而其中兩次，選中的是雙人頭硬幣。所以選中雙人頭硬幣，而不是正常硬幣的機率應該是 2/3，不是 ½。基本上，見到人頭朝上，你選中的是雙人頭硬幣的可能性大些，因為這枚硬幣提供兩次人頭朝上的機會，而正常硬幣只提供一次機會。

如果這個結果似乎有違直覺，那麼下一個例子可能更令人驚訝。

假設運動競賽的興奮劑篩檢測試宣稱有「95% 準確」，表示 95% 的興奮劑服用者和 95% 的未服用者分類正確。假設每 50 名運動員中有 1 名確實在任何時候都服用興奮劑。如果某運動員的檢測呈陽性，他們真正服用興奮劑的機率是多少？

這類可能深具挑戰性的問題，當然最好是用期望頻率來處理，如同第 8 章的乳癌篩檢分析，還有第 10 章談到有很高百分比的已發表

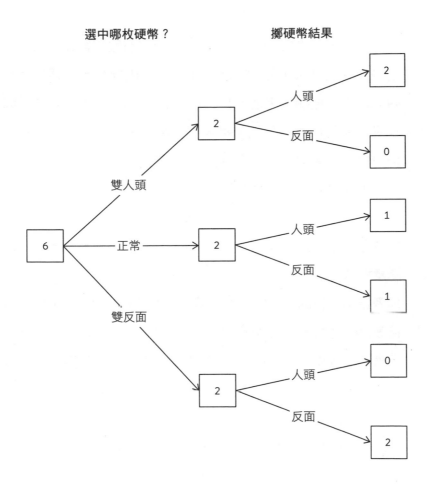

圖 11.1

三枚硬幣問題的期望頻率樹，顯示重複擲出六次，我們期望會有什麼
結果。

科學文獻是錯的。

圖 11.2 中的樹一開始有 1,000 名運動員，其中 20 名服用興奮劑，980 名沒有服用。有服用興奮劑的運動員，除了一人，其他都被檢測出來（20 人中的 95% = 19 人），但是沒有服用興奮劑的也有 49 人檢測呈陽性（980 人中的 5% = 49 人）。因此我們預期總共有 19 + 49 = 68 人的檢測呈陽性，其中只有 19 人真正服用興奮劑。因此，如果某人的檢測呈陽性，這人真正服用興奮劑的可能性只有 19/68 = 28%——其他 72% 的陽性檢測是假指控。雖然藥物檢測可以宣稱「95% 準確」，但檢測呈陽性的大多數人事實上是未服用者——不必太多的想像力，我們就能看出這種明顯的矛盾，在現實生活中會造成多大的問題，例如因為運動員沒有通過藥物檢測，便遭人隨意指責。

思考這個過程的一個方法是，我們把樹「順序顛倒」，先做檢測，接著揭露真相。圖 11.3 明白顯示這一點。

這棵「顛倒樹」，最後的結果，數字完全相同，但顯示出尊重我們理解事物的時間順序（檢測，然後得出是否服用興奮劑的真相），而不是基於因果關係的實際時間軸（先服用興奮劑，再作檢測）。這種「顛倒」正是貝氏定理所做的事——事實上，在 1950 年代之前，貝氏的想法被稱為「反機率」（inverse probability）。

運動員服用興奮劑的例子顯示，知道檢測呈陽性，服用興奮劑的機率（28%），和服用興奮劑，檢測呈陽性的機率（95%）很容易混淆。我們已經在其他的情境中，見到「給定 B，出現 A」的機率和「給定 A，出現 B」的機率相互混淆：

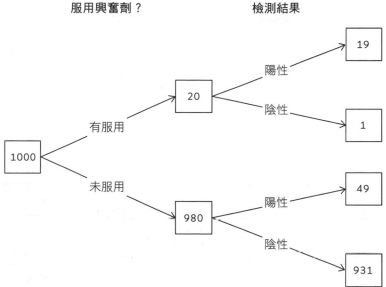

服用興奮劑？　　　　　　　**檢測結果**

圖 11.2

運動競賽服用興奮劑的期望頻率樹，顯示如果每 50 名運動員中有 1 名
服用興奮劑，而且篩檢測試「95% 準確」，我們預期 1,000 名運動員的
篩檢結果會是如何。

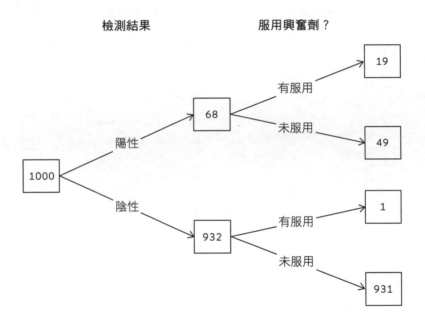

檢測結果　　　　　　　　　服用興奮劑？

圖 11.3
運動員服用興奮劑的「顛倒的」期望頻率樹，先顯示檢測結果，再揭露運動員的真實行為。

- 對 P 值的解讀錯誤，也就是給定虛無假說，出現證據的機率，和給定證據，虛無假說成立的機率相互混淆。
- 法院案件中的檢察官謬誤，也就是無罪但有證據的機率，和有證據卻判無罪的機率相互混淆。

理性的觀察者可能認為，正式的貝氏思維會以清晰和嚴格的方法，處理法律案件中的證據，因此，聽到英國法院基本上禁止使用貝氏定理，可能感到驚訝。在揭示禁令背後的論點之前，我們必須先來看看法院所允許的統計數量——**概似比**（likelihood ratio）。

勝率和概似比

服用興奮劑的例子，呈現了我們要取得真正感興趣的數量所必需的邏輯步驟：在檢測呈陽性的人中，真正服用興奮劑的人，百分比為 19/68。期望頻率樹顯示，這取決於三個關鍵數字：服用興奮劑的運動員百分比（1/50，或者在樹中為 20/1,000），服用興奮劑的運動員檢測正確地呈陽性的百分比（95%，或者在樹中為 19/20），以及未服用興奮劑運動員檢測錯誤地呈陽性的百分比（5%，或者在樹中為 49/980）。

　　使用期望頻率樹，分析變得（相當）直覺，但貝氏定理也能以使用機率的方便公式來表示。不過，我們需要先回到第 1 章介紹的勝率（odds）觀念，而這是經驗豐富的賭徒都很了解的，如果他們是英國人的話。事件的勝率是指它發生的機率除以未發生的機率。

因此，擲出一枚硬幣，正面朝上的勝率是 1，而這個數字是由 ½（正面朝上的機率）除以 ½（反面朝上的機率）得出的。*投擲骰子並得到 6 的勝率是 1/6 除以 5/6，即 1/5，通常稱為「1 比 5 的機率會擲出六點」（1 to 5 on），如果使用英國的賭博賠率表示法，則稱為「5 比 1 的機率不會擲出六點」（5 to 1 against）。

接下來，我們需要介紹概似比的觀念，因為這個概念在刑事法庭案件中，表達法醫證據的力量上，已經變得極為重要。法官和律師已經被訓練得很了解概似比，基本上它是比較一件證據提供給兩個相互競爭假說的相對支持度。我們將這兩個假說稱為 A 和 B，但它們通常代表有罪或無罪。技術上講，概似比是假說 A 之下證據出現的機率，除以假說 B 之下證據出現的機率。

我們來看看概似比在服用興奮劑的例子中如何運作，其中法醫「證據」是陽性的檢測結果。假說 A 是運動員有罪（因為服用了興奮劑），假說 B 是他們無罪。我們假設 95% 的服用興奮劑者檢測呈陽性，因此在假說 A 下，證據出現的機率是 0.95。而我們知道 5% 的未服用興奮劑者檢測呈陽性，因此，在假說 B 下，證據出現的機率是 0.05。所以概似比是 0.95/0.05 = 19：也就是說，如果運動員有罪而不是無罪，那麼檢測結果為陽性的機會，前者是後者的 19 倍。乍看之下，這似乎是相當強的證據，但我們稍後會談到在數百萬和數十億的情況下的概似比。

---

* 勝率為 1，有時也稱為「平」（evens），因為事件發生的可能性均等或平衡。

因此，我們將所有這些合在貝氏定理中，它只是說：

某個假說的初始勝率×概似比＝該假說的最後勝率

就服用興奮劑的例子來說，假說「運動員服用了興奮劑」的初始勝率是 1/49，概似比為 19，所以貝氏定理說，最後的勝率是：

$$1/49 \times 19 = 19/49$$

19/49 的勝率可以轉換為 19/(19 + 49) = 19/68 = 28% 的機率。因此，以相當簡單的方式，從期望頻率樹獲得的這個機率，也能從貝氏定理的一般方程式得出。

用更技術性的語言來說，初始勝率稱為「先驗」（prior）勝率，而最後的勝率被稱為「後驗」（posterior）勝率。這個公式可以重複應用，在引進新的獨立證據後，後驗勝率就成了先驗勝率。結合所有的證據時，這個過程相當於將獨立的概似比相乘在一起，形成複合概似比（composite likelihood ratio）。

貝氏定理看似十分基本，但其實封裝了從資料找答案的極強有力方式。

概似比和法醫學

2012 年 8 月 25 日星期六，考古學家開始挖掘萊斯特的一座停車場，尋找理查三世的遺體。幾個小時內，他們找到了第一具骨骸。這是理查三世遺骨的機率有多高？

在都鐸（Tudor）王朝的詮釋大師威廉·莎士比亞（William Shakespeare）筆下，理查三世（約克王朝的最後一位國王）是個邪惡的駝子。雖然這個觀點的爭議性很高，但根據歷史紀錄，1485 年 8 月 22 日，他在博斯沃思原野（Bosworth Field）戰役遇難，享年 32。他去世之後，玫瑰戰爭（War of the Roses）終告結束。據說他的屍體遭到肢解，並埋在萊斯特的格雷夫里亞爾修道院（Greyfriars Priory），後來拆毀，最後成了一座停車場。

依據上面提供的資訊，我們可能認為，如果以下全部屬實，這是理查三世的遺骸無誤：

- 他真的埋葬在格雷夫里亞爾修道院；
- 在之後的 527 年中，他的屍體沒有被挖出、移動或散落；
- 發現的第一具骨骸正好是他。

如果我們做相當悲觀的假設，假設他的埋葬故事屬實的機率是 50%，以及骨骸仍在最初被埋葬的格雷夫里亞爾修道院原地的機率是 50%。而且想像一下，在找到的地點還埋葬多達一百具其他人的

屍體（考古學家很清楚要在哪裡挖掘，因為據報導，理查被埋葬在修道院唱詩隊所站位置底下）。那麼上述所有事件為真的機率是 $1/2 \times 1/2 \times 1/100 = 1/400$。因此，這是理查三世骨骸的可能性非常低；最初進行這項分析的研究人員，假定了一個「偏向懷疑」的先驗機率 $1/40$，所以，我們的懷疑度還要更高。[1]

　　但是當考古學家詳細檢查遺骸，他們發現一連串令人矚目的法醫學發現，包括骨骼的放射性碳年代測定（遺骨顯示生於公元 1456 年到公元 1530 年的機率為 95%）、大約 30 歲的男子、骨骼顯示脊椎側彎（脊柱彎曲），以及死後屍體遭到肢解。遺傳分析包括理查（膝下無子）近親的已知後代，發現都有（經由他母系的）粒線體 DNA。雄性 Y 染色體不支持這種關係，但這很容易解釋為由於父系錯誤，造成雄性系斷裂。

　　每個證據項目的證據價值，可以透過它的概似比來滙總，在此例中就是：

$$概似比 = \frac{如果是理查三世的遺骨，證據的機率}{如果不是理查三世的遺骨，證據的機率}$$

表 11.1 列出每一項證據的個別概似比，顯示出個別而言無一十分令人信服，但是研究人員持謹慎態度，並且刻意讓概似比偏低，以示並不支持遺骨為理查三世。但如果我們假設這些是獨立的法醫調查結果，那麼我們可以將概似比相乘，整體評估合併後證據的強度，結果是「極強」的值 670 萬。表中使用的口語，取自表 11.2 所示、建議在法庭上使用的尺度。[2]

證據	概似比 （保守估計）	口語說法
放射性碳年代測定為 公元 1456 年到 1530 年	1.8	支持度薄弱
遺骨年齡和性別	5.3	支持度薄弱
脊椎側彎	212	支持度中偏強
死後傷	42	支持度中
粒線體 DNA 比對符合	478	支持度中偏強
雄性 Y 染色體比對不符合	0.16	反向證據薄弱
合併證據	670 萬	支持度超過極強

表 11.1

評估在萊斯特發現的骨骸各項證據的概似比，比較遺骨是或不是理查三世的假說。合併概似比為 670 萬，是把所有的個別概似比相乘後而得。

概似比的值	口語說法
1 – 10	主張的支持度薄弱
10 – 100	支持度中
100 – 1,000	支持度中偏強
1,000 – 10,000	支持度強
10,000 – 100,000	非常強
100,000 – 1,000,000	極強

表 11.2

在法庭上報告法醫調查發現時，建議的口語解讀概似比方式。

那麼，這個證據令人信服嗎？請記住，在考慮法醫的詳細調查結果之前，我們計算這是理查三世遺骨的保守初始機率為 1/400。這對應於大約 1 比 400 的初始勝率：貝氏定理告訴我們，把這個數字乘以概似比，可得出最後的勝率，因此是 670 萬 /400 = 16,750。所以即使我們以極為小心謹慎的態度，評估先驗勝率和概似比，還是可以說：遺骨為理查三世的勝率約為 17,000 比 1。

研究人員本身的「偏向懷疑」分析，使他們得出 167,000 比 1 的後驗勝率，或他們已經發現理查三世的機率為 0.999994。這被認為是充分的證據，足以證明有理由以完整的禮遇，將他的遺骨埋葬在萊斯特主教堂（Leicester Cathedral）。

法律案件中，概似比通常附加到 DNA 的證據上，「比對」嫌疑人的 DNA 和犯罪現場發現的微量跡證之間是否有某種程度的符合。兩種相互競爭的假說是，DNA 跡證是嫌疑人留下的，或是其他人留下的，所以我們可以將概似比表示如下：

$$\text{概似比} = \frac{\text{假設是嫌疑人留下跡證，DNA 比對符合的機率}}{\text{假設是其他某個人留下跡證，DNA 比對符合的機率}}$$

概似比上面的數字通常是 1，下面的數字是假設從母體隨機挑一個人，正好比對符合的可能性——這稱作**隨機比對符合機率**（random match probability）。DNA 證據的典型概似比可能在數百萬或數十億之譜，但確切的值可能有爭議，例如，由於跡證中包含多個人混合的 DNA，而使情況變得複雜。

英國的法院允許使用個別概似比，但不能像理查三世的例子那樣，將它們相乘，因為合併個別證據的過程，應該由陪審團去做。[3] 法律制度顯然還沒有準備好接受科學邏輯。

坎特伯雷大主教玩牌會作弊嗎？

著名的經濟學家約翰‧梅納德‧凱因斯（John Maynard Keynes）也曾經研究機率，並提出思想實驗，以說明評估證據的含意時，考慮初始勝率的重要性。可惜這件事較不為人所知。這個練習中，他要求我們想像和坎特伯雷大主教玩撲克，他在第一輪發牌，就發給自己穩贏的皇家同花順。我們應該懷疑他作弊嗎？

　　這件事的概似比是：

$$概似比 = \frac{假設大主教作弊，拿到皇家同花順的機率}{假設大主教只是運氣好，拿到皇家同花順的機率}$$

我們可以假設分子為 1，而分母可以計算為 1/72,000，使得概似比為 72,000 —— 依表 11.2 的標準，這對應於大主教作弊的證據「非常強」。但是我們是否應該做出結論，說他真的在作弊？貝氏定理告訴我們，最後的勝率，應該是根據這個概似比和初始勝率的乘積。由於大主教被認為是受人尊敬的神職人員，至少在我們開始玩牌之前，假設我們給大主教不會作弊很高的勝率，大概為 1 比 1,000,000，是相當合理的。因此，概似比和先驗勝率的乘積約為 72,000/1,000,000，勝率約為 7/100，相當於他作弊的機率為 7/100

或 7%。因此，在這個階段，我們對他應該往好處想，至於在酒吧剛認識的人，我們可能就沒有那麼寬容。此外，也許我們應該小心注意大主教的舉動。

貝氏統計推論

貝氏定理雖然在英國法院沒有容身之地，但它是科學上正確的方法，能根據新的證據，改變我們的想法。對於只包括兩個假說的簡單情況，例如某人是否罹患某種疾病，或者是否犯罪，期望頻率使貝氏分析變得相當簡潔明瞭。但是當我們想要運用相同的觀念，對於可能有一個範圍的值，例如統計模型中的參數，推論未知量時，情況會變得比較棘手。

牧師托馬斯·貝氏 1763 年發表的原始論文，著手回答這種非常基本的問題：在已知數量的類似情況中已經發生或者沒有發生的某件事，我們應該認定它下一次發生的機率是多少？*例如，如果一根圖釘已經投擲了 20 次，針尖朝上 15 次，朝下 5 次，下一次投擲，針尖朝上的機率是多少？你可能認為答案顯然是：15/20＝75%。但這可能不是牧師的答案——他可能會說是 16/22＝73%。他怎麼會這麼說呢？

---

* 他的確切用語是：「已知未知事件已經發生和未發生的次數：需要它在單一一次試驗發生的機率，可能性落在可以指稱的任何兩個機率程度之間」，說得相當清楚，但若以現代的名詞來說，我們可能會把他所用的「可能性」和「機率」倒過來使用。

　　貝氏用一個你看不見的撞球桌*來作比喻。假設將一顆白球隨機扔到桌子上，它在桌上滾過的地方，用一條線標記，然後把球拿開。接著將許多顆紅球隨機扔到桌子上，而且只告訴你有多少顆球在那條線的左邊，以及多少顆球在右邊。你認為那條線可能位在何處？以及你認為下一顆紅球落在那條線左邊的機率應該是多少？

　　例如，假如扔出五顆紅球，我們被告知有兩顆落到白球滾過的線的左邊，三顆落在右邊，如圖 11.4(a) 所示。貝氏表示，我們對這條線的位置之看法，應該用圖 11.4(b) 所示的機率分布來描述──這裡的數學相當複雜，書末「註釋」會說明。[4] 虛線的位置表示白球的軌跡，估計為桌子的 3/7 處，而那就是這個分布的平均數（期望值）。

　　這個 3/7 的值看起來可能很怪，因為直覺的估計值可能是 2/5──紅球落在那條線左邊的百分比。相反地，貝氏表示，在這些情況下，我們應該將線的位置估計為

$$\frac{落在線左邊的紅球數 + 1}{紅球總數 + 2}$$

例如，這表示在扔出任何一顆紅球之前，我們可以估計白球線的位置為 (0 + 1)/(0 + 2) = ½，在直覺上這表示，因為還沒有任何資料，我們無法給出任何答案。基本上講，貝氏所運用的資訊是線的位置一開始是如何決定的，因為我們知道它是靠扔出白球隨機選擇的。

---

* 他是長老會牧師，所以只稱它為桌子。

(a) (b)

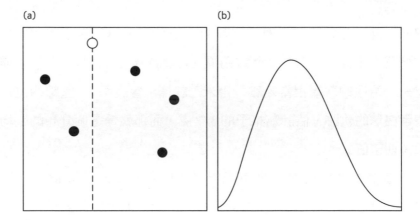

圖 11.4

貝氏的「撞球」桌。(a) 將一顆白球扔到桌子上，虛線指出它滾過和停止的位置。接著拋出五顆紅球到桌子上，落點如圖所示。(b) 觀測者看不見桌子，只被告知兩顆紅球落在虛線的左邊，三顆在虛線的右邊。曲線表示觀測者的白球落點位置機率分布（疊加在撞球桌上）。曲線的平均數為 3/7，也是觀測者對下一顆紅球落在虛線左邊的當下機率。

這些初始資訊和乳房篩檢或服用興奮劑檢測的常用方法，扮演相同的角色──稱為先驗資訊，會影響我們的最後結論。事實上，由於貝氏的公式在線左邊的紅球數目加了 1，而在紅球總數加了 2，因此我們可以認為這相當於已經丟出兩顆「想像中的」紅球，而且各有一顆已經落在虛線的一邊。

　　請注意，如果五顆球無一落到虛線的左側，我們不會估計它的位置為 0/5，而是 1/7，而這似乎合理得多。貝氏估計值永遠不會是 0 或 1，而且它總是比簡單的百分比更接近 ½：這稱為**收縮**（shrinkage），因為估計值總是被拉向初始分布的中心，或者往那裡收縮，本例為 ½。

　　貝氏分析利用如何決定虛線位置的知識，去建立它所在位置的**先驗分布**（prior distribution），加上來自資料的證據，也稱為**概似度**（likelihood），而得出**後驗分布**（posterior distribution）的最後結論，它代表我們當下對於未知數量所相信的。因此，舉例來說，電腦軟體可以計算出 0.12 到 0.78 的區間會包含圖 11.4(b) 中 95% 的機率，所以我們可以宣稱白球滾出的線落在這些界限之間，確定性為 95%。隨著愈來愈多的紅球扔到桌子上，以及它們相對於所宣布的虛線位置，這個區間穩定變窄，直到最後收斂至正確的答案。

貝氏分析的主要爭議是先驗分布的來源。貝氏的撞球桌，白球是隨機扔到桌子上，因此每個人都同意先驗分布均勻地散布在 0 和 1 之間的整條線上。當這種實體知識無法取得時，取得先驗分布的建議包括使用主觀判斷、從歷史資料找答案，以及指定**客觀先驗**

（objective priors），試著讓資料在不引進主觀判斷的情況下，自己說話。

也許最重要的洞見就是沒有「真實的」先驗分布，任何分析都應該包括對許多替代選擇的敏感性分析，考慮各種不同的可能意見。

我們可以如何把大選前的民調分析做得更好？

我們已經看到貝氏分析如何提供一個正式的機制，利用背景知識，去對我們面對的特殊問題，做出更務實的推論。這些觀念可以（字面上真的如此）被帶到另一個層級，因為多層級建模或**分層建模**（hierarchical modelling）能夠同時分析不同的數量：這些模型的力量，可以從選前民調的成功看得出來。

我們知道，理想情況下，民意調查應該根據大量、隨機、有代表性的樣本，但這種做法愈來愈昂貴，而且人們可能愈來愈不願意回答調查的問題。因此，民意調查公司現在一般都依賴線上小組（online panel）——大家都知道，這不是真的具有代表性，但是，如果民調公司能夠取得適當的隨機樣本，就可以使用複雜的統計建模，試著找出可能的反應。我們可能想起老祖宗警告我們說朽木不可雕也。

談到選前民調，情況甚至更糟，因為一國人民的態度不會一致，因此各民調公司宣稱的一整個國家的畫面，應該來自滙總許多不同的州或選區的結果。理想情況下，我們需要在地方的層級做出結論，但是線上小組所調查的人是以非隨機的方式，散布在這些地

方區域中，這表示進行地方分析所依據的資料非常有限。

貝氏對這個問題的反應，稱作**多層級迴歸和後分層**（multi-level regression and post-stratification；MRP）。基本觀念是把所有可能的選民分為好幾「格」（cell），每一格由高度同質性的人組成——例如生活在同個地區、年齡、性別、過去的投票行為，以及其他的可衡量特徵相同。我們可以使用背景人口統計資料，估計每一格中的人數，而且都假設投給某個政黨的機率相同。問題在於，當我們的非隨機資料可能表示某一格只有幾個人，或根本沒有人，需要弄清楚這個機率（投給某政黨的機率）是多少。

第一步是根據某一格的特徵，為它以特定方式投票的機率建立迴歸模型，所以我們的問題簡化為估計迴歸方程式的係數。但是仍然有太多的係數，無法用標準方法可靠地估計，這就是貝氏觀念派上用場的地方。對應於不同地區的係數，我們可以假設它們都很類似，位於某個中間點，既不是完全相同，也不是完全無關。

從數學上講，這種假設可說是等同於假設所有這些未知數量都來自相同的先驗分布，而這讓我們能夠將許多相當不精確的個別估計值，推向彼此，從而產生更平滑、更有信心的結論，不會受到一些奇怪的觀測值影響太大。對數千格中的每一格內的投票行為做了這些更為牢靠的估計之後，可以將結果合併起來，預測整個國家會如何投票。

2016 年的美國總統大選，根據多層級迴歸和後分層所作的民意調查，在選前幾個星期，只訪問 9,485 名選民，便在 51 個州和哥倫比亞特區，有 50 個州的贏家預測正確，只有密西根州錯誤。2017

年的英國大選，預測結果同樣良好，民意調查公司 YouGov 每週訪問 50,000 人，不理會是否取得代表性樣本，但隨後使用 MRP，預測國會沒有一黨取得多數席位，保守黨獲得 42% 的選票，而選舉結果正是這樣。使用比較傳統的方法所作的民調，結果慘不忍睹。[5]

那麼，我們能以方便的非隨機朽木，雕出精美的藝術品嗎？MRP 不是萬能藥——如果大量的受訪者給出系統性的誤導答案，因此不代表他們所在的「格」，那麼再多的複雜統計分析，也無法抵消那種偏差。但是，每個單一投票區，使用貝氏建模似乎是有益的，而且稍後我們會談到，它在選舉當天所作的出口民調，取得驚人的成功。

貝氏的「平滑」可以給非常稀疏的資料帶來精確度，而且舉例來說，這些技巧正逐漸用於建立疾病如何隨著時間和空間傳播的模型。貝氏學習方法現在也被視為人類對環境意識的根本過程，因為我們對於在任何情境下會看到的事情，都懷有先驗期望，然後只要注意我們看到的出乎意料的特色，用於更新我們目前的認知。這就是所謂的貝氏大腦（Bayesian Brain）背後的觀念。[6] 無人駕駛汽車也執行相同的學習程序，配備有周圍環境的機率性「心像圖」（mental map），藉識別交通燈號、行人和其他車輛等而不斷更新：「基本上，機器人汽車『認為』自己是機率的一點，沿著貝氏道路行駛。」[7]

這些問題都跟要估計這世界上的數量有關，但是要用貝氏方法去評估科學假說，仍有很大的爭議。就像內曼—皮爾遜檢定，我們

需要先建立兩個相互競爭的假設。虛無假說 H_0 通常指某件事不存在，例如希格斯玻色子不存在，或是醫藥治療沒有效果。對立假說 H_1 表示某個重要的事物存在。

貝氏假說檢定背後的觀念，因此和法律案件基本上相同，也就是虛無假說通常是無罪的，對立假說則是有罪，而且我們用概似比來表示一項證據對這兩個假說提供的相對支持度。就科學假說檢定來說，**貝氏因子（Bayes factor）**正好相當於概似比，不同之處在於科學假說通常包含未知的參數，例如對立假說下的真實效果。而貝氏因子只能取未知參數先驗分布的平均值來獲得，這使得先驗分布——貝氏分析最具爭議性的部分——極為重要。因此，試著用貝氏因子取代標準的顯著性檢定，尤其是在心理學的領域，是甚具爭議性的做法，因為批評者指出，不論虛無假說還是對立假說，任何貝氏因子背後，都潛伏著任何未知參數的假定先驗分布。

羅伯・卡斯（Robert Kass）和阿德里安・拉夫特里（Adrian Raftery）是兩位著名的貝氏統計學家，提出了廣泛為人使用的貝氏因子尺度，如表 11.3 所示。請注意，這和表 11.2 口語解讀法律案件的概似比所用的尺度不同。表 11.2 的概似比需要達 10,000，才能宣稱證據「非常強」，有別於科學假說只需要貝氏因子大於 150 即可。也許這反映了有必要確立「無合理懷疑」的刑事罪責，而科學聲明是根據較弱的證據，許多聲明在進一步研究之後都遭到推翻。

本書之前提過假說檢定，其中 P 值為 0.05 的宣稱只相當於「證據薄弱」。這麼說的部分原因，是根據貝氏因子：在對立假說下的一些合理先驗分布，可以指出 P = 0.05 對應於 2.4 到 3.4 之間的貝氏

貝氏因子	證據強度
1 到 3	微不足道
3 到 20	正面
20 到 150	強
> 150	非常強

表 11.3

卡斯和拉夫特里解讀貝氏因子支持某個假說的尺度。[8]

因子，而表 11.3 認為這是微不足道的證據。正如第 10 章所說的，所以學者提議將宣稱「發現」的必要 P 值降為 0.005。

　　與虛無假說顯著性檢定不同，貝氏因子是以對稱的方式，對待兩個假說，因此可以積極地支持虛無假說。而如果我們願意將先驗機率放到假說上，甚至可以計算關於世界運作方式的對立理論之後驗機率。假設只根據理論，我們判斷希格斯玻色子是否存在的機率是 50：50，對應於先驗勝率 1。上一章討論的資料得出的 P 值約為 1/3,500,000，可以將它轉換為最大的貝氏因子約 80,000，即使依據法律的用法，這也是非常強的證據。

　　和先驗勝率 1 結合，希格斯玻色子存在的後驗勝率變成 80,000 比 1，或機率為 0.99999。但即使可以用於理查三世，法律界和科學界也普遍不贊成這種分析。

意識形態之爭

本書從非正式檢查資料，透過溝通匯總統計量，推進到使用機率模型，得出信賴區間、P 值等等。這些標準的推論工具，被稱為「古典」（classical）或「頻率學派」（frequentist）方法，因為它們是根據長期的統計抽樣屬性而來。

　　而貝氏方法是根據完全不同的原則。如我們所見，以先驗分布表示的未知數量外部證據，和來自資料的根本機率模型證據（概似度）相結合，得出最後的後驗分布，構成所有結論的基礎。

　　如果我們以嚴肅的態度，採用這種統計哲學，統計的抽樣屬性

就變得無關緊要了。因此，花了許多年的時間，終於了解95%信賴區間並不表示真實值落在區間中的機率是95%之後，*可憐的學生現在必須忘記這一切：但是貝氏的95%不確定性區間正是這個意思。

　　但是關於統計推論的「正確」方法，爭論甚至比頻率學派和貝氏學派之間的簡單爭執更複雜。和政治運動一樣，每個學派都分裂為多個支系，彼此經常相互衝突。

　　1930年代，一場三角論戰在英國皇家統計學會這個公開場合爆發，當時和現在一樣，總是精心記錄並發表會議上提交論文的討論結果。1934年，內曼提出他的信賴區間理論時，大力倡導貝氏方法（當時稱為反機率）的鮑利（Arthur Bowley）說：「我不太確定這個『信心』不是一種『信心戲法』（confidence trick）」，然後表示貝氏方法是必要的：「你們這套真的能使我們往前推進嗎？……它真的能將我們引向我們需要的東西——我們正在抽取百分比樣本的這個世界上，其可能性介於……特定的界限之間嗎？我認為不能。」隨後的幾十年中，以嘲諷的語氣，把信賴區間和信心戲法畫上等號的說法持續不斷。

　　接下來那一年，也就是1935年，兩個非貝氏陣營爆發公開論戰，一邊是費雪，另一邊是內曼和皮爾遜。費雪的方法是根據使用「概似」函數的估計，表示資料對不同參數值的相對支持度，假說檢定則根據P值。相比之下，內曼—皮爾遜的方法（被稱為「歸納

---

* 請記住，它的意思是：長期來看，95%的這種區間將包含真實值——但我們無法對任何特定的區間說些什麼。

行為」）非常聚焦於決策的制定：如果你確定正確的答案落在 95%
的信賴區間內，那麼你就有 95% 的機會是對的，而且在假說檢定
時，應該控制第一型和第二型錯誤。他們甚至建議，如果虛無假說
包含在 95% 信賴區間內，應該「接受」它。這是費雪十分厭惡的概
念（後來也被統計學界拒絕了）。

　　費雪首先指責內曼「陷入他的論文所揭露的一連串誤解當
中」。皮爾遜隨後起而為內曼辯護，說：「雖然他知道人們普遍相
信費雪教授無懈可擊，但首先他想請求允許去質疑一點：當（費
雪）指責做研究的同行無能的同時，並沒有展現出他成功地掌握了
論點。」費雪和內曼之間激烈的爭執持續了數十年之久。

　　第二次世界大戰後，統計意識形態的主流之爭繼續上演，但隨
著時間的流逝，更為標準的非貝氏學派已分解成務實的混合體，各
種實驗通常使用第一型和第二型錯誤的內曼—皮爾遜方法，但是接
著從費雪的觀點進行分析，使用 P 值作為證據。正如我們在臨床試
驗所看到的，這種奇怪的混合法，效果似乎很好，著名的（貝氏學
派）統計學家傑羅姆‧康菲爾德（Jerome Cornfield）因此說道：
「然而矛盾的是，雖然具有永久價值的堅實結構出現了，但只缺乏
本以為已經建立起來的穩固邏輯基礎。」[9]

　　傳統統計方法所聲稱的勝過貝氏學派的優勢，包括資料中的證
據能夠和主觀因素明顯分開、一般來說容易計算、廣泛為人接受及
「顯著性」標準確立、有軟體可用、以及存在牢靠的方法，不必對
分布的形狀做很強的假設。貝氏擁護者會表示，能夠利用外部，甚
至明顯主觀的因素，正有助於我們做出更有力的推論和預測。

　　統計學界過去曾就這門學科的基礎展開冗長的激辯，但現在人們呼籲守護休戰的平和狀態，一種更為普世的方法成了常規，根據實務的情境選擇各種方法，而不是看他們的意識形態是來自費雪、內曼—皮爾遜，還是貝氏。在不是統計學家的人眼裡像是霧裡看花的論戰，這似乎是明智而務實的妥協。我個人的觀點是，雖然他們對自己所研究學科的基礎，觀點可能相當不同，但理性的統計學家通常會得到類似的結論。統計科學出現的問題，通常不是來自他們所用的方法所依據的哲學。相反的，問題比較有可能出於設計不當、資料有偏差、假設不合適，以及可能最重要的是科學實務不良。下一章將探討統計學的這個黑暗面。*

---

* 但我仍然偏愛貝氏方法。

小結

- 貝氏方法結合來自資料的證據（由概似度滙總）和初始信念（稱為先驗分布），以產生未知數量的後驗機率分布。

- 對於兩個相互競爭的假說，貝氏定理可以表示為後驗勝率＝概似比 × 先驗勝率。

- 概似比就是一項證據對兩個假說的相對支持度，有時用於滙總刑事審判的法醫證據。

- 當先驗分布是來自某個實體的抽樣程序，貝氏方法是沒有爭議的。不過一般來說，需要某種程度的判斷。

- 分層模型允許跨越假設參數相同的多個小型分析，將證據匯集在一起。

- 貝氏因子相當於科學假說的概似比，但用來替代虛無假說顯著性檢定是有爭議的。

- 統計推論的理論長久以來爭議不斷，但資料的品質和科學可靠性的問題更為重要。

第 12 章

事情怎麼會出錯？

2011 年，著名的美國社會心理學家達里爾・貝姆（Daryl Bem），在知名的心理學期刊發表了一篇重要的論文，內容包括以下的實驗。一百名學生坐在電腦前，螢幕上有兩個被窗簾蓋住的窗戶，他們要選擇是左邊或右邊的窗簾後面有圖像。然後，窗簾「打開」，看看他們有沒有選對。這樣的實驗，要進行 36 個回合。這裡使用的花招是，圖像的位置是在受測者做出選擇之後隨機決定的，但不讓受測者知道。因此，任何超出正常機率的正確選擇，都可以歸因於預知圖像會出現的位置。

貝姆指出，在沒有預知能力的虛無假說下，期望的正確率是50%，但是當圖像是色情圖片而被選中時，受測者的正確率達 53%（P = 0.01）。這篇論文包含另外八個預知實驗的結果，參與者超過1,000 人，前後達十年之久，而且他在九個研究中的八個，觀察到

具統計顯著性的結果，支持預知能力存在。這能夠證明超感官知覺存在嗎？

我希望這本書能說明統計科學在解決現實問題上的一些強大應用，而實務工作者也能把統計學的局限和潛在陷阱放在心上，運用技巧、小心謹慎地身體力行。但是現實世界並不總是那麼值得讚賞。現在該來看看，當統計的科學及藝術表現得沒有那麼美好時，會發生什麼事。然後，我們會談一下貝姆的論文的接受度如何，和遭到什麼樣的批評。

有一個原因，使得人們現在對品質低劣的統計實務如此關注：所謂的科學**可再現性危機**（reproducibility crisis）。

「可再現性危機」

第 10 章提過約阿尼迪斯 2005 年的著名說法，指大多數已發表的研究發現都是錯的，此後有許多研究人員認為，已發表的科學文獻基本上都缺乏可靠性。科學家無法重做同行做過的研究，也就是說，原始的研究不像以前所想的那麼值得信賴。這些指責雖然最初是針對醫學和生物學，後來也擴及心理學和其他的社會科學領域，不過，誇大或虛假的聲明所占的實際百分比是不是有那麼多，也引起質疑。

約阿尼迪斯原始的主張是根據一種理論模型而來，但還有其他方法是拿過去的研究，設法複製，也就是執行類似的實驗，觀察結果是否類似。「可再現性專案」（Reproducibility Project）是個大型

的協作作業，以較大的樣本數，再次執行一百個心理學研究，這麼一來，如果真實的效果存在的話，會以更高的檢定力檢測出來。這項專案顯示，雖然原始研究當中有 97% 其結果具統計顯著性，但複製研究呈現統計顯著性的卻只有 36%。[1]

　　遺憾的是，這件事被廣泛報導為其餘 63% 的結果「顯著」的研究是虛假的聲明，這又掉進了嚴格劃分「結果顯著的研究」或「結果不顯著的研究」之陷阱。著名的美國統計學家兼部落格作者安德魯・蓋爾曼（Andrew Gelman）指出，「『顯著』和『不顯著』之間的差異，本身不具統計顯著性」。[2] 事實上，只有 23% 的原始研究和複製研究的結果，彼此顯著不同。對於誇大或虛假聲明的原始研究所占百分比，這個估計值可能更適當。

　　與其在確定一項「發現」是真或假時，用結果顯著或不顯著去思考，不如將重點放在估計效果的大小上。「可再現性專案」發現，平均而言，複製的效果，方向和原始研究相同，但大小只有一半左右。這指出了科學文獻的一個重要偏差：一項研究發現了「大」事，至少其中有一些可能是幸運得到的，但很可能有機會上著名的期刊。類似於迴歸平均數，這可以稱為「迴歸虛無」（regression to the null），也就是先前效果被誇大的估計值，後來量值減低，向虛無假說靠近。

　　所謂的可再現性危機是個複雜的問題，根源在於研究人員承受著必須有所「發現」，並將結果發表在權威科學期刊上的壓力過大。而所有這些，都十分仰賴他們發現具有統計顯著性的結果。我們不應該責怪任何單一的機構或專業。在討論假說檢定時，我們也

指出，即使統計實務完美無瑕，但由於真實和實質性的效果十分少見，代表宣稱為「顯著」的結果，有很高的百分比不可避免會是偽陽性（圖 10.5）。正如我們現在看到的，統計實務距離完美經常有一大段距離。

在 PPDAC 循環的每個階段，統計工作都有可能做得不好。從一開始，我們可能嘗試處理手上的資訊無法回答的「問題」。例如，如果我們著手尋找十年來英國青少年懷孕率急遽下降的原因，則所觀測的資料無法提供解釋。*

接下來，「計畫」可能出錯，例如：

- 選擇方便且便宜的樣本，而不是具有代表性的樣本，例如選舉前的電話民調。

- 在調查中問誘導性問題或者使用誤導性措辭，例如「你認為上網購買可以節省多少錢？」

- 無法進行公允的比較，例如只觀測自願接受治療者，以評估順勢療法（homeopathy）的效果。

- 設計的研究規模過小，因此檢定力低，表示可以檢測的真實對立假說較少。

- 未能收集潛在干擾因子的資料、隨機試驗缺乏盲化等。

---

* 懷孕率下降始於臉書（Facebook）推出後不久，但資料無法告訴我們這是相關性還是有因果關係。

正如費雪的名言所說：「實驗結束後徵詢統計學家的意見，通常只是要求他做屍體解剖。他可能可以談談實驗是怎麼死的。」[3]

到了收集「資料」的階段，常見的問題包括：回應過少、受測者中途退出研究、招聘受測者的速度比預期慢得多，以及所有的變數編碼只求效率。進行時應該小心審慎，預見和避免所有這些問題。

「分析」出錯的最簡單方法就是出了錯。我們中的許多人在編碼或電子試算表上都會犯錯，但或許不會像以下例子那麼嚴重：

- 著名經濟學家卡門·萊因哈特（Carmen Reinhart）和肯尼斯·羅格夫（Kenneth Rogoff）2010 年發表了一篇論文，使得研究工作的嚴謹度問題喧騰一時。一名博士生後來發現，這篇論文由於一個簡單的電子試算表錯誤，有五個國家無意間被排除在他們的主要分析之外。*[4]

- 全球股票投資公司安盛羅森堡（AXA Rosenberg）的一位程式設計師，設計統計模型的程式時出了錯，因此其中一些計算得出的風險因素小了一萬分之一，導致客戶損失 2.17 億美元。2011 年，美國證券交易管理委員會（Securities and Exchange Commission；SEC）對安盛羅森堡處以同等金額的罰款，另加 2,500 萬美元的懲處，結果因為沒向投資人報告風險模型錯誤而受罰 2.42 億美元。[5]

---

* 這項錯誤，加上其他的批評，被認為改變了該研究的結論，但是原作者強烈不認同。

計算工作可能運算正確，卻使用不正確的統計方法。一些常見的不適當方法包括：

- 執行「集群隨機化」（cluster randomized）試驗，將整群人，例如全科診療的所有患者同時隨機分配接受特定的干預措施，卻把患者當作已經個別隨機分組去分析資料。

- 在基準狀況和干預後，衡量兩組患者，如果其中一組和基準狀況相較出現顯著的變化，則說該組有所不同，另一組的變化則不顯著。正確的程序是對各組是否有差異執行正式的統計檢定——這稱為交互作用檢定（test of interaction）。

- 將「不顯著」解讀為「無效果」。例如，第 10 章提到的酒精和死亡率研究中，每週喝酒 15 到 20 單位的 50–64 歲男性，死亡率風險顯著降低，而喝酒少一些或多一點的男性，和零沒有顯著差異。論文宣稱這是重大的差異，但是信賴區間顯示這些組之間的差異微不足道。同樣的，顯著和不顯著之間的差異不一定顯著。

作「結論」時，也許最引人注目的不良實務方式，是執行許多統計檢定，卻只報告最顯著的幾個檢定，並按虛有其表的價值加以解讀。我們已經談過，這使得找到顯著 P 值的可能性急遽提高，甚至使死魚復活。這相當於只播報球隊的得分，而不播報失分：如果有這樣的選擇性報告，就不可能得到真實的印象。

選擇性報告開始跨越單純的無能和科學上不當行為之間的界線，而且有令人不安的證據，指出這種情況並不少見。美國甚至有

人因為選擇性報告子集分析中的顯著結果而被判有罪。斯科特‧哈科寧（Scott Harkonen）曾經是 InterMune 公司的執行長。這家公司對用於治療病因不明性肺纖維化的新藥進行臨床試驗。試驗沒有顯示整體的效益，但在輕度到中度疾病的一小群患者中，死亡率顯著降低。哈科寧向投資人發布新聞稿，報告這個結果，表示他相信這項研究將帶來可觀的銷售額。雖然他沒有說出任何可以證明為不實的事情，但 2009 年，陪審團裁決他犯下電傳詐欺罪，有明確意圖欺騙投資人。政府本來求刑十年和罰款二萬美元，最後判處六個月軟禁和三年緩刑。後續的臨床試驗沒有發現新藥對這一小群患者有效。[6]

　　統計上的不當行為，可能是有意識的決定，也可能不是；它甚至可能被刻意用來凸顯科學界同儕審查和出版過程的不當之處。德國的飲食與健康研究所（German Institute of Diet and Health）的約翰內斯‧博漢農（Johannes Bohannon）進行一項研究，將參與者隨機分為三組，給他們標準、低醣、或低醣加額外的巧克力飲食。他們在三星期內執行一連串的測量，研究得出的結論是，巧克力組的減重超過低醣組 10%（P = 0.04）。這個「顯著的」結果提交給某期刊，後者認為這是「傑出論文」，並建議花 600 歐元，「它可能被我們首屈一指的期刊直接接受」。飲食與健康研究所發布新聞稿之後，許多新聞媒體相繼報導，標題竟是「巧克力加快減重」。

　　但這一切後來被證明是刻意設下的陷阱。「約翰內斯‧博漢農」其實是新聞記者約翰‧鮑恩農（John Bohannon）；飲食與健康研究所這個機構不存在；唯一真實的要素是資料，它並非捏造的。

不過，每組只有五名受測者，做了大量的檢定，而且只報告顯著的差異。

對這篇虛假的論文，作者立即坦承不諱，但不是所有的統計欺騙行為，都是為了凸顯同儕審查程序的缺失。

蓄意詐欺

蓄意捏造資料的情況確實存在，但一般認為相對少見。檢視不具名的自行坦承作假的行為，估計有 2% 的科學家承認偽造資料，而美國國家科學基金會（US National Science Foundation）和研究操守調查辦公室（Office of Research Integrity）處理的蓄意欺騙行為數量很少，但是這種行為被發現的數量一定是低估的。[7]

使用統計科學來發現統計詐欺，似乎再恰當不過。賓州大學的心理學家尤里・西蒙遜（Uri Simonsohn）檢視了描述據稱是隨機試驗，應該顯示典型的隨機變異的統計量，卻是令人難以置信地相似，或不同。例如，他注意到一份報告引用的三個估計標準差，應該是來自不同群組的 15 個人，卻都等於 25.11。西蒙遜取得原始資料，透過模擬顯示，要獲得這種類似標準差的可能性很小——負責這份報告的研究人員後來辭職。[8]

英國的心理學家西里爾・伯特（Cyril Burt）因為研究智商的遺傳性而聞名，卻於死後被追究詐欺，原因是學者發現他引用的分開撫養的雙胞胎，雖然雙胞胎群穩定增加，但智商的相關係數卻幾乎沒有隨時間而變動：1943 年的相關係數是 0.770，1955 年的相關係

數是 0.771，1966 年的相關係數是 0.771。他遭指控編造資料，但他去世後，所有的紀錄都已燒毀。這件事仍然有爭議，有人聲稱這裡面一定有什麼地方弄錯了，因為他不會犯下這麼明顯的詐欺行為。

要是純粹只是能力不足而作假，這樣的行為固然嚴重，如果統計學只有這個唯一的問題，那麼事情還好辦些。我們可以教育、檢查、複製、開放資料以供檢查等等來矯正，正如我們將在最後一章談如何做好統計所看到的那樣。但還有一個更大、更微妙的問題，有人認為是造成可再現性危機的主要原因。

「有問題的研究實務」

即使沒有編造資料、最後所作的分析適當，以及統計量和伴隨它的P 值在數值上正確，但如果我們沒有確實了解研究人員在得出結論的過程中做了什麼，也很難知道如何解讀結果。

我們已經談過，研究人員只報告結果顯著的發現時造成的問題，但也許更重要的是研究人員根據資料看起來似乎顯示什麼，而可能有意識或無意識地做出一些沒那麼重要的決定。這些「修整」（tweaks）可能包括改變實驗設計、何時停止收集資料、排除哪些資料、調整哪些因子、強調哪些群組、關注哪些結果測量值、如何拆分連續變數成為幾組、如何處理遺漏的資料等方面的決定。西蒙遜稱這些決定為「研究人員的自由度」，蓋爾曼更具詩意地稱之為「小徑盤互錯綜的花園」。所有這些修整都可能提高取得統計顯著性的可能性，而且都落在「有問題的研究實務」（questionable research practices）大項內，有時縮寫為 QRP。

重要的是必須區分所謂的**探索性研究**和**驗證性研究**（exploratory and confirmatory studies）。探索性實驗顧名思義：採用有彈性的調查方式，去探究許多可能性，並且提出假說，稍後以更正式的驗證性研究去檢定。探索性研究中，任何數量的修整都是可以的，但驗證性研究應該根據預先設定、最好是公開的協定進行。每個人都可以使用 P 值來滙總結論的證據強度，但這些 P 值應該清楚地區分和用非常不同的方式解讀。

目的在創造統計顯著性結果的作為，已經被稱為「P 值操縱」（P-hacking），雖然最明顯的技巧是執行多次檢定，並報告最顯著的結果，但研究人員還有許多更微妙的方法，能夠運用他們的自由度。

> 聽披頭四樂團（Beatles）的歌〈當我六十四歲〉（When I'm Sixty-Four），會使你感覺年輕嗎？

你可能對這個問題的正確答案很有信心。然而，西蒙遜和他的同事顯然以相當迂迴曲折的方式，設法取得顯著的正面結果，更令人印象深刻。[9]

賓州大學的大學生被隨機分配聽披頭四樂團的〈當我六十四歲〉，或〈卡林巴〉（Kalimba），或是兒童音樂團體 The Wiggles 的〈燙手山芋〉（Hot Potato）。然後問學生什麼時候出生、感覺自己幾

歲，以及一連串令人莞爾的無關緊要問題。*

　　西蒙遜和他的同事用他們想得到的每一種方法，一再分析資料，並且不斷招募參與者，直到他們發現某種顯著的關聯為止。這種情況發生在 34 名受測者之後，雖然參與者的年齡和他們聽的唱片之間沒有顯著的關係，但光是比較〈當我六十四歲〉和〈卡林巴〉，他們就在調整父親年齡的一次迴歸分析，獲得 P < 0.05。他們當然只報告結果顯著的分析，而沒有先提及做過大量的修整、操弄和選擇性報告——這些都在論文的結尾揭露。這已經成為典型的刻意做法，現在稱為 HARKing——在結果已知之後發明假說（inventing the Hypotheses After the Results are Known）。

研究人員實際上做了多少有問題的研究實務？

2012 年，調查 2,155 名美國學界的心理學家，[10] 只有 2% 承認資料造假。但是被問到十種有問題的研究實務時，

- 35% 表示，他們報告了從一開始就預料到會有的出乎意料發現。

---

* 其中包括他們多喜歡在小餐館吃飯、100 的平方根是多少，以及他們是否同意「電腦是複雜的機器」這種說法、他們父親的年齡、母親的年齡，他們是否會搶早鳥優惠、他們的政治取向、他們認為四位加拿大的四分衛中哪一位曾經得獎、他們多常將過去說成是「往日的美好時光」等等。

- 58% 表示，他們在看了結果是否顯著之後，繼續收集更多的資料。
- 67% 說他們沒有報告一項研究的所有反應。
- 94% 承認至少做了有問題研究實務中的一種。

他們大多表示，這些做法是站得住腳的——畢竟，為什麼不報告有趣但出乎意料的發現？同樣的，由於探索性研究和驗證性研究之間的界限模糊，而產生一些問題：包括 HARKing 在內的許多實務，就意在發展新概念以進行檢定的探索性研究來說，可能是好事，但在宣稱證明任何事情的研究中，應該絕對禁止。

溝通失敗

不論統計工作做得好，或者沒那麼好，在某個時點，都必須溝通給專業人士同行或者更為廣泛的一般大眾等受眾知道。不是只有科學家會根據統計證據，報告某些主張；各國政府、政界人士、慈善機構，以及其他的非政府組織，都努力利用數字和科學，為他們的主張提供明顯的「客觀」基礎，以爭取我們的注意力。現在技術變了，鼓勵日益多樣化的來源，使用線上和社群媒體溝通研究結果，卻很少見到有人出手管制，以確保可靠地利用證據。

圖 12.1 是極度簡化的流程圖，說明我們聽取統計證據的過程。[11] 整條溝通管道始於資料的創建者，然後經過「權威機構」，再經過它們的新聞和公關辦公室，再到寫報導的新聞記者和下標題的編

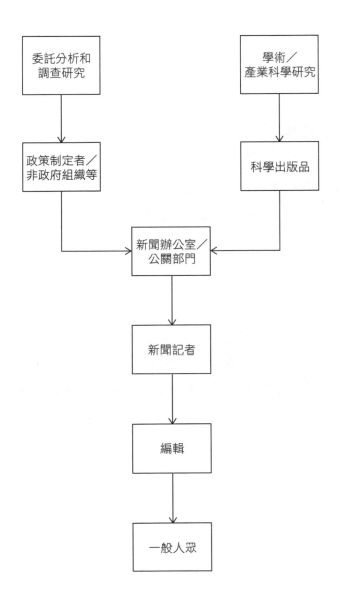

圖 12.1

傳統資訊從統計來源流向一般大眾的簡圖。每個階段都存在來自有問題的研究、解讀和溝通實務的層層過濾，例如選擇性報告、缺乏脈絡、重要性遭到誇大等等。

輯手中，最後溝通給社會中的我們每一個人知道。整個過程中，可能發生錯誤和扭曲。

文獻會出什麼問題？

第一道過濾是發生在研究人員所作的統計研究發表時。許多研究根本沒有提交發表，不是因為研究發現看起來不夠「有趣」，就是不符該研究組織的目的：尤其是製藥公司過去曾被指控將結果對它們不利的研究束之高閣。這使得有價值的資料留在「文件抽屜」中，使得文獻出現的內容產生正向偏差（positive bias）。我們不知道我們沒有被告知什麼事情。

這種正向偏差因「發現」比較有可能被較為著名的期刊接受而發表、期刊不願發表複製的實驗結果，而使情況變得更糟。當然，還有我們談過的所有有問題的研究實務，都會誇大統計顯著性。

新聞辦公室

溝通管道的下一個階段，當科學的研究發現被送交新聞辦公室，試著爭取新聞媒體報導時，還會出現更多的潛在問題。我們談過，關於社會經濟地位和腦瘤風險的一項研究，因為遣詞用字過於亢奮的新聞稿，而產生十分經典的標題：「為什麼上大學會提高罹患腦瘤的風險？」不是只有新聞辦公室這麼誇張，一項研究發現，2011年英國各大學發布的462則新聞稿：

- 40% 包含誇大的建議
- 33% 包含誇大的因果聲明
- 36% 包含從動物研究誇大推論到人類
- 媒體上出現的大多數誇大報導，可以追溯到新聞稿

同一個團隊在主要的生物醫學期刊的 534 則新聞稿中，發現了略微令人放心的結果：論文的因果聲明或建議，被 21% 的新聞稿誇大，但是這些誇大其詞的新聞稿本來希望獲得報導，卻沒有因此而有更多的媒體給它們版面。[12]

第 1 章談過數字的「框列」方式會影響它們的解讀方式：例如，「90% 脫脂」聽起來比「脂肪含量 10%」要好。一份有價值但相當乏味的研究，發現 10% 的人帶有保護他們不罹患高血壓的基因，但說故事的人充分發揮想像力——溝通團隊把這重新框列為「十個人裡面有九個人帶有提高高血壓風險的基因」，國際新聞媒體搶著報導這個負面框列的訊息。[13]

媒體

新聞記者經常因為科學和統計報導品質很差而受到指責，但他們在很大的程度內，是受提供給他們的新聞稿和科學論文左右，以及編輯如何下標題，框住他們所寫的內容：報紙的讀者極少了解寫文章的人通常難以控制標題要怎麼下，而標題當然會吸引讀者要不要去看一篇報導的內容。

　　媒體報導的主要問題，不在於它們全然不真實，而是透過不恰當地解讀「事實」，去操縱和誇大內容：這些做法，在技術上可能是正確的，卻因為所謂的「有問題的解讀和溝通實務」而扭曲。以下只列出媒體報導統計新聞，加油添醋的一些方式。事業生涯有賴於吸引讀者、聽眾或點擊數的人，會認為許多有問題的做法是合情合理的。

1. 選擇和當前共識背道而馳的內容。
2. 不管研究品質如何，一味推崇所報導的內容。
3. 沒有指出不確定性。
4. 沒有提供情境背景或比較性的觀點，例如長期的趨勢。
5. 只觀測到關聯性，卻提出原因。
6. 誇大研究發現的相關性和重要性。
7. 宣稱證據支持特定的政策。
8. 依據目的是使人放心或恐懼，而採用正面框列或負面框列。
9. 忽視利益衝突或替代觀點。
10. 使用生動但沒有什麼實質資訊的圖像。
11. 只提供相對風險，而不提供絕對風險。

最後一點的做法，幾乎普遍存在。第 1 章提到引用相對風險，而不是絕對風險，把吃培根會提升罹患腸癌風險說得煞有介事。新聞記者知道，相對風險是使一篇報導看起來更引人注目的有效方法，相對風險不管大小如何，通常被媒體稱為就是「風險提高」。以勝率比、**比率比**（rate ratio）和**危險比**（hazard ratio）等形式呈現的相

對風險，是大多數生物醫學研究的標準輸出，但這個事實無助於媒體改變報導的方式。一項流行病學研究估計，發生致命的肺栓塞和每天晚上看電視五個小時以上的關聯性，和看不到二個半小時相比，經調整後相對風險是 2.5 倍，結果媒體下了聳動標題：「為什麼沉迷於電視可能要你的命」。但是仔細檢視高風險群（158,000 人年中的 13 人年）的絕對比率，能夠轉化為表示你每晚看電視五個小時以上，預期要經過 12,000 年，才會遇到這種事。這在某種程度上減輕了衝擊力。[14]

下這個標題是為了引人注意和提高點擊率，而且果然達到效果——我當然覺得這樣的新聞非看不可。當所有的人都在尋求新奇和立即的刺激，媒體會給研究內容加油添醋，並且偏愛不尋常（甚至可能是誇大）的說法，勝於穩紮穩打的統計證據，這樣的事根本不足為奇。* 但是我們要先回頭談貝姆對於預知的非凡聲明。

貝姆知道他發表的是不同凡響的聲明，而且積極鼓勵複製研究，也提供做這件事的材料。但是當其他研究人員接受他的挑戰，並試著（卻未能）再現他的結果時，當初發表貝姆原始研究的期刊，卻拒絕發表失敗的複製研究。

---

* 在美國喜劇演員格魯喬·馬克思（Groucho Marx）提出自相矛盾的聲明，說他永遠不會加入接受他為會員的俱樂部之後，我有時會遵循所謂的「格勞喬原理」。因為事實內容經過那麼多層過濾，被人扭曲和斷章取義之後，所以每當我聽到一項聲明說是根據統計而來，這正是我不該相信它的原因。

那麼貝姆究竟是如何得出他的結果的？在很多時點，他因應資料而調整了設計，並且選擇凸顯特定的組別——例如，在顯示色情圖片時，報告正向的認知，而不是非色情圖片時出現的負向結果。貝姆承認：「我將開始做一項實驗，如果什麼都沒有，我會放棄它，修改之後重做。」有一些修改已經在文章中報告，但有些沒有。*[15] 蓋爾曼觀察到貝姆的

> 結論是根據P值，而這是資料匯總看起來會像什麼的表述，但是貝姆沒有提出證據說，要是資料以不同的方式而來，他的分析會是相同的。他的論文確實有九項研究是用各種不同的資料分析方法。†

他的案例是運用太多研究人員自由度的典型例子。但整體而言，貝姆為心理學和科學做出了巨大的貢獻：2011 年他發表的論文，促進科學家集體反思科學文獻缺乏可靠性的可能原因。甚至有人表示，貝姆所作的整件事，和本章特別提到的其他研究一樣，是他故意計劃的，目的是凸顯心理學研究的缺失。

---

* 一篇線上文章引用貝姆的話說：「我力求嚴謹……但我更喜歡別人嚴謹。我看到了它的重要性——有些人會對它很感興趣——但我可沒耐性……如果你觀察我過去的所有實驗，它們始終是用來修飾的。我收集資料來說明我的觀點，我利用資料作為說服的重點，而我不曾真正擔心過『這個實驗能否再現』。」

† 蓋爾曼的精闢結論是：「貝姆的研究是在胡搞。」

小結

- 統計實務欠佳，對科學的可再現性危機負有一定的責任。

- 資料故意造假的情況似乎相當少見，但是統計方法中的錯誤經常發生。

- 更大的問題是有問題的研究實務，經常誇大宣稱統計顯著性。

- 在統計證據送到一般大眾眼前的溝通管道中，新聞辦公室、新聞記者和編輯，透過他們使用的有問題的解讀和溝通方法，給站不住腳的統計宣稱加油添醋而促進它們的流通。

第 13 章

如何把統計做得更好

2015 年,英國公布一項大型的卵巢癌篩檢試驗的結果。這項試驗始於 2001 年,經過審慎的檢定力計算,超過 20 萬名婦女被隨機分配接受兩種卵巢癌篩檢模式中的一種,或是被分配到對照組。研究人員嚴格地預先規範一項方案,主要的分析是卵巢癌死亡率降低,並使用一種統計方法去評估。這個方法假定在整個追蹤期間,風險降低的百分比是相同的。[1]

在平均 11 年的追蹤後,終於分析完所收集的資料,預先規範的主要分析沒有顯示統計顯著性效益,作者適當地報告了這個不顯著的結果,作為他們的主要結論。那麼為什麼《獨立報》下的標題是:「卵巢癌血液檢測大突破:新檢測方法大獲成功可能促使英國展開全國性篩檢?」[2]

我們之後會回頭來談這項龐大且非常昂貴的研究,結果是否被

正確解讀。

上一章談到溝通統計研究發現的整條管道,不良的做法如何隨處發生。這表示,如果我們希望改進這條管道,有三群人需要採取行動:

- 統計量的生產者:例如科學家、統計學家、調查公司和產業界。他們可以把統計量做得更好。
- 溝通者:例如科學期刊、公益慈善機構、政府部門、新聞官員、新聞記者和編輯。他們可以把統計量溝通得更好。
- 受眾:例如一般大眾、政策制定者和專業人士。他們可以把統計量檢視得更好。

我們可以依次探討每一群人能做些什麼。

改善產生的結果

我們可以如何讓整個科學過程變得更加可靠?一些知名的研究工作者以各種協作方式,發展出「可再現性宣言」,包括改進研究方法和培訓、推廣研究設計和分析要預先註冊、用更好的方式報告實際所做的事、鼓勵複製研究、同儕審查多樣化,以鼓勵開放和透明。[3]這些觀念有許多反映在開放科學框架(Open Science Framework)中。這個框架特別鼓勵資料共享和研究預先註冊。[4]

根據上一章所舉的例子,宣言中的許多建議涉及統計實務,並

不足為奇，尤其是呼籲預先註冊研究的目的，是防止發生上一章生動說明的那些行為，也就是研究的設計、假說和分析，都根據拿到的資料進行調整。但也可能有人認為完整的預先規範既不切實際且剝奪了研究工作者的想像力，以及牽就新資料的彈性做法，是積極正面的。再次，關鍵還是在於清楚區分探索性研究和驗證性研究，研究人員總是要清楚地報告他們做出的選擇順序。

　　預先規範一項分析，並不是沒有問題的，因為在資料進來之後，可能限制住研究人員必須繼續做他們明知不適當的分析。例如，執行卵巢癌篩檢試驗的小組，計劃把所有的隨機分組患者納入分析，卻發現如果將「現患」病例（開始試驗之前，就發現患有卵巢癌的人）從分析中排除（可能被認為是相當合理的做法），那麼多模式篩檢策略確實會顯示卵巢癌死亡率顯著降低 20%（ P = 0.02）。此外，即使把所有的病例包括在內，也就是不管試驗開始之前受測者是否患有卵巢癌，隨機分組後的 7 到 14 年內，多模式組的死亡率也顯著降低 23%。所以有些問題可能始料未及，例如，將已罹患卵巢癌的患者隨機分組，而篩檢需要一定時間才能有效，都阻止了預先規劃的主要結果呈現顯著性。

　　作者審慎地報告他們的初步分析沒有呈現顯著的結果，並且語帶遺憾地說：「這項試驗的主要限制，在於我們未能預期統計設計的篩檢後期效果。」但這沒有阻止一些媒體將結果不顯著，解讀為證實虛無假說成立，並且錯誤地報導這項研究顯示篩檢根本沒有效果。《獨立報》的標題聲稱篩檢可以拯救數千人的生命，雖然有點大膽，但也許對這項研究的結論反映得比較好。

改進溝通

本書凸顯了以統計量為基礎的研究結果，出現的一些可怕的媒體報導。沒有簡單的方法可以影響新聞業和媒體的做法，尤其是在這個行業面臨社群媒體和不受管制的線上出版品的競爭而受到挑戰、廣告收入每下愈況之際，但是統計學家已經合作制定了媒體組織的報導準則，以及新聞記者和新聞辦公室人員的培訓計畫。好消息是，資料新聞業正在蓬勃發展，以及和新聞工作者合作，可以根據資料提供豐富多彩的報導內容，圖文並茂，既不失正確性，又引人入勝。

　　但是把數字化為報導題材，有一些風險存在。傳統的故事線需要情感上的衝擊、強烈的敘事手法和面面俱到的結論；科學極少提供所有這些要素，因此人們忍不住過度簡化和過度誇大。報導應該忠於證據：它的優勢、劣勢和不確定性。理想情況下，報導內容可能說某種藥物或另一種醫學干預措施，效果不好也不壞：它有效益，也有副作用，人們可能以不同的方式權衡它們，並且相當合理地得出不同的結論。新聞記者似乎避開了這種細微的敘述，不過（例如加進觀點各異的人提出的證詞），良好的溝通者應該能使這些報導引人入勝。例如，FiveThirtyEight 的克莉斯蒂・艾希萬登（Christie Aschwanden）討論了乳房篩檢的統計量，然後說她決定避開不做，而她的一位聰明朋友，卻根據完全相同的證據，做出相反的決定。[5] 這簡潔有力地確定了個人價值觀和關切之事的重要性，同時仍然尊重統計證據。

　　我們還可以對如何最好地改善統計量的溝通，做更好的研究。

例如，我們可以如何在不損及信任和信譽的情況下，以最好的方式，溝通關於事實和未來的不確定性，以及我們的技術，可以如何針對態度和知識不同的受眾量身訂製？這些是重要且可研究的問題。此外，英國脫歐公投運動中令人感覺不堪的統計辯論水準指出，我們需要研究不同的政策溝通方式，對社會可能造成什麼樣的影響。

協助找出不良的做法

許多個人和群組在確認統計實務不良方面扮演著某種角色，包括作為提交發表之論文的審稿人、對已發表的證據進行系統性審查（systematic review）的人、新聞工作者和事實查核組織，以及一般大眾中的個別成員。

西蒙遜尤其直言不諱地表示，審稿人應該更嚴格地確保論文作者遵循期刊規定的要求，能夠證明他們的研究結果紮實，而且不依賴分析中的任意決定，如有任何疑問，就要求重作實驗。另一方面，他建議審稿人應該更容忍結果中的瑕疵，而這應該會鼓勵誠實報告研究的發現。[6]

但是我審核過數百篇科學論文，我敢說問題並不總是那麼一目瞭然。檢核表有它的用處，但是作者可以鑽漏洞，讓論文看起來合理。我必須指出，需要長出一隻多疑的「鼻子」，舉例來說，能夠嗅出蛛絲馬跡，發現論文的作者做了大量的比較，卻只報告「有趣」的結果。

　　這種鼻子絕對應該在結果似乎太好，以致於不像是真的的時候，開始有所反應，例如在小樣本中觀測到較大的效果。一個典型的例子是 2007 年廣為流傳的研究，宣稱長相有吸引力的人會生更多的女兒。美國的一項調查，請青少年以五分為總分，評估他們的「身體吸引力」有幾分。十五年後，那些被評為「非常有吸引力」的青少年，只有 44% 的第一胎是男孩，低於所有長相比較普通的人的標準 52%（如亞畢諾指出的，平均而言，男嬰數略多於女嬰數）。這個發現具有統計顯著性，但是正如蓋爾曼所確認的，它的效果太大，令人難以置信，而且只發生在「最有吸引力」的群組。但論文中沒有任何內容揭露這個結果為什麼好得離譜——因此需要外部知識。[7]

發表偏差

科學家在執行系統性審查時，會檢視數量龐大的已發表文章——設法匯集文獻並綜合當前的知識狀態。但如果所發表的論文只是所作的研究中有偏差的一部分，例如一些負面的結果沒有提交發表，或者有問題的研究實務導致不合理的過高顯著結果，那麼系統性審查的意圖將令人絕望地難以實現。

　　目前已經發展出一些統計技術，用以確認這種發表偏差。假設我們有一組研究，目的都在檢定干預無效的相同虛無假說。不管實際執行的實驗是怎麼做的，如果干預確實沒有效果，那麼從理論上可以證明，用任何 P 值去檢定虛無假說，都同樣可能取得 0 到 1 之

間的任何值，因此，檢定效果的許多研究，P 值應該傾向於均勻散布。如果確實存在效果，則 P 值會向小值偏斜。

　　「P 曲線」（P-curve）的想法是，觀察顯著的檢定結果所報告的所有實際 P 值——也就是 P < 0.05 的情況。有兩個特色會讓人起疑。首先，如果有剛好略低於 0.05 的 P 值集群，就表示動了某些手腳，使某些 P 值跨越那道極為重要的界線。第二，如果這些結果顯著的 P 值沒有偏向 0，而是相當均勻地散布在 0 和 0.05 之間。那麼這就是如果虛無假說成立，也就是有 0.05 的可能性是只因機會而傾向 P < 0.05，就只報告這個顯著結果，才會發生的型態。西蒙遜和其他人檢視已經發表的心理學文獻，支持一般人的觀念，也就是給人們數量過多的選擇，會導致負面的後果；分析 P 曲線，顯示存在很大的發表偏差，也沒有很好的證據，證明有它們所說的那種效果。[8]

評估一項統計宣稱或報導

不論我們是新聞記者、事實查核員、學者、政府、企業或非政府組織的專業人士，或只是一般大眾，我們經常聽到根據統計證據作出的聲明。評估這些統計聲明的可信度，似乎是現代世界極為重要的技能。

　　且讓我們大膽假設，相信參與收集、分析和使用統計量的所有人都遵循誠信至上的道德框架。研究康德（Kant）哲學的傑出學者、也是研究信任的權威奧諾拉・奧尼爾（Onora O'Neill）強調，人們不應該尋求被信任，因為那是別人給的，而是要自己展現出所

作研究的可信度。奧尼爾提供了發人深省的簡短清單：例如，可信度有賴於表現誠實、能力和可靠。但是她也指出，需要拿出可信度的證據，而這表示必須保持透明——不只是將大量資料倒給受眾，而是要有「知性上的透明」（intelligently transparent）[9]，也就是根據資料發表的聲明必須是：

- 可取用：受眾應該能夠取得相關資訊。
- 可理解：受眾應該能夠理解相關資訊。
- 可評估：如果受眾願意，他們應該能夠檢查聲明的可靠性。
- 可使用：受眾應該能夠根據自己的需要使用相關資訊。

但是評估可信度，不是簡單的任務。統計學家和其他人員投入數十年的時間，學習如何權衡各種聲明，並且提出有助於確認任何缺陷的各種問題。這不只是靠一張簡單的檢核表，可能還需要經驗和某種質疑的態度。把這些提醒放在心上，讓我們來看看以下這些問題，試著滙總本書可能談過的智慧。每一個問題可能提到的名詞和主題，應該不必解釋，或是前文已經談過。我發現這張表很有用，希望你也這麼覺得。

面對根據統計證據發表的聲明，要問的十個問題

數字的可信度如何？

1. 這項研究做得有多嚴謹？例如，檢查「內在效度」、適當的設

計和問題的措辭，研究方案的預先註冊、採用具代表性樣本、
使用隨機化方法，以及和對照組公平比較。

2. 研究發現的統計不確定性／信賴度是多少？檢查誤差範圍、信
賴區間、統計顯著性、樣本數、多重比較、系統性偏差。

3. 滙總是否適當？檢查平均值、變異性、相對和絕對風險的使用
是否適當。

來源的可信度如何？

4. 報導的來源有多可靠？考慮有利益衝突的有偏差來源是否可能
存在，並且檢查出版品是否經過獨立的同儕審查。問問自己：
「為什麼這個來源要我看這份報導？」

5. 報導是編造的嗎？提防以下事情：使用框列誤導、引用極端情
況的傳聞軼事以產生情感上的吸引力、容易產生誤導的圖表、
誇大不實的標題、數字聽起來很大。

6. 有什麼是它沒提到的？這也許是最重要的問題。想想結果是不
是擇優挑選的、是不是故意遺漏和想講的事情衝突的資訊，以
及缺少獨立的評論。

解讀的可信度如何？

7. 聲明與其他已知的事情符合或不符？考慮情境脈絡、合適的比
較方式（包括歷史資料），以及其他的研究所顯示的結果，理
想上是以統合分析進行。

8. 對於所見的事情，它們的解釋是什麼？一些重點：是相關性還

是因果關係、迴歸平均數、不當地聲稱不顯著的結果為「沒有效果」、干擾、歸因（attribution）、檢察官謬誤。

9. 報導對於受眾有多切身相關？想想概括性（generalizability）、受研究對象是否為特例、是否從老鼠外推到人。

10. 聲稱的效果重要嗎？檢查效果的大小實際上是否顯著，對於「風險增加」的聲明尤其要提高警覺。

資料倫理

由於人們日益關注個人資料可能遭到濫用，尤其是從社群媒體帳戶收集的資料，人們越來越關注資料科學和統計學的倫理層面。雖然政府的統計人員受到官方行為準則的約束，但是更為一般性的資料倫理紀律，仍處於發展階段。

本書已談過，會影響到人們的演算法必須公正透明、科學研究講究誠信和可再現性十分重要，以及需要可信度高的溝通。所有這些都是資料倫理的一部分，而特別凸顯的一些案例已經指出，允許利益衝突，或只是因為一頭熱而去扭曲原則的做法，是很危險的事。其他許多關鍵主題可能凸顯：資料的隱私和所有權、知情同意其更廣泛的用途、演算法的法律層面的解釋等。

雖然統計科學看起來可能是高度技術性的學科，但它總是在社會的情境中進行，而它的解釋者對社會負有責任。不久的將來，我們可以期望資料倫理將成為統計訓練不可或缺的一部分。

良好的統計科學實例

> 2017 年 6 月 8 日英國大選之前，大多數民意調查顯示保守黨將占絕大多數。投票在晚上 10 時結束後幾分鐘，一支統計學家團隊預測保守黨已經失去很多席次和不再居於多數，這表示議會沒有一黨獨大。這項聲稱令人懷疑。這支團隊是如何做出這麼大膽的預測，他們是對的嗎？

本書試著強調從資料中找答案的藝術和科學需要採取好的做法，而不能一味著眼於誤導性的研究。因此以一個不錯的統計科學實例作結，似乎相當合適。

選舉剛結束，就立刻問誰贏，似乎是個奇怪的問題：畢竟，我們可以整晚坐著等結果出爐。但是，這已經成為選舉大戲的一部分，也就是在投票結束後才幾分鐘，名嘴就開始預測選舉結果會是什麼樣子。請注意，這時結果已經確定，只是我們還不知道，所以這時蹦出典型的認知不確定性例子，和失業率及其他「已經存在」，只是還不清楚是多少的其他數量一樣。

讓我們想想 PPDAC 循環。「問題」是要在投票結束後幾分鐘內快速預測英國大選的結果。由統計學家大衛・佛斯（David Firth）和朱尼・庫哈（Jouni Kuha），以及心理學家約翰・柯蒂斯（John Curtice）組成的團隊，提出一套「計畫」，執行出口民意調查，訪問大約 40,000 個投票所中的 144 個，各 200 位左右的選

民──極為重要的一點是，這 144 個投票所，和以前的出口民調所使用的相同。「資料」包含參與者不只被問到他們這次如何投票，最重要的是，他們在之前幾次選舉中如何投票。

　　「分析」有一大堆技術可用，最好是透過第 3 章的得出推論的各個階段去觀察。

- 從資料到樣本：由於這些是出口民調，而且受訪者回答的是他們已經做了的事，而不是打算做什麼，所以經驗告訴我們，他們的回答應該是選民在這次和以前各次選舉，實際投票的合理準確測量值。
- 從樣本到研究母體：從實際在每個投票所投票的人當中選取代表性樣本，因此來自樣本的結果，可用於大略估計那個小區域中投票的變化或「搖擺票」（swing）。
- 從研究母體到目標母體：利用每個投票所的人口統計知識，建立迴歸模型，試著根據那個投票區選民的特徵，解釋兩次選舉之間，某個百分比的人如何改變投票方式。用這種方法，就不必假設全國的搖擺票是相同的，而是可以因地而異──例如，可以考慮農村人口，或都市人口。然後使用估計的迴歸模型、大約 600 個選區中每個選區的人口統計資料知識、上次選舉的投票數，預測每一個別選區這次選舉的投票數，即使大多數選區實際上沒有任何選民接受出口民調。這基本上是第 11 章提過的多層級迴歸和後分層（MRP）程序。

有限的樣本表示迴歸模型中的係數存在不確定性，而這按比例擴展

到整個投票人群時，將產生選民如何投票的機率分布，因此得出每位候選人獲得最多票數的機率。把所有選區的這些數字加起來，算出期望席位數，每個數字伴隨著不確定性（雖然選舉之夜沒有報告誤差範圍）。[10]

　　表 13.1 顯示 2017 年 6 月選舉的預測和最後結果。預測和實際的席位數非常接近，和各黨最後的數字相比，最多只相差四席。這張表顯示，英國最近的三次選舉中，這套複雜的統計方法準確性很高。2015 年，它們預測自由民主黨大輸，估計從 57 席減為 10 席，而著名的自由民主黨政治人物帕迪・艾希當（Paddy Ashdown）當時在電視實況轉播採訪中說，如果它們對的話，他就「吞下帽子」。實際上，自由民主黨只贏得 8 席。*

　　媒體只提出預測席次的估計值，但贏得總席次的誤差範圍據稱約為 20 席。過去的準確性比這次好一些，所以或許那時的統計人員比較幸運。但是他們值得有這種好運氣：他們已經漂亮地證明統計科學可以如何得出強有力的結論，令一般大眾和專業人士留下深刻的印象。那些受眾對其方法的複雜性幾乎毫無概念，而這種不同凡響的表現，是在整個問題解決循環中，無微不至地關注細節而得到的。

---

* 雖然帕迪・艾希當仍然被人嘲笑，卻沒有履行承諾的紀錄，而且在我接受電台訪問，討論這次民調時，有大量的巧克力帽子送進來，讓所有的人吃。

年	席次	保守黨	工黨	自由民主黨	蘇格蘭民族黨	其他
2010	預測	307	255	59		29
	實際	307	258	57		28
2015	預測	316	239	10	58	27
	實際	331	232	8	56	23
2017	預測	314	266	14	34	21
	實際	318	262	12	35	22

表 13.1

英國最近三次全國性選舉,投票剛結束時,每一政黨贏得席次的出口民調預測值,與實際觀測結果比較。這些預測是估計值,附有誤差範圍。

小結

- 生產者、溝通者和受眾，都在改善社會使用統計科學的方式中，扮演某種角色。

- 生產者需要確保科學的可再現性。為了展現可信度，資訊應該可取用、可理解、可評估和可使用。

- 溝通者需要謹慎嘗試將統計報導融入標準的敘述中。

- 受眾需要藉詢問數字的可信度、它們的來源和解讀方式，以抓出不良的做法。

- 面對根據統計證據發表的聲明時，首先要去感覺看看，它是否合理。

第14章

結論

坦白說，統計可能很難。但我試著在本書處理根本性的問題，而不涉足技術性的細節，但內文的敘述不可避免必須借用一些甚具挑戰性的概念。因此，恭喜你走到了終點。

　　我是可以試著將前面各章濃縮成幾條明智的建議，卻不打算這麼做，而是利用下列十條有效的統計實務簡單規則作結。這些規則來自一群資深統計學家，他們呼應本書的見解，熱切強調統計學課程中通常不會教的非技術性問題。[1] 我加進了自己的評論。這些「規則」應該不必多作解釋，而且言簡意賅地滙總了本書處理過的問題。

1. 統計方法應該讓資料能夠回答科學問題：問「為什麼我要這麼做？」，而不是著眼於使用哪種特定的技巧。

2. 訊號總是帶有雜訊：試著分離兩者，正是使這門學科如此有趣的原因。變異性是不可避免的，機率模型和抽象概念一樣有用。

3. 確實地提前做好計畫：包括預先規範驗證性實驗——避免運用研究人員的自由度。

4. 關切資料的品質：一切都取決於資料。

5. 統計分析不只是在做運算：不要只是一頭栽進公式或者只顧跑軟體，卻不知道為什麼要這樣做。

6. 力求簡單：主要的溝通應該儘可能只談基本內容——除非真的有必要，否則不炫耀複雜的建模技巧。

7. 提供變異性評估：並且警告受眾，誤差範圍通常大於其所聲稱的。

8. 檢查你的假設：而且弄清楚什麼時候不可能這麼做。

9. 如有可能，複製實驗！：或者鼓勵別人這麼做。

10. 使你的分析有可再現性：其他人應該能夠取用你的資料和程式碼。

統計科學在我們的所有生活中扮演著重要的角色，而且隨著可用資料的數量和深度增加而不斷變化。但是統計研究不只對整個社會有影響，對個人的影響尤其大。從單純的個人觀點來看，寫成本書讓我了解到：我的人生因為投入統計工作而豐富充實。但願你也有同感——如果不是現在，那麼就等待將來。

詞彙解釋

absolute risk 絕對風險：定義組（defined group）中，在指定期間內經歷所關注事件的人所占百分比。

adjustment / stratification 調整 / 分層：將已知的干擾因子（confounder）納入迴歸模型；這些干擾因子不是直接關注的目標，目的是使各組之間的比較更為平衡。我們希望估計的效應和所關注解釋變數的相關性，應該會更接近因果關係。

aleatory uncertainty 偶然不確定性：關於未來不可避免的不可預測性，也稱為機會（chance）、隨機性（randomness）、運氣（luck）等。

algorithm 演算法：給予投入變數，然後生成產出（例如預測、分類或機率）的規則或公式。

artificial intelligence (AI) 人工智慧：指電腦程式，用於執行通常和人類能力有關的任務。

ascertainment bias 確定偏差：指一個人被抽樣到，或某項特色被觀測到的機會，受到某個背景因素的影響。例如，一項隨機試驗的治療組的人，比對照組受到更密切的監督。

average　平均值：一組數字的單一代表值的通用名稱，例如平均數（mean）、中位數（median）或眾數（mode）。

Bayes factor　貝氏因子：一組資料對兩個相互競爭假說的相對支持度。對於假說 H_0 和 H_1，以及資料 x 來說，比率為 $p(x|H_0)/p(x|H_1)$。

Bayesian　貝氏：一種統計推論方法，機率不只用於偶然不確定性（aleatory uncertainty），也用於未知事實的認知不確定性（epistemic uncertainty）。然後在有新證據的情況下，利用貝氏定理（Bayes' theorem）去修改這些信念。

Bayes' theorem　貝氏定理：一種機率規則，顯示證據 A 的出現，如何改變對命題 B 的先驗信念，透過公式 $p(B|A) = \frac{p(A|B)p(B)}{p(A)}$，產生後驗信念 $p(B|A)$。這很容易證明：由於 $p(B\,及\,A) = p(A\,及\,B)$，所以機率的乘法法則意味著 $p(B|A)p(A) = p(A|B)p(B)$，並將兩邊除以 $p(A)$，便得到這個定理。

Bernoulli distribution　伯努利分布：如果 X 是一個隨機變數，值為 1 的機率是 p，值為 0 的機率是 $1-p$，這稱為伯努利試驗（Bernoulli trial），呈現伯努利分布。X 的平均數是 p，變異數是 $p(1-p)$。

bias / variance trade-off　偏差 / 變異取捨：配適要用於預測的模型時，如果提高複雜度，最後會使模型的偏差減低，從某種意義上說，它更有可能吻合根本程序的細節，但變異會加大，因為沒有足夠的資料使我們對模型中的參數有信心。為了避免過度配適，需要權衡取捨這些

要素。

big data　巨量資料：愈來愈不合時宜的一個名詞，特徵是有四個 V：龐大的資料量（Volume）；各式各樣（Variety）的資料來源，例如圖片、社群媒體帳號或交易；資料取得速度（Velocity）快；以及可能因為例行性收集資料而缺乏真實性（Veracity）。

binary data　二元資料：只能有兩個值的變數，通常是對一個問題回答「是或否」。可以用伯努利分布（Bernoulli distribution）的數學形式表示。

binomial distribution　二項分布：n 個獨立的是／非試驗中，每個試驗成功的機率相同時，則觀測到的成功次數呈現二項分布。從技術上來說，n 個獨立的伯努利試驗（Bernoulli trial）$X_1, X_2 \ldots X_n$，每個的成功機率是 p，則它們的和 $R = X_1 + X_2 + \ldots + X_n$ 呈現二項分布，平均數是 np，變異數是 $np(1-p)$，其中 $P(R=r) = \binom{n}{r} p^r (1-p)^{n-r}$。觀測百分比 R/n 的平均數是 p，變異數是 $p(1-p)/n$；因此，R/n 可視為 p 的一個估計量，標準誤差為 $\sqrt{p(1-p)/n}$。

blinding　盲化：執行臨床試驗的人不知道一名患者是接受什麼樣的治療，才能避免評估結果時出現偏差。單盲（single blinding）是指患者不知道他們接受什麼樣的治療；雙盲（double blinding）是指監控患者的人也不知道患者接受什麼樣的治療；三盲（triple blinding）是指將治療標記為（例如）A 和 B，分析資料的統計學家和監控結果的委員會不知道何者對應於新的治療方法。

Bonferroni correction 邦佛洛尼校正：用於調整大小（第一型錯誤〔Type 1 error〕）或信賴區間（confidence interval），以允許同時檢定多個假說的方法。具體來說，檢定 n 個假說時，對於總大小（第一型錯誤）為 α 來說，每個假說都用 α/n 的大小進行檢定。這相當於對每個估計量使用 100(1 − α/n)% 的信賴區間。例如，檢定總 α 為 5% 的十個假說時，則 P 值相當於 0.05/10 = 0.005，並使用 99.5% 的信賴區間。

bootstrapping 拔靴法：透過重新抽取觀測資料的樣本，而不是透過對隨機變數假設一個機率模型，來產生檢定統計量的信賴區間及分布的方法。資料組 $x_1, x_2 \ldots x_n$ 的基本拔靴樣本，是重置再抽取 n 次得到的，因此拔靴樣本會是從原始的一組不同值中抽取，但結果通常不會和原始資料組的比例一樣。

Brier score 布賴爾分數：根據均方預測誤差（mean squared prediction error）的機率預測之準確度測量值。如果 $p_1 \ldots p_n$ 是 n 個二元觀測值 $x_1 \ldots x_n$（值是 0 和 1）的機率，那麼布賴爾分數是 $\frac{1}{n}\sum_i^n (x_i - p_i)^2$。基本上，均方誤差（mean-squared-error (MSE)）標準適用於二元資料。

calibration 校準：觀測到的事件發生頻率，需要符合機率預測所期望的頻率。例如，事件發生的機率給定為 0.7 的情況下，那麼事件實際發生的機率應該大約為 70%。

case-control study 案例對照研究：一種回溯研究設計，有受關注疾病或結果（案例）的人，和一或多個沒有這種疾病的人（對照）相對，並且比較兩組的病歷，觀察兩組之間是否存在暴露的系統性差

異。這個設計只能估計與暴露有關的相對風險。

categorical variable　類別變數：可以有二或多個離散值（discrete values）的變數；這些離散值可以有排序，也可以沒有排序。

Central Limit Theorem　中央極限定理：不管隨機變數之抽樣分布的形狀為何，一組隨機變數的樣本平均數有呈現常態抽樣分布的傾向（但有某些例外）。如果 n 個獨立觀測值各有平均數 μ 和變異數 σ^2，則在廣義的假設下，它們的樣本平均數是 μ 的一個估計量（estimator），並且有平均數為 μ、變異數為 σ^2/n、標準差為 $\sigma/\sqrt{n}$（也稱為估計量的標準誤差）的近似常態分布。

chi-squared test of association / goodness-of-fit test　卡方關聯性檢定／配適度檢定：一種統計檢定，指出資料和包含（可能是缺乏關聯性的）虛無假說的假設的統計模型不相容的程度，或與其他某個指定的數學形式不相容的程度。具體來說，這種檢定會比較一組 m 個觀測計數 $o_1, o_2 \ldots o_m$ 和一組期望值 $e_1, e_2 \ldots e_m$；這組期望值是在虛無假說下計算出來的。檢定統計量的最簡單版本是

$$X^2 = \sum_{j=1}^{m} \frac{(o_j - e_j)^2}{e_j}$$

在虛無假說下，X^2 會有近似的卡方抽樣分布，從而可以計算相關的 P 值。

classification tree　分類樹：分類演算法的一種形式，依序檢查各種特色，根據反應決定下一個要檢查的特色，直到分類完成。

confidence interval　信賴區間：一個估計的區間，未知的參數可能落在其中。根據觀測的一組資料 x，μ 的 95% 信賴區間是介於下限 $L(x)$ 和上限 $U(x)$ 之間，其特性為：觀測資料之前，隨機區間 $(L(X), U(X))$ 包含 μ 的機率為 95%。從中央極限定理（Central Limit Theorem）以及我們知道常態分布大約 95% 會落在平均數 ±2 個標準差內，這表示 95% 信賴區間的常用近似值為估計值 ±2 個標準誤差。假設我們想要為 μ_2 和 μ_1 這兩個參數的差 $\mu_2 - \mu_1$ 找到信賴區間。如果 T_1 是 μ_1 的估計量，標準誤差為 SE_1，T_2 是 μ_2 的估計量，標準誤差為 SE_2，那麼 $T_2 - T_1$ 就是 $\mu_2 - \mu_1$ 的估計量。兩個估計量之差的變異數，是它們的變異數之和，因此 $T_2 - T_1$ 的標準誤差是 $\sqrt{SE_1^2 + SE_2^2}$。可以從這裡建構 $\mu_2 - \mu_1$ 的 95% 信賴區間。

confirmatory studies and analyses　驗證性研究和分析：理想上對預先指定的方案，進行嚴格的研究，以確認或否定探索性研究和分析（exploratory studies and analyses）提出的假說。

confounder　干擾因子：既與反應變數又與預測變數相關的變數，也許能夠解釋它們之間的某些表面關係。例如，孩子的身高和體重強烈相關，但是這種相關，由孩子的年齡大多可以解釋。

continuous variable　連續變數：（至少在原則上）可以是特定範圍內任何值的隨機變數 X。它有個機率密度函數 f，使得 $P(X \leq x) = \int_{-\infty}^{x} f(t)dt$，而期望值是 $E(X) = \int_{-\infty}^{\infty} xf(x)dx$。$X$ 落在（A, B）區間的機率，可以用 $\int_{A}^{B} f(x)dx$ 計算。

control group　對照組：沒有暴露在受關注（例如以隨機方式）變數影響下的一組人。

control limit　管制界限：隨機變數的預設界限，用於品質管制，以監控是否偏離預定的標準，例如顯示在漏斗圖（funnel plot）上。

count variable　計數變數：可以取 0、1、2 等整數值的變數。

counter-factual　反事實：考慮事件如果不是目前的狀況，而是依照其他的方式發生，情況會怎麼樣。

cox regression　考克斯迴歸：請參考：hazard ratio。

cross-sectional study　橫斷面研究：只根據人目前的狀態去分析，不做任何後續追蹤。

cross-validation　交叉驗證：有系統地移除一些案例去充當測試組的資料，以評估預測或分類演算法之品質的方法。

data literacy　資料素養：能夠理解從資料找答案背後的原則、執行基本的資料分析，以及批判根據資料所作的聲明之品質。

data science　資料科學：研究和應用各種技術，好從資料得出各種見解，包括建構預測用的演算法。傳統的統計科學也是資料科學的一部分。資料科學也包含編碼和資料管理這些重要部分。

deep learning　深度學習：一種機器學習技術，將標準的人工神經網路

模型，擴展到代表不同抽象層級的許多層，例如從圖像的個別像素（pixels）到物件的識別。

dependent event　相依事件：一個事件發生的機率取決於另一個事件是否發生。

dependent, response or outcome variable　因變數、反應變數或結果變數：我們想要預測或解釋的主要關注變數。

epidemiology　流行病學：對疾病發生率及其原因的研究。

epistemic uncertainty　認知不確定性：對於事實、數字或科學假說缺乏了解的情況。

error matrix　誤差矩陣：用演算法交叉表列正確和錯誤的分類。

expectation (mean)　期望值（平均數）：指隨機變數的算術平均數（mean-average）。離散的隨機變數 X，期望值為 $\Sigma xp(x)$；連續的隨機變數，期望值則為 $\int xp(x)dx$。例如，如果 X 是擲出一顆正常骰子的結果，則 $x = 1, 2, 3, 4, 5, 6$ 的 $P(X=x) = \frac{1}{6}$，所以期望值 $E(X) = \frac{1}{6}(1+2+3+4+5+6) = 3.5$。

expected frequency　期望頻率：根據假設的機率模型，預期事件將來發生的次數。

exploratory studies and analyses　探索性研究和分析：初期的較有彈性的研究，允許在設計和分析時進行調整適應的改變，以追求一些有希

望的線索，目的是生成假說，好在驗證性研究（confirmatory studies）中加以檢定。

exposure 暴露：指某個因素，例如環境或行為的某個層面，對疾病、死亡或其他醫療結果的影響受到我們的關注。

external validity 外在效度：指一項研究的結論可以概括到一個目標群體，範圍比所研究的直接母體要廣。這是跟研究的相關性有關的問題。

false discovery rate 偽發現率：檢定多個假說時，陽性主張後來發現是偽陽性所占的百分比。

false-positive 偽陽性：將「陰性」（negative）案例錯誤地分類為「陽性」案例。

feature engineering 特徵工程：機器學習中，縮減輸入變數的構面，建構滙總測量值，將資訊封裝在整個資料中的過程。

forensic epidemiology 法醫流行病學：基於對全人口罹病原因的了解，對個人的罹病原因做出判斷。

framing 框列：選擇如何表示數字，可能會改變給受眾的印象。

funnel plot 漏斗圖：來自不同單位的一組觀測值，用以測量它們的精確度的圖；單位可能是不同的機構、區域或研究。如果這些單位之間確實沒有根本上的差異，那麼通常有兩個「漏斗」指出我們可以期望95% 和 99.8% 的觀測值落在何處。當觀測值的分布大致呈現常態，95%

和 99.8% 的管制界限（control limit）基本上是平均數 ± 二個和三個標準誤差（standard error）。

hazard ratio　**危險比**：分析存活時間時，在一段固定期間內，受到事件影響的相對風險（和暴露〔exposure〕有關）。當反應變數是存活時間，而且係數對應於 log（危險比），考克斯迴歸（Cox regression）是一種複迴歸形式。

hierarchical modelling　**分層建模**：貝氏分析中，當參數成為區域或學校等許多單位的基礎，則這些參數被假設是從同樣的先驗分布得出的。這導致個別單位的參數估計值往整體平均數的方向收縮（shrinkage）。

hypergeometric distribution　**超幾何分布**：從大小為 N，包含 K 個具有某個特色的物件之有限母體，不重置抽取 n 次，成功獲得 k 次的機率。正式的表示式為

$$\frac{\binom{K}{k}\binom{N-K}{n-k}}{\binom{N}{n}}$$

hypothesis testing　**假說檢定**：一個正式程序，用以評估資料對假說的支持程度，通常綜合了使用 P 值的古典費雪虛無假說（null hypothesis）檢定，以及內曼－皮爾遜的虛無和對立假說，與第一型（Type I）錯誤和第二型（Type II）錯誤的結構。

icon array　**圖標陣列**：使用一組小圖像（例如人像），以圖形顯示頻率。

independent event　**獨立事件**：如果 A 的出現不影響 B 出現的機率，則 A 和 B 是獨立的，因此 $p(B|A) = p(B)$，或者相當於 $p(B, A) = p(B)p(A)$。

independent variable / predictor　**自變數 / 預測變數**：由於設計或觀測的原因而被固定的變數，我們會關注它們與結果變數（outcome variable）的相關性。

induction / inductive inference　**歸納 / 歸納推論**：從特定的一些例子，找出一般性原則的過程。

inductive behavior　**歸納行為**：傑西・內曼（Jerzy Neyman）和艾貢・皮爾遜（Egon Pearson）1930 年代提議從決策的角度，為假說檢定建立架構。檢定的大小、檢定力，以及第一型錯誤和第二型錯誤的概念是殘留下來的。

intention to treat　**治療意向**：是一種原則。當執行分析時，是依隨機試驗的參與者根據指定接受的干預措施，而不管他們實際上是否接受。

interaction　**交互作用**：指多個解釋變數合起來產生的效果，不同於它們個別的期望貢獻。

internal validity　**內在效度**：指一項研究的結論真的適用於所研究的母體。這是跟研究的嚴謹度有關的問題。

inter-quartile range　**內四分位數距**：樣本或母體廣度的測量值，明確的說，是指第 25 個百分位數和第 75 個百分位數之間的距離。相當於

第一和第三個四分位數（quartile）之間的差。

Law of Large Numbers 大數法則：一組隨機變數的樣本平均數傾向於趨近母體平均數的過程。

least-squares 最小平方：假設我們有一組 n 個成對數字 (x_1, y_1), (x_2, y_2), ... (x_n, y_n)，而 $\bar{x}$、s_x 是所有 x 的樣本平均數和標準差，而 $\bar{y}$、s_y 是所有 y 的樣本平均數和標準差。於是最小平方迴歸線是

$$\hat{y} = b_0 + b_1 (x_i - \bar{x}) \text{，}$$

其中

- $\hat{y}$ 是自變數 x 的某特定值所對應的因變數 y 的預測值。
- 梯度（gradient）為 $b_1 = \dfrac{\sum_i (y_i - \bar{y}) (x_i - \bar{x})}{\sum_i (x_i - \bar{x})^2}$。
- 截距是 $b_0 = \bar{y}$。最小平方線會穿過重心 $\bar{x}$、$\bar{y}$。
- 第 i 個殘差是第 i 個觀測值與它的預測值之差 $y_i - \hat{y}_i$。
- 第 i 個觀測值的調整值，是殘差加上截距，也就是 $y_i - \hat{y}_i + \bar{y}$。如果這是在「平均數」這一點，也就是 $x = \bar{x}$，而不是 $x = x_i$，那麼它就是我們的觀測值。
- 殘差平方和（residual sum of squares；RSS）是殘差平方值之和，所以 $RSS = \sum_{i=1}^{n} (y_i - \hat{y}_i)^2$。最小平方線的定義是殘差平方和最小的那條線。
- 梯度 b_1 和皮爾遜相關係數 r 透過公式 $b_1 = rs_y/s_x$ 產生關聯。因此，如果 x 和 y 的標準差相同，則梯度正好等於皮爾遜相關係數。

likelihood　概似度：資料對特定參數值提供證據支持的一種測量值。
當某隨機變數的機率分布取決於一個參數，假設為 θ，則在觀測資料 x
之後，θ 的概似度和 $p(x|\theta)$ 成正比。

likelihood ratio　概似比：衡量資料對於兩個相互競爭假說的相對
支持度。對假說 H_0 和 H_1 來說，由資料 x 提供的概似比計算式是
$p(x|H_0)/p(x|H_1)$。

logarithmic scale　對數尺度：正數 x 以 10 為底的對數用 $y = \log_{10} x$ 表
示，或相當於 $x = 10^y$。在統計分析中，$\log x$ 通常表示自然對數
$y = \log_e x$，或相當於 $x = e^y$，其中 e 是自然常數 2.718。

logistic regression　羅吉斯迴歸：當反應變數為百分比，且係數對應於
$\log$（勝率比〔odds ratio〕）的一種複迴歸形式。假設我們觀測一連串
的百分比 $y_i = r_i/n_i$，設想它們來自一個二項變數（binomial variable），
根本機率是 p_i，對應於一組預測變數 $(x_{i1}, x_{i2} \dots x_{ip})$。估計機率 $\hat{p}_i$ 的勝
率之對數假定為一線性迴歸：

$$\log \frac{\hat{p}_i}{(1 - \hat{p}_i)} = b_0 + b_1 x_{i1} + b_2 x_{i2} + \dots + b_p x_{ip}$$

假設其中一個預測變數（例如 x_1）是二元變數，其中 $x_1 - 0$ 對應於非
曝險的情況，而 $x_1 = 1$ 對應於曝險的情況。如此，係數 b_1 就是 $\log$（勝
率比）。

lurking factor　潛伏因子：流行病學中，一項暴露還未被測量，但可能
是干擾因子，使我們觀測到某些關聯。例如，在一項飲食與疾病相關

的研究中，還沒有測量社會經濟地位這個潛伏因子。

machine learning　**機器學習**：從複雜的資料，提取用於分類、預測或集群等演算法的程序。

margin of error　**誤差範圍**：經過調查之後，母體的真正特徵可能落入的合理範圍。這些範圍通常是 95% 的信賴區間（confidence interval），大約是 ±2 個標準誤差，但有時用誤差線（error-bar）代表 ±1 個標準誤差。

mean (of a population)（**母體的**）**平均數**：請參考 expectation。

mean (of a sample)（**樣本的**）**平均數**：假設我們有一組 n 個資料點，將它們標示為 x_1, x_2, … x_n。這一來，它們的樣本平均數是 $m = (x_1 + x_2 + … + x_n)/n$，可以寫成 $m = \frac{1}{n}\sum_{i=1}^{n} x_i = \bar{x}$。舉例來說，如果 3、2、1、0、1 是樣本中 5 個人回報的所擁有的子女數，那麼樣本平均數是 $(3 + 2 + 1 + 0 + 1)/5 = 7/5 = 1.4$。

mean-squared-error (MSE)　**均方誤差**：對觀測值 x_1 … x_n 所作的預測值 t_1 … t_n，預測表現的測量值計算方式是 $\frac{1}{n}\sum_{i=1}^{n}(x_i - t_i)^2$。

median (of a sample)（**樣本的**）**中位數**：位在一組排序資料點中間的值。如果按順序排列資料點，我們用 $x_{(1)}$ 表示最低值，$x_{(2)}$ 表示第二低值，依此類推，直到最高值 $x_{(n)}$ 為止。如果 n 為奇數，那麼樣本中位數為中間值 $x_{\left(\frac{n+1}{2}\right)}$；如果 n 是偶數，則取兩個「中間」點的平均值為中位數。

meta-analysis **統合分析**：綜合多項研究結果的一種正式統計方法。

mode (of a population distribution)（**母體分布的**）**眾數**：發生機率最高的反應值。

mode (of a sample)（**樣本的**）**眾數**：一組資料中最常出現的值。

multi-level regression and post-stratification (MRP) **多層級迴歸和後分層**：現代發展出來的調查抽樣方法，從許多地區找來人數相當少的受訪者。然後建立一個迴歸模型，將受訪者和人口統計因素產生關聯，進而利用分層建模，找出額外的地區間變異性。知道了所有地區的人口統計資料之後，就可以在適當的不確定性下，同時做出地方性和全國性的預測。

multiple linear regression **複線性迴歸**：假設對於每個反應 y_i，都有一組 p 個預測變數（$x_{i1}, x_{i2}.. x_{ip}$）。如此，最小平方複線性迴歸是

$$\hat{y}_i = b_0 + b_1 (x_{i1} - \bar{x}_1) + b_2 (x_{i2} - \bar{x}_2) + ... + b_p (x_{ip} - \bar{x}_p)$$

其中的係數 $b_0, b_1 ... b_p$，是能夠讓殘差平方和 RSS $= \sum_{i=1}^{n} (y_i - \hat{y}_i)^2$ 最小化的值。截距 b_0 就是平均數 $\bar{y}$，其餘係數的公式相當複雜，但很容易計算。請注意，$b_0 = \bar{y}$ 是一個觀測值 y 的預測值，它的預測變數為平均值（$\bar{x}_1, \bar{x}_2, ... \bar{x}_p$），而且正如線性迴歸的情況，調整後的 y_i 是殘差加截距，或 $y_i - \hat{y}_i + \bar{y}$。

multiple testing **多重檢定**：進行一連串的假說檢定，會提高至少一次

偽陽性聲明（第一型錯誤〔Type 1 error〕）的可能性。

normal distribution 常態分布：X 的機率密度函數如果是

$$f(x) = \frac{1}{\sqrt{2\pi\sigma^2}} e^{-\frac{(x-\mu)^2}{2\sigma^2}}, \text{ for } -\infty \leq x \leq \infty,$$

那麼它就是常態（高斯）分布，平均數是 μ，變異數是 σ^2。這麼一來，$E(X) = \mu$，$V(X) = \sigma^2$，$SD(X) = \sigma$。標準化的變數 $Z = \frac{X-\mu}{\sigma}$ 的平均數是 0，變異數是 1，稱為標準常態分布（standard normal distribution）。我們以 Φ 來表示標準常態變數 Z 的累積機率。

舉例來說，$\Phi(-1) = 0.16$ 就是指標準常態變數小於 -1 的機率，或相當於一個一般常態變數小於平均數減一個標準差的機率。標準常態分布的 $100p\%$ 百分位數是 z_p，而 $P(Z \leq z_p) = p$。Φ 的值可從標準軟體或表取得，百分點 z_p 也一樣：例如，標準常態分布的第 75 個百分位數是 $z_{0.75} = 0.67$。

null hypothesis 虛無假說：一種預設的科學理論，通常代表不存在某種效果或沒有發現所關注的事物。可以用 P 值來檢定。通常表示為 H_0。

objective priors 客觀先驗：在貝氏分析中試著消除主觀因素，方法是預先指定一種先驗分布，意在表達對於參數的一無所知，從而讓資料自己說話。設定這種先驗的整體程序還沒有建立起來。

odds, odds ratio 勝率、勝率比：如果一項事件發生的機率為 p，那麼該事件勝率的定義是 $\frac{p}{(1-p)}$。如果曝險組中一項事件的勝率是 $\frac{p}{(1-p)}$，而

非曝險組的勝率是 $\frac{q}{(1-q)}$，則勝率比是 $\frac{p}{(1-p)}$ / $\frac{q}{(1-q)}$。如果 p 和 q 較小，那麼勝率比會接近相對風險 p/q，但是當絕對風險高於 20% 很多時，勝率比和相對風險將開始不同。

one-sided and two-sided test 單尾檢定和雙尾檢定：單尾檢定是用在，例如，虛無假說為某個治療的結果為負值。要推翻這個假說，唯有代表估計治療效果的檢定統計量出現很大的正值。雙尾檢定適用於治療效果（例如）恰好為零的虛無假說，所以正或負的估計值都能推翻虛無假說。

one-tailed and two-tailed P-value 單尾和雙尾 P 值：對應於單尾和雙尾檢定的 P 值。

over-fitting 過度配適：統計模型過度牽就訓練資料，以致於它的預測能力開始下滑。

parameter 參數：統計模型中未知的數量，通常以希臘字母表示。

Pearson correlation coefficient 皮爾遜相關係數：對於一組 n 個成對數字 $(x_1, y_1), (x_2, y_2) \ldots (x_n, y_n)$ 來說，當 $\bar{x}, s_x$ 是這些 x 的樣本平均數和標準差，而 $\bar{y}, s_y$ 是這些 y 的樣本平均數和標準差，則皮爾遜相關係數可以表示為 $r = \frac{\sum_{i=1}^{n}(x_i - \bar{x})(y_i - \bar{y})}{\sqrt{\sum_{i=1}^{n}(x_i - \bar{x})^2 \sum_{i=1}^{n}(y_i - \bar{y})^2}}$。如果把這些 x 和 y 都標準化為 Z 分數（Z-score）而得到 u 和 v，使得 $u_i = (x_i - \bar{x})/s_x$，以及 $v_i = (y_i - \bar{y})/s_y$。這樣一來，皮爾遜相關係數可以表示為 $\sum_{i=1}^{n} u_i v_i$，也就是 Z 分數的「外積」（cross-product）。

percentile (of a population)（母體的）百分位數：舉例來說，我們有70%的機會，抽中的隨機觀測值是落在第70個百分位數以下。就人口來說，是指有70%的人口落在第70個百分位數以下。

percentile (of a sample)（樣本的）百分位數：舉例來說，樣本的第70個百分位數，是排序資料組前70%對應到的值；因此，中位數就是第50個百分位數。點和點之間可能需要插值（interpolation）。

permutation / randomization test 排列檢定 / 隨機化檢定：假說檢定的一種形式，虛無假說下，檢定統計量的分布，是以排列資料標籤，而不是透過詳細的隨機變數統計模型取得的。假設虛無假說表示某個「標籤」（例如是男性還是女性）與結果無關。隨機化檢定於是檢查可以重新排列各個資料點標籤的所有可能方式，每種方式在虛無假說下都有相同的可能性。把這些排列的每一個檢定統計量計算出來，則 P 值就是使得檢定統計量比實際觀測的要更極端的百分比。

placebo 安慰劑：給隨機臨床試驗的對照組的假治療藥物，例如以糖丸偽裝成正在測試的治療藥物。

Poisson distribution 卜瓦松分布：計數隨機變數 X 的一種分布，其中 $P(X = x|\mu) = e^{-\mu} \dfrac{u^x}{x!}$，$x = 0, 1, 2 \dots$。因此 $E(X) = \mu$，$V(X) = \mu$。

population 母體：一個群組，假定樣本資料從中抽取，而且能提供單一觀測值的機率分布，就稱為母體。調查時，這可能真的是指人口（population），但是在測量或擁有所有可能的資料時，母體就成為數學

上的一個概念。

population distribution　母體分布：當母體確實存在時，整個母體中潛在的觀測值的型態。也可以指一般隨機變數的機率分布。

posterior distribution　後驗分布：指貝氏分析中，透過貝氏定理（Bayes' theorem）考慮觀測資料後，得到未知參數的機率分布。

power of a test　檢定力：在對立假說為真的情況下，正確地拒絕虛無假說的機率。這是一減去統計檢定的第二型錯誤率（Type II error rate），通常以 $1 - \beta$ 表示。

PPDAC：一種值得推廣的「資料循環」結構，由「問題」（Problem）、「計畫」（Plan）、「資料」（Data）收集、「分析」（Analysis；探索性或驗證性），以及「結論」（Conclusion）和「溝通」（Communication）組成。

practical significance　實務顯著性：指一項發現具有真正的重要性。大型研究可能得出具有統計顯著性，但不具實務顯著性的結果。

predictive analytics　預測性分析：使用資料，建構用於預測的演算法。

prior distribution　先驗分布：指貝氏分析中，未知參數的初始機率分布。觀測資料後，使用貝氏定理（Bayes' theorem），可將它修正為後驗分布（posterior distribution）。

probabilistic forecast　機率預測：對於未來的事件，以機率分布的形式

所作的預測，而不是對將要發生的事做類別判斷。

probability **機率**：針對不確定性的正式數學表示式。令 $P(A)$ 為事件 A 的機率。則機率的規則是：

1. 界限（bound）：$0 \leq P(A) \leq 1$。如果 A 不可能發生，則 $P(A) = 0$，如果 A 確定會發生，則 $P(A) = 1$。

2. 互補（complement）：$P(A) = 1 - P(非 A)$。

3. 加法法則（addition rule）：如果 A 和 B 互斥（也就是最多只能出現一個），則 $P(A 或 B) = P(A) + P(B)$。

4. 乘法法則（multiplication rule）：對於任何事件 A 和 B，$P(A 及 B) = P(A|B) \, P(B)$，其中 $P(A|B)$ 表示假設 B 已經發生，A 發生的機率。A 和 B 是獨立的，若且唯若（if and only if）$P(A|B) = P(A)$，也就是 B 的發生不影響 A 發生的機率。在這種情況下，我們有 $P(A 及 B) = P(A) \, P(B)$，稱之為獨立事件的乘法法則。

probability distribution **機率分布**：一個通用名詞，指隨機變數為某個值的可能性之機率的數學表示式。隨機變數 X 的機率分布函數定義為 $F(x) = P(X \leq x)$，$-\infty < x < \infty$，也就是 X 小於或等於 x 的機率。

prosecutor's fallacy **檢察官謬誤**：無罪之人犯罪證據的機率小，卻被錯誤解讀為根據證據，無罪的機率小。

prospective cohort study **前瞻世代研究**：找到一組人後，測量背景因

素，然後追蹤他們，觀測其結果。這樣的研究曠日費時且昂貴，而且可能無法確認許多罕見的事件。

P-value　P 值：資料和虛無假說的差距之測量值。對於虛無假說 H_0，令 T 為一統計量，T 值若大，表示與 H_0 矛盾。假設我們觀測到 t 值。那麼，如果 H_0 為真，單尾 P 值（one-sided P-value）就是觀測到這種極端值的機率，也就是 $P(T \geq t \,|\, H_0)$。如果很大和很小的 T 值，都表示與 H_0 矛盾，那麼雙尾 P 值（two-sided P-value）是在任一方向觀測到這種大值的機率。雙尾 P 值往往是取單尾 P 值的兩倍，而 R 軟體是使用發生機率低於實際觀測機率的事件之總機率。

quartile (of a population)（母體的）四分位數：指第 25 個、第 50 個、第 75 個百分位數（percentile）。

randomized controlled trial (RCT)　隨機對照試驗：一種實驗設計，將受測者或其他的單位，隨機分配給不同的干預措施，從而確保各組的已知和未知的背景因素取得平衡。如果各組之後的結果顯示有差異，這樣的效應不是來自於干預，就是發生了出乎意料的事件，後者的可能性可以表示為 P 值。

random match probability　隨機比對符合機率：在法醫 DNA 檢測時，從相關母體中隨機抽選出來的人，和觀測的 DNA 側寫比對之後符合的機率。

random variable　隨機變數：一個具有機率分布的數量。在觀測隨機變

數之前，通常給它們一個大寫字母，例如 X，觀測值則以 x 表示。

range (of a sample)（樣本的）全距：指最大值減去最小值，也就是 $x_{(n)} - x_{(1)}$。

rate ratio　比率比：在一段固定期間內，和暴露有相關的期望事件數的相對增幅。當反應變數是觀測到的比率，而且係數對應於 log（比率比），則卜瓦松迴歸是一種複迴歸形式。

Receiver Operating Characteristic (ROC) curve　受試者作業特徵（ROC）曲線：對於產生分數（score）的演算法，我們可以為分數選個特定的門檻值，高於該門檻值的單位，將被分類為「陽性」（positive）。隨著門檻值的變化，y 軸是敏感度（sensitivity），x 軸是 1 減去特異度（1 − specificity，即偽陽性率），就形成一條 ROC 曲線。

regression coefficient　迴歸係數：統計模型中的估計參數，表示複迴歸分析（multiple regression analysis）中解釋變數和結果之間關係的強度。視結果變數為連續變數（複線性迴歸）、百分比（羅吉斯迴歸）、計數（卜瓦松迴歸），或存活時間（考克斯迴歸）而定，係數將有不同的解讀。

regression to the mean　迴歸平均數：在偏高或偏低的觀測值之後，透過自然變異的過程，出現比較不極端的觀測值。發生這種情況的部分原因是，起初的極端值是因為偶然的原因而出現的，不可能再有相同的極端程度。

relative risk　相對風險：如果暴露在研究人員關注事物中的人，承受的絕對風險（absolute risk）是 p，而未暴露在該事物中的人，承受的絕對風險是 q，那麼相對風險是 p/q。

reproducibility crisis　可再現性危機：許多已發表的科學發現，都是根據品質欠佳的研究而得，因此其他的研究人員無法再現相同的結果。

residual　殘差：觀測值與統計模型的預測值之間的差距。

residual error　殘差誤差：無法用統計模型來解釋的資料成分之通用名詞，可以說是由於機會變異（chance variation）所致。

retrospective cohort study　回溯世代研究：找到過去某個時點的一組人，並追蹤他們現在的結果。這種研究不需要冗長的追蹤期間，而是仰賴過去已測量過的適當的解釋變數。

reverse causation　反向因果關係：指兩個變數之間的相關性起初看起來是因果關係，但實際上作用方向可能相反。例如，不喝酒的人，健康狀況通常比適度飲酒的人差，但這至少有部分原因在於有些不喝酒的人，是因為健康狀況不佳而停止喝酒。

sample distribution　樣本分布：由一組數字或類別的觀測值所形成的型態。也稱為經驗分布（empirical distribution）或資料分布（data distribution）。

sample mean　樣本平均數：請參考 mean (of a sample)。

sampling distribution　抽樣分布：統計量的機率分布。

sensitivity　敏感度：透過分類器或檢定，正確地識別為「陽性」（positive）案例的百分比，通常稱為真陽性率（true-positive rate）。1減去敏感度，就是觀測到的第二型錯誤（Type II error）或偽陰性率（false-negative rate）。

sequential testing　逐次檢定：對不斷累計的資料重複進行統計檢定時，會虛增第一型錯誤（Type I error）在某一點發生的機會。如果這個程序持續夠長的時間，保證會有「顯著的結果」出現。

shrinkage　收縮：受貝氏分析中先驗分布的影響，估計值傾向於被拉向假設或估計的先驗平均數。這也稱為「借力」（borrowing strength），因為舉例來說，特定地理區域的估計發病率，會受到其他地區發病率的影響。

signal and the noise　訊號和雜訊：指觀測資料來自兩個成分：我們真正感興趣的確定性訊號，以及包含殘差誤差的隨機雜訊。統計推論面對的挑戰，是適當地區辨兩者，而不是被誤導，錯把雜訊當作訊號。

Simpson's paradox　辛普森悖論：把干擾變數納入考慮，結果得表面的關係方向反轉。

size of a test　檢定大小：統計檢定的第一型錯誤率（Type I error rate），通常以 α 表示。

skewed distribution 偏斜分布：指樣本或母體分布高度不對稱，而且有長左尾或長右尾的現象。收入和書籍的銷售量等變數存在極大的分配不均時，通常可能發生這種情況。這種分布的標準測量值（例如平均數）和標準差，可能會造成很大的誤導。

Spearman's rank correlation 斯皮爾曼等級相關：一個觀測值的等級，是指它在排序組中的位置，其中「同級」（ties）被視為等級相同。例如，對於資料（3, 2, 1, 0, 1）來說，等級是（5, 4, 2.5, 1, 2.5）。當把 x 和 y 替換成它們的等級，斯皮爾曼等級相關就是皮爾遜相關。

specificity 特異度：透過分類器或檢定，正確地識別為「陰性」（negative）案例的百分比。1 減去特異度，就是觀測到的第一型錯誤（Type I error）或偽陽性率（false-positive rate）。

standard deviation 標準差：樣本或分布的變異數（variance）之平方根。對於對稱良好且沒有長尾的資料分布而言，我們會預期大多數的觀測值落在距樣本平均數兩個樣本標準差的範圍內。

standard error 標準誤差：當樣本平均數被視為隨機變數時，它的標準差。假設 $X_1, X_2 \ldots X_n$ 是從平均數 μ 和標準差 σ 的母體分布得出的獨立且相同分布的隨機變數。它們的平均數 $Y = (X_1 + X_2 + \ldots + X_n)/n$ 有平均數 μ 和標準差 σ^2/n。則 Y 的標準差是 $\sigma/\sqrt{n}$，稱為標準誤差，可以用 $s/\sqrt{n}$ 來估計，其中 s 是所有觀測值 X 的樣本標準差。

statistic 統計量：從一組資料中得出的有意義數字。

statistical inference 統計推論：使用樣本資料，去研究統計模型中的未知參數之過程。

statistical model 統計模型：一種數學表示式，包含一組隨機變數的機率分布的未知參數。

statistical science 統計科學：從資料了解世界的一門學科，通常需要用到 PPDAC 之類的問題解決循環。

statistical significance 統計顯著性：當虛無假說對應的 P 值低於某個預先設定的水準（例如 0.05 或 0.01）時，觀測效應被判斷為具有統計顯著性。意思是說，如果虛無假說和其他所有的建模假設成立，這種極端的結果不太可能發生。

supervised learning 監督式學習：根據已經確定類別的成員案例，建構分類演算法。

t-statistic t 統計量：一種檢定統計量，用於檢定參數為零的虛無假說。這個統計量由估計值相對於它的標準誤差之比率形成。對大樣本來說，t 值大於 2 或小於 −2，對應於 0.05 的雙尾 P 值；確切的 P 值可以從統計軟體獲得。

Type I error 第一型錯誤：真實的虛無假說被錯誤地拒絕，而支持對立假說，就會提出偽陽性（false-positive）的聲明。

Type II error 第二型錯誤：當對立假說為真，但假說檢定沒有拒絕虛無

假說，就會得出偽陰性的結論。

unsupervised learning 非監督式學習：使用某種形式的集群程序，在缺乏已經確定類別的成員案例下，找出各個類別。

variability 變異性：測量值或觀測值之間不可避免會發生的差異，其中一些可以用已知的因素加以解釋，其餘的只好歸因為隨機雜訊。

variance 變異數：對於平均數為 $\bar{x}$ 的樣本 $x_1 \dots x_n$ 來說，變異數的定義是 $s^2 = \frac{1}{(n-1)} \sum_{i=1}^{n} (x_i - \bar{x})^2$（雖然分母也可以是 n，而不是 $n-1$）。對於平均數為 μ 的隨機變數 X 而言，變異數是 $V(X) = E(X - \mu)^2$。標準差是變異數的平方根，所以 $SD(X) = \sqrt{V(X)}$。

wisdom of crowds 群眾智慧：指滙總一群人的意見，會比大多數人的意見更接近事實。

Z-score Z 分數：根據觀測值 x_i 與以樣本標準差 s 表示的樣本平均數 m 的距離，將 x_i 標準化的一種方法，因此 $z_i = (x_i - m)/s$。一個 Z 分數為 3 的觀測值，相當於比平均數高 3 個標準差，是相當極端的離群值。Z 分數也可以根據母體平均數 μ 和標準差 σ 來定義，這時 $z_i = (x_i - \mu)/\sigma$。

註釋

導論

1. 奈特・席佛（Nate Silver）寫的《精準預測：如何從巨量雜訊中，看出重要的訊息？》（*The Signal and the Noise*, Penguin, 2012）是統計學可以如何用於預測運動賽事和其他領域的絕佳入門書。

2. 希普曼（Harold Shipman）的資料在 D. Spiegelhalter and N. Best, 'Shipman's Statistical Legacy', *Significance* 1:1 (2004), 10–12 有更詳細的討論。公開調查的文件可參考：http://webarchive.nationalarchives.gov.uk/20090808155110/http://www.the-shipman-inquiry.org.uk/reports.asp

3. T. W. Crowther *et al.*, 'Mapping Tree Density at a Global Scale', *Nature* 525 (2015),201–5.

4. E. J. Evans, *Thatcher and Thatcherism* (Routledge, 2013), p. 30.

5. *Changes to National Accounts: Inclusion of Illegal Drugs and Prostitution in the UK National Accounts* [Internet] (Office for National Statistics, 2014).

6. 英國國家統計局（Office for National Statistics）在這個網頁提出了各種福祉測量值：https://www.ons.gov.uk/peoplepopulationandcommunity/wellbeing

7. N. T. Nikas, D. C. Bordlee and M. Moreira, 'Determination of Death and the Dead Donor Rule: A Survey of the Current Law on Brain Death', *Journal of Medicine and Philosophy* 41:3 (2016), 237–56.

8.   J. P. Simmons and U. Simonsohn, 'Power Posing: *P*-Curving the Evidence', *Psychological Science* 28 (2017), 687–93. 反對看法請參考：A. J. C. Cuddy, S. J. Schultz and N. E. Fosse, '*P*-Curving a More Comprehensive Body of Research on Postural Feedback Reveals Clear Evidential Value for Power-Posing Effects: Reply to Simmons and Simonsohn (2017)', *Psychological Science* 29 (2018), 656–66。

9.   美國統計協會（American Statistical Association）的主要建議是「教導統計學作為解決問題和制定決策的調查程序」。請參考：https://www.amstat.org/asa/education/Guidelines-for-Assessment-and-Instruction-in-Statistics-Education-Reports.aspx。PPDAC 循環是由 R. J. MacKay and R. W. Oldford, 'Scientific Method, Statistical Method and the Speed of Light', *Statistical Science* 15 (2000), 254–78 發展出來的。紐西蘭的學校體系提供高度發展的統計學教育，大力推廣 PPDAC 循環。請參考：C. J. Wild and M. Pfannkuch, 'Statistical Thinking in Empirical Enquiry', *International Statistical Review* 67 (1999), 223–265，以及線上課程 Data to Insight：https://www.futurelearn.com/courses/data-to-insight

第 1 章　用百分比了解情況：類別資料和百分率

1.   請參考：'History of Scandal', *Daily Telegraph*, 18 July 2001, 以及 D. J. Spiegelhalter *et al.*, 'Commissioned Analysis of Surgical Performance Using Routine Data: Lessons from the Bristol Inquiry', *Journal of the Royal Statistical Society: Series A (Statistics in Society)* 165 (2002), 191–221。

2.   英國兒童心臟手術結果的資料請瀏覽：http://childrensheartsurgery.info/

3.   請參考：A. Cairo, *The Truthful Art: Data, Charts, and Maps for Communication* (New Riders, 2016)，以及 *The Functional Art: An*

Introduction to Information Graphics and Visualization (New Riders, 2012)。

4. 世界衛生組織（World Health Organization）。針對食用紅肉與加工肉品的致癌性問答集請參考：http://www.who.int/features/qa/cancer-red-meat/en/。'Bacon, Ham and Sausages Have the Same Cancer Risk as Cigarettes Warn Experts', *Daily Record*, 23 October 2015。

5. 這是漢斯・羅斯林（Hans Rosling）喜歡引用的觀察──請參考下一章。

6. E. A. Akl *et al.*, 'Using Alternative Statistical Formats for Presenting Risks and Risk Reductions', *Cochrane Database of Systematic Reviews* 3 (2011).

7. 'Statins Can Weaken Muscles and Joints: Cholesterol Drug Raises Risk of Problems by up to 20 per cent', *Mail Online*, 3 June 2013。最早的研究是：I. Mansi *et al.*, 'Statins and Musculoskeletal Conditions, Arthropathies, and Injuries', *JAMA Internal Medicine* 173 (2013), 1318–26。

第 2 章　滙總和溝通數字

1. F. Galton, 'Vox Populi', *Nature* (1907)；請瀏覽：https://www.nature.com/articles/075450a0

2. 我們所作實驗的影片（https://www.youtube.com/watch?v=n98BhnwWmsc）中，我相當隨意地刪除了最高的 33 個值（包括 9,999 顆或更多），取對數以得到令人滿意的對稱分布，求得分布轉換後的平均值，再轉換回來，在原始的尺度上取得估計值。因此產生 1,680 這個「最佳估計值」，後來發現它是所有估計值中最接近真正數值 1,616 的估計值。整個過程是：取對數、計算平均值、作對數的逆運算，求得所謂的幾何平均數（geometric mean）。這相當於把所有的數字乘在一起，如果有 *n* 個數字，則取它們的 *n* 次方根。

幾何平均數常用於計算一些經濟指標，尤其是關於比率的指標。這是因為它有個優勢，也就是比率往哪個方向走，都沒關係：橘子的成本可以用每顆橘子多少英鎊，或者一英鎊多少顆橘子來衡量，幾何平均數都相同。當然這樣的隨意選擇，可能使算術平均數出現很大的差異。

3. C. H. Mercer *et al.*, 'Changes in Sexual Attitudes and Lifestyles in Britain through the Life Course and Over Time: Findings from the National Surveys of Sexual Attitudes and Lifestyles (Natsal)', *The Lancet 382* (2013), 1781–94。如果想看生動有趣的性統計數字，請參考：D. Spiegelhalter, *Sex by Numbers* (Wellcome Collection, 2015)。

4. A. Cairo, 'Download the Datasaurus: Never Trust Summary Statistics Alone; Always Visualize Your Data', http://www.thefunctionalart.com/2016/08/download-datasaurus-never-trust-summary.html

5. https://population.un.org/wpp/Download/Standard/Population/

6. 英國國家統計局（ONS）常取的名字請瀏覽：https://www.ons.gov.uk/peoplepopulationandcommunity/birthsdeathsandmarriages/livebirths/bulletins/babynamesenglandandwales/2015

7. I. D. Hill, 'Statistical Society of London — Royal Statistical Society: The First 100 Years: 1834–1934', *Journal of the Royal Statistical Society: Series A (General)* 147:2 (1984), 130–39.

8. https://www.natsal.ac.uk/sites/default/files/2021-04/Natsal-3%20infographics.pdf

9. H. Rosling, Unveiling the Beauty of Statistics for a Fact-Based World View，請瀏覽：www.gapminder.org

第 3 章　為什麼我們還是要查看資料？母體與測量值

1. 這個四階段結構借自 Wayne Oldford。

2. Ipsos MORI, *What the UK Thinks* (2015), https://whatukthinks.org/eu/poll/ipsos-mori-141215

3. *More or Less*, 5 October 2018 報導；https://www.bbc.co.uk/programmes/p06n2lmp。英國電視情境喜劇《首相大人》（*Yes, Prime Minister*）中有個典型的促發行為例子，當時的高階公務員漢弗萊・阿普比爵士（Sir Humphrey Appleby）示範了如何適當地引導問題，可以得到所需的任何答案。這個例子如今用於研究方法的教學上。https://researchmethodsdataanalysis.blogspot.com/2014/01/leading-questions-yes-prime-minister.html

4. 越戰抽選兵員的影片請瀏覽：https://www.youtube.com/watch?v=-p5X1FjyD_g；也請參考：http://www.historynet.com/whats-your-number.htm

5. 英格蘭和威爾斯的「犯罪調查」（Crime Survey）和警方記錄的犯罪詳情，可以從英國國家統計局（Office for National Statistics）取得：https://www.ons.gov.uk/peoplepopulationandcommunity/crimeandjustice

6. 美國的嬰兒出生體重資料請瀏覽：http://www.cdc.gov/nchs/data/nvsr/nvsr64/nvsr64_01.pdf

第 4 章　什麼因造成什麼果？隨機試驗

1. 'Why Going to University Increases Risk of Getting a Brain Tumour', *Mirror Online*, 20 June 2016。原始文章是：A. R. Khanolkar *et al.*, 'Socioeconomic Position and the Risk of Brain Tumour: A Swedish National Population-

Based Cohort Study', *Journal of Epidemiology and Community Health* 70 (2016), 1222–8。

2. T. Vigen, http://www.tylervigen.com/spurious-correlations

3. 'MRC/BHF Heart Protection Study of Cholesterol Lowering with Simvastatin in 20,536 High-Risk Individuals: A Randomised Placebo-Controlled Trial', *The Lancet* 360 (2002), 7–22.

4. Cholesterol Treatment Trialists' (CTT) Collaborators, 'The Effects of Lowering LDL Cholesterol with Statin Therapy in People at Low Risk of Vascular Disease: Meta-Analysis of Individual Data from 27 Randomised Trials', *The Lancet* 380 (2012), 581–90.

5. 行為洞察團隊所作試驗的描述，請瀏覽：http://www.behaviouralinsights. co.uk/education-and-skills/helping-everyone-reach-their-potential-new-education-results/，和 https://www.bi.team/blogs/measuring-the-impact-of-body-worn-video-cameras-on-police-behaviour-and-criminal-justice-outcomes/

6. H. Benson *et al.*, 'Study of the Therapeutic Effects of Intercessory Prayer (STEP) in Cardiac Bypass Patients: A Multicenter Randomized Trial of Uncertainty and Certainty of Receiving Intercessory Prayer', *American Heart Journal* 151 (2006), 934–42.

7. J. Heathcote, 'Why Do Old Men Have Big Ears?', *British Medical Journal* 311 (1995), https://www.bmj.com/content/311/7021/1668。也請參考：'Big Ears: They Really Do Grow as We Age', *The Guardian*, 17 July 2013。

8. 'Waitrose Adds £36,000 to House Price', *Daily Mail*, 29 May 2017.

9. 'Fizzy Drinks Make Teenagers Violent', *Daily Telegraph*, 11 October 2011.

10. S. Coren and D. F. Halpern, 'Left-Handedness: A Marker for Decreased Survival Fitness', *Psychological Bulletin* 109 (1991), 90–106。批評的意見請

參考：'Left-Handedness and Life Expectancy', *New England Journal of Medicine* 325 (1991), 1041–3。

11. J. A. Hanley, M. P. Carrieri and D. Serraino, 'Statistical Fallibility and the Longevity of Popes: William Farr Meets Wilhelm Lexis', *International Journal of Epidemiology* 35 (2006), 802–5.

12. J. Howick, P. Glasziou and J.K. Aronson, 'The Evolution of Evidence Hierarchies:What Can Bradford Hill's "Guidelines for Causation" Contribute?', *Journal of the Royal Society of Medicine* 102 (2009), 186–94.

13. 例如，孟德爾隨機化已經用於檢驗適度飲酒是否對健康有益的爭議性問題；不曾喝酒的人，死亡率往往比喝一點酒的人高，但這是飲酒造成的，還是滴酒不沾的人因為其他的原因而使身體比較不健康，存在不同的意見。

基因的其中一種版本和對酒精的耐受性下降有關，因此繼承這種基因的人，傾向於減少飲酒。有和沒有這種版本基因的人，應該在其他所有的因素上取得平衡，因此他們健康狀況的任何系統性差異，都可以歸因於該基因，就像隨機試驗那樣。研究人員發現，有降低酒精耐受性基因的人通常比較健康，並且得出結論，說這表示酒精對你的身體不好。但是需要額外的假設，才能得出這個結論，而且這方面的爭論還沒有塵埃落定。請參考：Y. Cho *et al.*, 'Alcohol Intake and Cardiovascular Risk Factors: A Mendelian Randomisation Study', *Scientific Reports*, 21 December 2015。

第5章　利用迴歸將關係建模

1. M. Friendly *et al.*, 'HistData: Data Sets from the History of Statistics and Data Visualization' (2018), https://CRAN.R-project.org/package=HistData.

2. J. Pearl and D. Mackenzie, *The Book of Why: The New Science of Cause and Effect* (Basic Books, 2018), p. 471.

3. 關於建模風險的生動有趣討論，請參考：A. Aggarwal *et al.*, 'Model Risk — Daring to Open Up the Black Box', *British Actuarial Journal* 21:2 (2016), 229–96。

4. 我們基本上是說，即使根本程序並沒有實質變化，變化也會和基準測量值有相關性。我們可以用數學式表達這一點。假設我從母體分布中隨機取一觀測值，稱之為 X，接著我從同一分布中取另一個獨立的觀測值，稱之為 Y，並觀察它們之間的差：$Y - X$。不管根本母體分布的形式為何，它們之間的差 $Y - X$ 和第一個測量值 X 之間的相關性是 $-1/\sqrt{2} = -0.71$，這是個相當引人注目的事實。舉例來說，如果一位婦女生了一個孩子，然後她的朋友也生了一個孩子，他們拿第二個孩子的體重減去第一個孩子的體重，去算朋友的孩子有多重，那麼這個差值和第一個嬰兒體重的相關性是 -0.71。這是因為，如果第一個孩子體重偏輕，我們會預期第二個孩子單單因為機會的關係會重些，所以兩者之差是正值。而如果第一個孩子體重偏重，則我們預期體重之差為負值。

5. L. Mountain, 'Safety Cameras: Stealth Tax or Life-Savers?', *Significance* 3 (2006), 111–13.

6. 下表列出用於不同種類因變數的複迴歸形式。每個形式都會針對每個解釋變數產生迴歸係數估計值。

因變數的類型	迴歸的類型	係數解讀
連續變數	複線性	梯度
事件或百分比	羅吉斯	Log（勝率比〔odds ratio〕）
計數	卜瓦松（Poisson）	Log（比率比〔rate ratio〕）
存活時間	考克斯（Cox）	Log（危險比〔hazard ratio〕）

第6章　演算法、分析和預測

1. 「鐵達尼號」的資料可參考：https://biostat.app.vumc.org/wiki/Main/
   DataSets，找「Data for Titanic passengers」、「titanic3.xls」。

2. 驗證降雨的機率：http://www.cawcr.gov.au/projects/verification/POP3/
   POP3.html

3. 'Electoral Precedent', *xkcd*, https://xkcd.com/1122/.

4. http://innovation.uci.edu/2017/08/husky-or-wolf-using-a-black-box-
   learning-model-to-avoid-adoption-errors/.

5. 歐尼爾（C. O'Neil）寫的《大數據的傲慢與偏見》（*Weapons of Math
   Destruction: How Big Data Increases Inequality and Threatens Democracy*,
   Penguin, 2016）批評使用 COMPAS 和 MMR 演算法。

6. NHS, Predict: Breast Cancer (2.1): http://www.predict.nhs.uk/predict_v2.1/.

第7章　對於正在發生的事，我們能有多確定？估計和區間

1. 2018 年 1 月英國勞動市場的統計數字：https://www.ons.gov.uk/releases/
   uklabourmarketstatisticsjan2018。美國勞動市場的統計數字：Bureau of
   Labor Statistics, 'Employment Situation Technical Note 2018', https://www.
   bls.gov/news.release/empsit.tn.htm。

第8章　機率：不確定性和變異性的語言

1. 關於以模擬為基礎的統計教學之討論與工具，請參考：M. Pfannkuch
   et al, 'Bootstrapping Students' Understanding of Statistical Inference', *TLRI*
   (2013)，以及 K Lock Morgan *et al* , 'STATKEY: Online Tools for Bootstrap

Intervals and Randomization Tests', *ICOTS 9* (2014)。

2.　以第一種賭法為例來說。贏錢的方式有許多，但賠錢只有一種方
式──連續四次都沒有擲出六點。因此，找出賠錢的機率比較容易
（這是常用的手法）。沒有擲出六點的機會是 $1 - \frac{1}{6} = \frac{5}{6}$（互補法則），
連續四次沒有擲出六點的機率是 $\frac{5}{6} \times \frac{5}{6} \times \frac{5}{6} \times \frac{5}{6} = \left(\frac{5}{6}\right)^4 = \frac{625}{1296} = 0.48$（乘
法法則）。所以贏錢的機率是 $1 - 0.48 = 0.52$（又是互補法則）。第二種
賭法用類似的推論，算出贏錢的機率是 $1 - \left(\frac{35}{36}\right)^{24} = 0.49$，相較之下，
第一種賭法略微有利。這些法則也顯示騎士的推論錯誤──他是把非
互斥的事件之機率加起來。依他的推論，擲一顆骰子十二次，出現六
點的機會會是 $12/6 = 2$，這很不合理。

3.　每天兇殺案件數的比較（假設為卜瓦松分布）：https://www.ons.gov.
uk/peoplepopulationandcommunity/crimeandjustice/compendium/focuso
nviolentcrimeandsexualoffences/yearendingmarch2016/homicide#
statistical-interpretation-of-trends-in-homicides。

第 9 章　結合機率與統計

1.　保羅的原始部落格文網址是：https://pb204.blogspot.com/2011/10/
funnel-plot-of-uk-bowel-cancer.html，資料可以從這裡下載：http://
pb204.blogspot.co.uk/2011/10/uploads.html。

2.　誤差範圍是 $\pm 2\sqrt{p(1-p)/n}$，在 $p = 0.5$ 時有最大值 $\pm 1/\sqrt{n}$。因此，不管真
正的百分比 p 是多少，誤差範圍頂多是 $\pm 1/\sqrt{n}$。

3.　英國廣播公司（BBC）的選舉民意調查圖請見：http://www.bbc.co.uk/
news/election-2017-39856354。

4.　凶 殺 案 統 計 量 的 誤 差 範 圍：https://www.ons.gov.uk/
peoplepopulationandcommunity/crimeandjustice/compendium/focusonvio

lentcrimeandsexualoffences/yearendingmarch2016/homicide#statistical-interpretation-of-trends-in-homicides。

第 10 章　回答問題和宣稱發現：假說檢定

1.　J. Arbuthnot, 'An Argument for Divine Providence … ' , *Philosophical Transactions* 27 (1710), 186–90.

2.　R. A. Fisher, *The Design of Experiments* (Oliver and Boyd, 1935), p.19.

3.　排列方式共有 54×53×52…×2×1 種，稱作「54 階乘」（54 factorial），以 54! 表示。這大約是 2 後面有 71 個零。一副撲克牌有 52 張，可能的發牌方式數目為 52!，所以即使我們一秒發一兆手，所有可能的排列全部發完所需的年數，是某數後面加 48 個零。而宇宙的年齡才只有 14,000,000,000 年。這是為什麼我們可以很有信心地說：在人類玩牌的整個歷史上，沒有兩副洗過的牌，順序完全相同。

4.　死鮭魚的研究，這張傳單有說明：http://prefrontal.org/files/posters/Bennett-Salmon-2009.jpg。

5.　歐洲核研究組織（CERN）在下列網址宣布發現希格斯玻色子（Higgs boson）：http://cms.web.cern.ch/news/observation-new-particle-mass-125-gev。

6.　D. Spiegelhalter, O. Grigg, R. Kinsman and T. Treasure, 'Risk-Adjusted Sequential Probability Ratio Tests: Applications to Bristol, Shipman and Adult Cardiac Surgery', *International Journal for Quality in Health Care* 15 (2003), 7–13.

7.　這個檢定統計量有個簡單的形式：SPRT = 0.69 × 累計觀測死亡人數 － 累計期望死亡人數。臨界值的計算式是 $\log((1 - \beta)/\alpha)$。

8.　D. Szucs and J. P. A. Ioannidis, 'Empirical Assessment of Published Effect

Sizes and Power in the Recent Cognitive Neuroscience and Psychology Literature', *PLOS Biology* 15:3 (2 March 2017), e2000797.

9. J. P. A. Ioannidis, 'Why Most Published Research Findings Are False', *PLOS Medicine* 2:8 (August 2005), e124.

10. C. S. Knott *et al.*, 'All Cause Mortality and the Case for Age Specific Alcohol Consumption Guidelines: Pooled Analyses of up to 10 Population Based Cohorts', *British Medical Journal* 350 (10 February 2015), h384. 新聞標題是：'Alcohol Has No Health Benefits After All', *The Times*, 11 February 2015。

11. D. J. Benjamin *et al.*, 'Redefine Statistical Significance', *Nature Human Behaviour* 2 (2018), 6–10.

第 11 章　用貝氏方法，從經驗中找答案

1. T. E. King *et al.*, 'Identification of the Remains of King Richard III', *Nature Communications* 5 (2014) 5631.

2. 傳達概似比的指南，請瀏覽：http://enfsi.eu/wp-content/uploads/2016/09/m1_guideline.pdf。

3. 關於法院中使用貝氏方法的一般性文章，請參考：'A Formula for Justice', *The Guardian*, 2 October 2011。

4. 這個分布的公式是 $60p^2(1-p)^3$，用術語來說是 Beta(3, 4) 分布。在均勻先驗分布（uniform prior distribution）的情況下，扔出 n 顆紅球，有 r 顆落到白球左邊，則白球位置的後驗分布為 $\frac{(n+1)!}{r!(n-r)!} p^r(1-p)^{n-r}$，而這是 Beta$(r+1, n-r+1)$ 分布。

5. D. K. Park, A. Gelman and J. Bafumi, 'Bayesian Multilevel Estimation with Poststratification: State-Level Estimates from National Polls', *Political*

Analysis 12 (2004), 375–85；YouGov 的調查結果請瀏覽：https://yougov. co.uk/news/2017/06/14/how-we-correctly-called-hung-parliament/。

6.　K. Friston, 'The History of the Future of the Bayesian Brain', *Neuroimage* 62:2 (2012), 1230–33.

7.　N. Polson and J. Scott, *AIQ: How Artificial Intelligence Works and How We Can Harness Its Power for a Better World* (Penguin, 2018), p. 92.

8.　R. E. Kass and A. E. Raftery, 'Bayes Factors', *Journal of the American Statistical Association* 90 (1995), 773–95.

9.　J. Cornfield, 'Sequential Trials, Sequential Analysis and the Likelihood Principle', *American Statistician* 20 (1966), 18–23.

第 12 章　事情怎麼會出錯？

1.　Open Science Collaboration, 'Estimating the Reproducibility of Psychological Science', *Science* 349:6251 (28 August 2015), aac4716.

2.　A. Gelman and H. Stern, 'The Difference Between "Significant" and "Not Significant" Is Not Itself Statistically Significant', *American Statistician* 60:4 (November 2006), 328–31.

3.　Ronald Fisher, Presidential Address to the first Indian Statistical Congress, 1938, *Sankhyā* 4(1938), 14–17.

4.　請參考：'The Reinhart and Rogoff Controversy: A Summing Up', *New Yorker*, 26 April 2013.

5.　'AXA Rosenberg Finds Coding Error in Risk Program', *Reuters*, 24 April 2010.

6.　哈科寧的所作所為，詳見：'The Press-Release Conviction of a Biotech CEO and its Impact on Scientific Research', *Washington Post*, 13 September 2013.

7. D. Fanelli, 'How Many Scientists Fabricate and Falsify Research? A Systematic Review and Meta-Analysis of Survey Data', *PLOS ONE* 4:5 (29 May 2009), e5738.

8. U. Simonsohn, 'Just Post It: The Lesson from Two Cases of Fabricated Data Detected by Statistics Alone', *Psychological Science* 24:10 (October 2013), 1875–88.

9. J. P. Simmons, L.D. Nelson and U. Simonsohn, 'False-Positive Psychology: Undisclosed Flexibility in Data Collection and Analysis Allows Presenting Anything as Significant', *Psychological Science* 22:11 (November 2011), 1359–66.

10. L. K. John, G. Loewenstein and D. Prelec, 'Measuring the Prevalence of Questionable Research Practices with Incentives for Truth Telling', *Psychological Science* 23:5 (May 2012), 524–32.

11. D. Spiegelhalter, 'Trust in Numbers', *Journal of the Royal Statistical Society: Series A* (Statistics in Society) 180:4 (2017), 948–65.

12. P. Sumner *et al.*, 'The Association Between Exaggeration in Health Related Science News and Academic Press Releases: Retrospective Observational Study', *British Medical Journal* 349 (10 December 2014), g7015.

13. 'Nine in 10 People Carry Gene Which Increases Chance of High Blood Pressure', *Daily Telegraph*, 15 February 2010.

14. 'Why Binge Watching Your TV Box-Sets Could Kill You', *Daily Telegraph*, 25 July 2016.

15. 貝姆所說的話摘自：'Daryl Bem Proved ESP Is Real: Which Means Science Is Broken', *Slate*, 17 May 2017。

第 13 章　如何把統計做得更好

1.　I. J. Jacobs *et al.*, 'Ovarian Cancer Screening and Mortality in the UK Collaborative Trial of Ovarian Cancer Screening (UKCTOCS): A Randomised Controlled Trial', *The Lancet* 387:10022 (5 March 2016), 945–56.

2.　'Ovarian Cancer Blood Tests Breakthrough: Huge Success of New Testing Method Could Lead to National Screening in Britain', *Independent*, 5 May 2015.

3.　M. R. Munafò *et al.*, 'A Manifesto for Reproducible Science', *Nature Human Behaviour* 1 (2017), a0021.

4.　Open Science Framework: https://osf.io/.

5.　艾希萬登的故事摘自：'Science Won't Settle the Mammogram Debate', *FiveThirtyEight*, 20 October 2015.

6.　J. P. Simmons, L. D. Nelson and U. Simonsohn, 'False-Positive Psychology: Undisclosed Flexibility in Data Collection and Analysis Allows Presenting Anything as Significant', *Psychological Science* 22:11 (November 2011), 1359–66.

7.　A. Gelman and D. Weakliem, 'Of Beauty, Sex and Power', *American Scientist* 97:4(2009), 310–16.

8.　U. Simonsohn, L. D. Nelson and J. P. Simmons, 'P-Curve and Effect Size: Correcting for Publication Bias Using Only Significant Results', *Perspectives on Psychological Science* 9:6 (November 2014), 666–81.

9.　關於知性上的開放（intelligent openness），請參考：Royal Society, *Science as an Open Enterprise* (2012)。奧諾拉・奧尼爾（Onora O'Neill）對於可信度的觀點，在她於 TedX 發表的演說 'What We Don't Understand About Trust' (June 2013)，闡釋得十分精闢。

10. 出口民調的方法，大衛・佛斯（David Firth）的解釋請瀏覽：https://
    warwick.ac.uk/fac/sci/statistics/staff/academic-research/firth/exit-poll-
    explainer/

第 14 章 結論

1. R. E. Kass *et al.*, 'Ten Simple Rules for Effective Statistical Practice', *PLOS Computational Biology* 12:6 (9 June 2016), e1004961.

書　號	書　　名	作　者	定價
QB1152	科技選擇：如何善用新科技提升人類，而不是淘汰人類？	費維克・華德瓦、亞歷克斯・沙基佛	380
QB1153	自駕車革命：改變人類生活、顛覆社會樣貌的科技創新	霍德・利普森、梅爾芭・柯曼	480
QB1154	U型理論精要：從「我」到「我們」的系統思考，個人修練、組織轉型的學習之旅	奧圖・夏默	450
QB1155	議題思考：用單純的心面對複雜問題，交出有價值的成果，看穿表象、找到本質的知識生產術	安宅和人	360
QB1156	豐田物語：最強的經營，就是培育出「自己思考、自己行動」的人才	野地秩嘉	480
QB1157	他人的力量：如何尋求受益一生的人際關係	亨利・克勞德	360
QB1158	2062：人工智慧創造的世界	托比・沃爾許	400
QB1159	機率思考的策略論：從消費者的偏好，邁向精準行銷，找出「高勝率」的策略	森岡毅、今西聖貴	550
QB1160	領導者的光與影：學習自我覺察、誠實面對心魔，你能成為更好的領導者	洛麗・達絲卡	380
QB1161	右腦思考：善用直覺、觀察、感受，超越邏輯的高效工作法	內田和成	360
QB1162	圖解智慧工廠：IoT、AI、RPA如何改變製造業	松林光男審閱、川上正伸、新堀克美、竹內芳久編著	420
QB1163	企業的惡與善：從經濟學的角度，思考企業和資本主義的存在意義	泰勒・柯文	400
QB1164	創意思考的日常練習：活用右腦直覺，重視感受與觀察，成為生活上的新工作力！	內田和成	360
QB1165	高說服力的文案寫作心法：為什麼你的文案沒有效？教你潛入顧客內心世界，寫出真正能銷售的必勝文案！	安迪・麥斯蘭	450
QB1166	精實服務：將精實原則延伸到消費端，全面消除浪費，創造獲利（經典紀念版）	詹姆斯・沃馬克、丹尼爾・瓊斯	450
QB1167	助人改變：持續成長、築夢踏實的同理心教練法	理查・博雅吉斯、梅爾文・史密斯、艾倫・凡伍思坦	380
QB1168	刪到只剩二十字：用一個強而有力的訊息打動對方，寫文案和說話都用得到的高概念溝通術	利普舒茲信元夏代	360
QB1169	完全圖解物聯網：實戰・案例・獲利模式　從技術到商機、從感測器到系統建構的數位轉型指南	八子知礼編著；杉山恒司等合著	450
QB1170	統計的藝術：如何從數據中了解事實，掌握世界	大衛・史匹格哈特	580

書　號	書　　　名	作　　者	定價
QB1131	了解人工智慧的第一本書：機器人和人工智慧能否取代人類？	松尾豐	360
QB1132	本田宗一郎自傳：奔馳的夢想，我的夢想	本田宗一郎	350
QB1133	BCG頂尖人才培育術：外商顧問公司讓人才發揮潛力、持續成長的祕密	木村亮示、木山聰	360
QB1134	馬自達Mazda技術魂：駕馭的感動，奔馳的祕密	宮本喜一	380
QB1135	僕人的領導思維：建立關係、堅持理念、與人性關懷的藝術	麥克斯·帝普雷	300
QB1136	建立當責文化：從思考、行動到成果，激發員工主動改變的領導流程	羅傑·康納斯、湯姆·史密斯	380
QB1137	黑天鵝經營學：顛覆常識，破解商業世界的異常成功個案	井上達彥	420
QB1138	超好賣的文案銷售術：洞悉消費心理，業務行銷、社群小編、網路寫手必備的銷售寫作指南	安迪·麥斯蘭	320
QB1139	我懂了！專案管理（2017年新增訂版）	約瑟夫·希格尼	380
QB1140	策略選擇：掌握解決問題的過程，面對複雜多變的挑戰	馬丁·瑞夫斯、納特·漢拿斯、詹美賈亞·辛哈	480
QB1141	別怕跟老狐狸說話：簡單說、認真聽，學會和你不喜歡的人打交道	堀紘一	320
QB1143	比賽，從心開始：如何建立自信、發揮潛力，學習任何技能的經典方法	提摩西·高威	330
QB1144	智慧工廠：迎戰資訊科技變革，工廠管理的轉型策略	清威人	420
QB1145	你的大腦決定你是誰：從腦科學、行為經濟學、心理學，了解影響與說服他人的關鍵因素	塔莉·沙羅特	380
QB1146	如何成為有錢人：富裕人生的心靈智慧	和田裕美	320
QB1147	用數字做決策的思考術：從選擇伴侶到解讀財報，會跑Excel，也要學會用數據分析做更好的決定	GLOBIS商學院著、鈴木健一執筆	450
QB1148	向上管理·向下管理：埋頭苦幹沒人理，出人頭地有策略，承上啟下、左右逢源的職場聖典	蘿貝塔·勤斯基·瑪圖森	380
QB1149	企業改造（修訂版）：組織轉型的管理解謎，改革現場的教戰手冊	三枝匡	550
QB1150	自律就是自由：輕鬆取巧純屬謊言，唯有紀律才是王道	喬可·威林克	380
QB1151	高績效教練：有效帶人、激發潛力的教練原理與實務（25週年紀念增訂版）	約翰·惠特默爵士	480

書　號	書　　　名	作　　者	定價
QB1098	CURATION策展的時代：「串聯」的資訊革命已經開始！	佐佐木俊尚	330
QB1100	Facilitation引導學：創造場域、高效溝通、討論架構化、形成共識，21世紀最重要的專業能力！	堀公俊	350
QB1101	體驗經濟時代（10週年修訂版）：人們正在追尋更多意義，更多感受	約瑟夫·派恩、詹姆斯·吉爾摩	420
QB1102X	最極致的服務最賺錢：麗池卡登、寶格麗、迪士尼都知道，服務要有人情味，讓顧客有回家的感覺	李奧納多·英格雷利、麥卡·所羅門	350
QB1105	CQ文化智商：全球化的人生、跨文化的職場──在地球村生活與工作的關鍵能力	大衛·湯瑪斯、克爾·印可森	360
QB1107	當責，從停止抱怨開始：克服被害者心態，才能交出成果、達成目標！	羅傑·康納斯、湯瑪斯·史密斯、克雷格·希克曼	380
QB1108X	增強你的意志力：教你實現目標、抗拒誘惑的成功心理學	羅伊·鮑梅斯特、約翰·堤爾尼	380
QB1109	Big Data大數據的獲利模式：圖解·案例·策略·實戰	城田真琴	360
QB1110X	華頓商學院教你看懂財報，做出正確決策	理查·蘭柏特	360
QB1111C	V型復甦的經營：只用二年，徹底改造一家公司！	三枝匡	500
QB1112	如何衡量萬事萬物：大數據時代，做好量化決策、分析的有效方法	道格拉斯·哈伯德	480
QB1114X	永不放棄：我如何打造麥當勞王國（經典紀念版）	雷·克洛克、羅伯特·安德森	380
QB1117	改變世界的九大演算法：讓今日電腦無所不能的最強概念	約翰·麥考米克	360
QB1120X	Peopleware：腦力密集產業的人才管理之道（經典紀念版）	湯姆·狄馬克、提摩西·李斯特	460
QB1121	創意，從無到有（中英對照×創意插圖）	楊傑美	280
QB1123	從自己做起，我就是力量：善用「當責」新哲學，重新定義你的生活態度	羅傑·康納斯、湯姆·史密斯	280
QB1124	人工智慧的未來：揭露人類思維的奧祕	雷·庫茲威爾	500
QB1125	超高齡社會的消費行為學：掌握中高齡族群心理，洞察銀髮市場新趨勢	村田裕之	360
QB1126	【戴明管理經典】轉危為安：管理十四要點的實踐	愛德華·戴明	680
QB1127	【戴明管理經典】新經濟學：產、官、學一體適用，回歸人性的經營哲學	愛德華·戴明	450
QB1129	系統思考：克服盲點、面對複雜性、見樹又見林的整體思考	唐內拉·梅多斯	450

國家圖書館出版品預行編目資料

統計的藝術：如何從數據中了解事實，掌握世界
　／大衛・史匹格哈特（David Spiegelhalter）著；
羅耀宗譯. -- 初版. -- 臺北市：經濟新潮社出
版：英屬蓋曼群島商家庭傳媒股份有限公司城
邦分公司發行, 2021.08
　　面；　公分. --（經營管理；170）
譯自：The art of statistics: how to learn from data
ISBN　978-986-06579-6-8（平裝）

　1.統計學　2.通俗作品
510　　　　　　　　　　　　　　　　　　110011845